Beisln und Altwiener Gaststätten

Berndt Anwander

Beisln und Altwiener Gaststätten

Ein Führer zu 187 der schönsten Lokale
Mit Beschreibungen, Tips, Rezepten und zahlreichen Fotos
von Rainer Dempf und Christian Fischer

Falter Verlag

ISBN 3-85439-174-9

1011 Wien, Marc-Aurel-Straße 9
Telefon 01/536 60-0, Fax 01/536 60-35
1. Auflage 1991
2. Auflage 1993
3. Auflage 1997

Herausgeber: Berndt Anwander
Beiträge von: Robert Buchschwenter, Roland Girtler, Florian Holzer, Werner Meisinger, Peter Menasse, Toni Schneeweiß, Franz Schuh, Armin Thurnher und Berndt Anwander
Lektorat: Kirstin Breitenfellner
Fotos: Christian Fischer, Rainer Dempf
Coverfoto: Christian Fischer fotografierte den Tränkerwirt
Illustrationen: Alexander Strohmaier
Grafik: Christof Janitschek
Produktion: Susanne Schwameis
Satz: Falter Satz, 1011 Wien
Druck: Druckhaus Grasl, 2540 Bad Vöslau

Inhalt

Rezepte

Vorwort

Dieses Buch setzt die außergewöhnliche Reihe des Falter Verlags «Kultur für Genießer» fort. Nach einem Rundgang über die Wiener Märkte und durch die Wiener Friedhöfe, einer Reise zu Kellergassen und Wanderungen im Osten Österreichs, nach einem ausgiebigen Besuch in Wiener Kaffeehäusern und Konditoreien möchten wir Sie diesmal dazu verleiten, sich mit uns in urwienerisches Gelände zu wagen: in das der Wiener Beisln.

Das vorliegende Buch kann und soll keine vollständige Bestandsaufnahme aller Beisln und Altwiener Gaststätten sein. Es bietet vielmehr einen Querschnitt durch bekannte und weniger bekannte, alte und neu adaptierte Lokale. Es soll einen Eindruck davon vermitteln, wie es heute in Beisln und Gaststätten aussieht und was einen in diesen Wiener Institutionen, die den Alltag und die Alltagskultur dieser Stadt wesentlich bestimmten und noch immer bestimmen, heute erwartet.

Die Auswahl der Lokale erfolgte zum Teil subjektiv und zum Teil aufgrund von «vertraulichen Hinweisen» von Bekannten und Freunden, denn sein Lieblings- oder Stammlokal gibt niemand leichtfertig bekannt. Eine wichtige Quelle war das Standardwerk «Wien, wie es ißt» aus dem Falter Verlag. Das Buch soll das ganze Spektrum dieser traditionellen und typischen Spielart der Wiener Gastronomie vom Wirt'n ums Eck über das In-Lokal im Beislmantel bis zur Stehweinhalle abdecken. Es will eine Anleitung für den Stadtbenützer, für Wiener wie für Nichtwiener, sein, sich die Atmosphäre des Beisls anhand von 187 ausführlich beschriebenen Lokalen zu erschließen. Ein endgültiges Urteil muß sich jeder selber bilden.

Einstieg und Anregung für Beislkenner wie für «absolute beginners» bilden die Betrachtungen und Annäherungen von Bürgermeister Michael Häupl, Roland Girtler, Werner Meisinger und Franz Schuh zu Thema Beisln, Altwiener Gaststätten und Wiener Küche. Im anschließenden Teil werden pro Wiener Gemeindebezirk einige typische Lokale nach Lage, Ausstattung, Besonderheit, Spezialitäten und Kuriositäten beschrieben. Als Orientierungshilfe sind den Kapiteln jeweils kleine Übersichtskarten vorangestellt. Die Autoren haben alle Lokale dem mit Recht so genannten Lokalaugenschein unterzogen. Die bronzene Leber am Band ist ihnen dafür sicher.

Über Tips, Korrekturen und Anregungen freut sich der Verlag.

Zum Geleit

Es gibt in Wien so etwas wie eine kulinarische Dreifaltigkeit, bestehend aus dem Beisl, dem Kaffeehaus und dem Heurigen. Jede dieser drei Institutionen ist selbstverständlich schon für sich allein eine eigene Weltanschauung – und dennoch: Ein umfassendes Verständnis vom Geist unserer Stadt zu haben heißt, keinen dieser drei Orte zu vernachlässigen.

Obwohl niemand so genau sagen kann, welche der drei Säulen des Wienertums zuerst entstand, würde ich doch auf das Beisl tippen. Schon deshalb, weil die Geburtsstunde der beiden anderen relativ genau festzumachen ist, die des Wirtshauses jedoch nicht: Das erste Kaffeehaus hat bekanntlich ein findiger Pole eingerichtet, wobei er die von den Türken importierte Sitte des Kaffeetrinkens auf Wiener Verhältnisse ummodelte. Der Heurige heutigen Stils entstammt der Umsetzung eines josephinischen Dekrets, das den Weinbauern erlaubte, während bestimmter Zeiten ihre Eigenbauweine auszuschenken, was mit einem ausgehängten Föhrenbuschen anzuzeigen war.

Also ist das Wiener Beisl der Primus inter pares – und das nicht nur aufgrund seiner ungleich viel älteren Rechte, sondern auch deshalb, weil das Wirtshaus mit Sicherheit die umfassendste Abdeckung aller möglichen Bedürfnisse erlaubt. Das Beisl bietet – im Idealfall – eine kleine, aber feine Auswahl an guter Hausmannskost. Darin unterscheidet es sich bereits vom Kaffeehaus, das nicht notwendigerweise auch zur Stillung eines veritablen Hungers geeignet sein muß. (Die Kaffeesieder mit einer größeren Speisekarte und anerkannt guter Küche mögen mir diese Verallgemeinerung gnädig verzeihen.) Beim Heurigen ist die Aufnahme fester Nahrung ohnedies nur ein Nebenereignis, so köstlich der dort anzutreffende Kümmel- oder Schopfbraten auch sein mag. Das belegt schon die Tatsache, daß es dem Gast in der ursprünglichen Buschenschank sogar ausdrücklich gestattet war, sich mit selbst Mitgebrachtem zu verköstigen – nur der Wein mußte vor Ort erworben werden. Außerdem hat der Heurige den kleinen Nachteil, im Gegensatz zum Beisl nicht wirklich ganzjahrestauglich zu sein: Zum Heurigen geht man vornehmlich dann, wenn die Witterung es zuläßt, unter freiem Himmel zu sitzen. (Die große Zahl der Besitzer winterfester Heurigenlokale möge mir wiederum diese Verallgemeinerung verzeihen – aber auch sie spüren nachweislich die saisonalen Schwankungen im Publikumszuspruch.)

Das Beisl hat auch knapp die Nase vorn, wenn es um die Breite seiner Zielgruppe geht. In der Kulturgeschichte, wo jegliches Phänomen zuerst zum Klischee eingedickt wird, um schlußendlich zum Mythos gepreßt zu werden, nimmt das Kaffeehaus einen doch eher elitären Platz ein: Es gibt den Kaffeehausliteraten als immerwährenden Archetypus des Wiener Kaffeehausgastes – und zumindest rund um 1900 existierte dieser Typus tatsächlich. Und auch die einschlägige soziologische Betrachtung bestätigt: Das Kaffeehaus war seit Jahrhunderten sehr viel stärker mit dem studentischen und bürgerlichen Milieu verknüpft, die sogenannte breite Masse kannte andere Zerstreuungen als das Politisieren und Zeitunglesen am Kaffeehaustisch.

Zum Heurigen muß gesagt werden, daß er schon aufgrund seiner angeborenen und angedichteten Sündhaftigkeit in einer anderen Liga spielt. Diese Sündhaftigkeit und der damit verbundene Mythos sind wahrscheinlich mit ein Grund, warum der Wiener Heurige dermaßen große Anziehungskraft auf Gäste aus aller Welt ausübt. Hier wäre er auf den ersten Blick mühelos Klassensieger in der Kategorie «Zielgruppenbreite» – vom japanischen Konzernchef bis zum sprichwörtlichen Strizzi ist jeder beim Heurigen anzutreffen.

Allerdings hat da das gute alte Wirtshaus in letzter Zeit erheblich aufgeholt. Ursprünglich verfügte das Beisl mitsamt seinen Gästen zwar nicht über den besten Leumund, spätestens jedoch seit der in den achtziger Jahren eingeleiteten Umdeutung und Neuauflage des Begriffs «Beisl» hat es wohl von den drei Wiener Institutionen den allerbreitesten Zuspruch. Heute finden sich unter den von Gourmetführern aufgelisteten besten Lokalen der Stadt etliche klassische und neuerstandene Beisln, ohne daß die breite Basis an ursprünglichen Wiener Gasthäusern deshalb über Gästemangel klagen müßte. Und es muß wohl jeden um die Wiener Beislkultur besorgten und bemühten Zeitgenossen freuen, daß die Institution Beisl – nicht nur, aber auch – in Modifikationen weiter blüht; für falschen Purismus ist hier kein Platz, dazu ist mir das Gedeihen der Beislszene zu wichtig. Oder als Biologe gesprochen: Evolution bedeutet Veränderung. Wer sich nicht an wechselnde Bedingungen anpaßt, wird aussterben.

Das Wiener Beisl ist nicht ausgestorben – im Gegenteil. Das Wirtshaus ist schon deshalb von so unzerstörbarer, allgemeingültiger Qualität, weil es wie keine andere Einrichtung den elementaren Bedürfnissen von uns Wienern auf unvergleichliche Weise dient. Essen und Trinken hält Leib und Seele zusammen, heißt es. Das Beisl hält fürwahr Leib und Seele zusammen. Hauptmedizin dieses gleichermaßen präventiven wie therapeutischen Vorgangs sind die Highlights der Wiener Küche – von der gerösteten Leber übers klassische Schnitzel bis zum Kalbsgulasch, von den Eiernockerln über Schinkenfleckerl bis zum Tafelspitz. Die Wiener Küche vereinigt in ihren Gerichten Bodenständigkeit, Traditionsbewußtsein, Einfachheit der Zutaten und Perfektion der Zubereitung, Unvernunft und Lebenslust. In ihr lebt die kulinarische Vielfalt der Monarchie weiter – als kalorienreiche «Best-of»-Speisekarte des untergegangenen Vielvölkerstaats. Und wenn die Wiener Küche bekanntermaßen auch nicht wirklich schlank macht – von Zeit zu Zeit muß man sich im Sinne einer gesunden Wechselwirkung von Askese und Luxus die Sünden und Verlockungen der Wirtshausküche durchaus gönnen!

Dazu kommt eine wohlsortierte Auswahl heimischer Weine – nichts «Überkandideltes», wie der Wiener sagt, sondern von solider Qualität. Frisch gezapftes Schankbier ist ebenfalls Grundbedingung, um als Beisl gehandelt zu werden. Und ganz wichtig: die Bedienung. Die richtige Mischung aus Freundlichkeit und Autorität macht's aus. Wer im Beisl picksüße Servilität erwartet, ist auf dem Holzweg. Wer allerdings das Vertrauen von Wirt und Personal genießt, der ist als Kunde wirklich König, erhält dauerhaften Familienanschluß und – wenn's sein muß – ebenso dauerhaften Kredit.

Es freut mich von Herzen, daß das Wiener Beisl – auch in Zeiten der Bedrängnis – jene Robustheit und Unverwüstlichkeit bewiesen hat, die sein Überleben sichert. Und es freut mich noch mehr, sagen zu können, daß wir uns seit geraumer Zeit in einem neuen Beisl-Frühling befinden. Das Beisl konnte nicht nur von der Liste der vom Aussterben bedrohten Arten gestrichen werden, nein, es hat aus der gesunden Konkurrenz mit dem Italiener oder Chinesen neue Kraft erworben. Und wenn ich mir die vielen traditionsreichen und die vielen neuen Wiener Wirtshäuser anschaue, die tagaus, tagein vor einem kritischen Publikum bestehen müssen und die von diesem Publikum durchaus geschätzt und manchmal sogar geliebt werden, dann ist mir um die Zukunft des Wiener Beisls nicht bang.

Dr. Michael Häupl
Bürgermeister der Stadt Wien

Roland Girtler

Das Beisl in Wien

Betrachtungen eines Kulturwissenschaftlers und ehemaligen Wiener Bierausführers[1]

Mit dem Wort «Beisl», wie es in Wien verwendet wird, verbindet sich, wie ich zeigen werde, eine lange Geschichte, die weit in das Mittelalter zurückreicht und die mit allerhand fahrendem Volk verknüpft ist. Keinesfalls ist das wahre Beisl eine Absteige für Leute, die von sich meinen, vornehm zu sein. Seine Gäste sind von einer besonderen Art: noble Leute mit einem weiten Herzen und einer durstigen Kehle. Ihr Adel zeigt sich in einem vornehmen Müßiggang und in einer feinen Verachtung all jener Menschen, die meinen, Arbeit müsse das Leben bestimmen.

Das klassische Beisl steht im Gegensatz zu den sogenannten «Nobelbeisln», die in den letzten Jahren in Wien eröffnet wurden und die eigentlich gar nicht nobel sind. Dieses «Nobelbeisl» ist eine Abart und Weiterentwicklung des Beisls, eines Typus von Gaststätte, der bis in die sechziger Jahre vom braven Bürger eher gemieden wurde. Das moderne Beisl als eine nostalgische Einrichtung entspringt erst einer Idee der letzten beiden Jahrzehnte. Das Kaffeehaus, das ehedem freundliche, revolutionäre, geduldige und denkende Leute angezogen hat, wurde, so scheint es, von Gaststätten abgelöst, die sich stolz Beisl nennen. Mit dem Beisl dieses neuen Stils soll offensichtlich das Gefühl vermittelt werden, sich in eine vergangene, angeblich gemütliche Zeit zurückversetzen zu können. Tüchtige Wirte und flinke Kellner machen ein gutes Geschäft. Und brave Intellektuelle fühlen sich dabei wohl.

Dieses Nobelbeisl, wie ich es nennen will und wie es in den inneren Bezirken Wiens zu finden ist, trägt zu Unrecht den Namen «Beisl», denn es erinnert nur in wenigem an das alte Beisl, welches man auch oft als «mieses Beisl» bezeichnet hat. Damit will ich nicht sagen, daß das Nobelbeisl, auch Wiener Beisl genannt, etwas Schlechtes ist, keineswegs, aber mit dem echten Wiener Beisl alten Stils hat es kaum etwas zu tun.

Aber es gibt sie noch, die alten Beisln, also Gasthäuser, die in gewisser Weise die alte Tradition des Beisls weiterführen. Allerdings sind sie nicht in den sogenannten feinen Gegenden zu finden, sondern eher in den Bezirken Wiens, in denen noch heute Menschen wohnen, die es vorziehen, ihr Bier mit ehrenwerten Leuten zu trinken, die vom braven Bürger nicht unter die Kategorie der Vornehmheit eingeordnet werden. Zu ihnen zählen Arbeitslose, verbummelte Studenten, kleine, manchmal auch größere Ganoven mit kühnen Tätowierungen, Falschspieler, alte, sparsame Pensionisten, trinkfreudige Damen und Herren, die hier ihrer Freude am Wein nachgehen können, ohne deswegen getadelt zu werden, müde Dirnen und selten Kulturwissenschaftler, die diese Szene studieren wollen. Es zahlt sich aus, ein paar Gedanken über die Tradition dieses Gasthaustyps anzubringen.

Im Beisl alten Stils herrschen andere Regeln als in den üblichen Gaststätten. Hier bestehen direkte Kontakte zwischen den Gästen untereinander und zwischen den Gästen und dem Wirt. In anderen, den üblichen Gaststätten ignoriert ein Gast den anderen, er tut so, als ob er nicht vorhanden wäre, und sucht sich einen isolierten Platz in möglichst weiter Entfernung von den bereits Anwesenden. Ein Vorgehen, welches im alten Beisl geradezu als Beleidigung empfunden worden wäre. Der neu hinzugekommene Gast gesellt sich zu den anderen und verbindet sich mit ihnen im Gespräch.

Im Beisl kann man noch auf Menschen treffen, deren Lebenserwerb nicht in gottgefälliger Arbeit, sondern in einer etwas lockeren anderen Weise besteht. So wie in den Beisln Ottakrings in der Nähe des Brunnenmarktes, in denen ich auf alte, in Ehren ergraute Männer traf, die beim klassischen Glücksspiel der Wiener Unterwelt, dem verbotenen «Stoß», ihr Glück versucht hatten, aber auch auf kleine Diebe und geschickte Bettler in Ruhe. In diesen Beisln entstand so etwas wie eine eigene Kultur. Hier bildeten sich gesellschaftliche Nischen mit Menschen, die ihre eigenen Kniffe und Überlebensstrategien entwickelt haben, nämlich Handlungsformen, die vom braven Soziologen als abweichend definiert werden.

Ein typisches Symbol für die klassische Kultur der kleinen Ganoven und Bettler ist eine gemeinsame Sprache, das Rotwelsch[2], welches bis in das 12. Jahrhundert zurückverfolgt werden kann und welches bis heute nicht an Kraft verloren hat. So verwenden Wiener Sandler für «betteln» den Ausdruck «jemandem die Rippe eindrücken». Dieses Wort «Rippe» hat nichts mit dem Knochen zu tun, aus dem angeblich Eva entstanden ist, sondern es leitet sich von dem alten Gaunerwort «Ripar», die Geldtasche, ab.

Und an dieses alte Rotwelsch, eine stolze Sprache, erinnert das Wort «Beisl», welches durch Jahrhunderte zum Sprachschatz des Ganoven und des fahrenden Volkes gehörte, aber erst seit kurzer Zeit auch zu dem des guten Wiener Bürgers.

Es ist übrigens interessant, daß seit der Mitte des vorigen Jahrhunderts diese Kultur der Vaganten immer mehr zurückgedrängt wurde, was auch mit dem Aufkommen der Arbeiterbewegung zu tun hat. Der sich am guten Bürger ausrichtende Arbeiter distanziert sich vom Fahrenden, wie es auch Karl Marx getan hat, der bei seinem Besuch in Wien im September des Revolutionsjahres 1848 über das sogenannte Lumpenproletariat in Wien gewaltig entsetzt war. Marx soll enttäuscht über das heitere Leben in den Wiener Beisln aus Wien weggefahren sein. Wie eine Geschichtsquelle andeutet, störte es ihn, daß die Revolutionäre sich in den Gasthäusern Wiens prächtig vertragen haben. Damals, 1848, dies möchte ich hier einfügen, waren die Beisln auch der Ort, an dem sich diejenigen bei Wein und Kartenspiel trafen, die es vorzogen, nicht zu arbeiten.

Die Beisln waren und sind die Rückzugsgebiete jener ehrsamen Leute, die vom Bettel leben. Mir passierte es einmal, daß mich ein Wiener Sandler, der vor der Stephanskirche ein gutes Geschäft als Bettler machte, zu einem Bier in ein Beisl einlud. Er, der oft mein Gast war, ließ es diesmal nicht zu, daß ich die Zeche zahlte. Ich hatte seine Sympathie, und die konnte er mir in einem Beisl in der Nähe des Wiener Westbahnhofs zeigen.

Das Wort «Beisl» verweist auf die Geschichte dieser feinen Bettler, der trinkfreudigen Ganoven und der auf lockere Striche geratenen Mädchen, denn es taucht bereits im «Liber Vagatorum» auf, dem Buch der Vaganten aus dem beginnenden 16. Jahrhundert. Dort wird unter dem Wort «bais» bzw. «boss» ein übel beleumundetes Haus verstanden, nämlich ein Haus, in das sich die wenig achtbaren Leute zurückgezogen haben, um dort zu zechen und sich zu vergnügen. In diesem «Liber Vagatorum», welches übrigens wahrscheinlich von Kriminalbeamten aufgrund von Verhören verfaßt wurde, finden sich gute Belege solcher Aktivitäten. Ehrenwerte Leute werden hier nach der Art ihrer Betteltricks typisiert und beschrieben.

In den historischen Beisln ging es hoch her. Dies zeigt auch die Beschreibung eines Festessens von Ganoven in einem Gaunerbuch aus dem Jahre 1793:

«Mit dem, was sie dem Bürger abnehmen, wirtschaften sie auf die schlimmste Art. Es ist nur kurze Zeit ihr Eigenthum. So schnell, als sie es bekommen haben, wird es auch verschleudert, und fast der einzige Gebrauch, den sie davon machen, ist der, daß sie sich damit gütlich thun. Sie sind im höchsten Grade verschwenderisch und wollüstig. Wenn sie eine Beute irgendwo gemacht haben, so ruhen sie nicht, bis alles verpraßt ist. Das Zechen und Schmausen, Tanz und Spiel und Belustigung gehen dann ohne Aufhören fort. An einem Tag, in einer Nacht werden 50 bis 100 Gulden durchgebracht. Ein Raub von mehreren 1000 Gulden ist in mehreren Tagen aufgezehrt (...), das meiste aber geht auf Essen und Trinken. Dies haben sie immer gern gut und in starken Portionen. Auch wenn sie keine gestohlene Barschaft haben, verlangen sie doch einen besetzten Tisch von ihren Beischläferinnen, speisen gerne gebratene Hühner oder Speck und Schinken und trinken ihren guten Wein (!) dazu. In Wirtshäusern lassen sie sich immer, so wie es ihr Beutel vermag, besonders bei feierlichen Gelegenheiten, kostbar (!) auftragen. Bei ihren Saufgelagen, die ganze oder halbe Nächte hindurch dauern, berauschen sie sich oft bis zum Taumeln.» Aber auch die Bettler zechten nobel: «Beinahe alles [das erbettelte Geld] wird zum Wohlleben angewandt. Denn diesem sind sie [die Bettler] durchgehends ergeben. Sie lassen sich in Wirtshäusern nach Verhältnis kostbar auftragen, saufen sich voll und thun sich auf alle Art gütlich (...). Die Sonntage, Festzeiten und den Winter – die Zeit ihrer Ruhe – bringen sie mit Fressen und Sauffen und Tanzbelustigung hin (...), jedesmal, soweit es der Beutel vermag, leben sie besser als die meisten ihrer Wohltäter.» Das Geld wird mit vollen Händen ausgegeben, und man genießt die exklusive und großzügige Art, zu leben und zu zechen. Und zwar im alten Beisl, der Herberge der Gaukler, Bettler und anderer Leute.

In diesem Beisl alter Art trafen sich aber nicht nur Ganoven, sondern auch die Proletarier, jene Arbeiter, die um ihr tägliches Brot zu kämpfen und unter der Last des Alltags zu leiden hatten. Im Beisl sind sie frei davon, hier trinken sie ihr Bier, und sie erfahren, wie es den anderen in der «Hacken» geht. Ich selbst erlebte diesen Beisltyp hautnah als Bierausführer vor allem in den Arbeiterbezirken an der Donau. In solchen Beisln konnte man billig essen und mit Freunden gutes Bier trinken.

Anzumerken ist hier, daß für die junge Sozialdemokratie das Beisl ein problematischer Ort war, weil der Arbeiter dort dem Alkohol zusprach. Es kam damals der Spruch auf, daß ein denkender Arbeiter nicht trinke. Allerdings, so berichtet Alfred Magaziner, habe Victor Adler, der Vater der Sozialdemokratie, selbst gerne in Beisln Bier getrunken. So soll er nach einer Parlamentsdebatte mit seinem Sekretär Schacherl in einem Beisl eingekehrt sein. Er wollte für sich und Schacherl je ein Bier bestellen, doch Schacherl lehnte ab. Darauf habe Adler ihn gefragt, ob er einen Tripper habe. Schacherl verneinte und wies darauf hin, daß er im Sinne der Sozialdemokratie abstinent sei. «Also Tipper im Hirn», antwortete Adler trocken und begann sein Bier zu trinken.[3]

Im Beisl klassischen Stils finden die Menschen zusammen. Das gemeinsame Gepräch der Anwesenden würzt die Atmosphäre des Beisls und gibt ihr den eigenartigen Reiz des Intimen. Der Wirt und die Wirtin kennen ihre Gäste persönlich, und nur selten verirrt sich ein Fremder in das Beisl.

Es ist das Spannende und Faszinierende des alten Beisls, wie es heute noch in manchen Bezirken existiert, daß es Gemeinschaft ermöglicht. Gerade darin unterscheidet sich dieser Beisltyp vom modernen Nobelbeisl oder Wiener Beisl, mit welchem er nur den Namen gemeinsam hat. Das moderne Beisl ist eine nostalgische Geburt, die ihre Existenz freundlichen, geschäftstüchtigen Wirten verdankt, die noblen Gästen an gemütlichen Tischen eine komplizierte Speisekarte vorlegen. Eine solche Speisekarte kennt das klassische Beisl nicht, denn es gibt nur wenige Kostbarkeiten, die es anzubieten hat, darunter Augsburger mit Gerösteten, Knödel mit Ei und eine Gulaschsuppe. Obwohl dieses alte Beisl nicht im besten Ruf steht, hat es doch etwas, das in der heutigen Eßkultur zu verschwinden droht, nämlich einen Schatz: Es bietet die Möglichkeit, daß die Menschen, die sich hier treffen, auf andere stoßen, denen es ähnlich ergeht wie ihnen. Das Beisl, wie ich es sehe, steht somit in schönem Gegensatz zu den modernen Schnellimbißstationen mit den eigentümlichen Namen, in denen Essen schnell verabreicht wird und ebenso schnell verzehrt werden soll. Unpersönlich und stumm geht dies vor sich, die Speisenden ignorieren einander für gewöhnlich. Man läuft mit Tabletts herum, den Symbolen der modernen Eßkultur.

Essen und Trinken im Beisl, welches es gottlob noch gibt, sind feierliche, beinahe rituelle Angelegenheiten, denn man ist nicht alleine dabei und läßt sich Zeit – das Kostbarste, das der Mensch besitzt.

Das Beisl, der alte Ort, an dem Ganoven, Dirnen, Proletarier, Arbeitslose, Studenten, Pensionisten, kleine Beamte und anderes Volk sich begegneten und begegnen, erinnert an eine alte, vergangene Zeit. Vor allem aber an Menschen, für die Arbeit (anders als für Calvin, der von der gottgefälligen Arbeit sprach) kein Lebensprinzip ist.

In nobler Distanz zur Arbeit trinken sie im Beisl ihren Wein oder ihr Bier. Das Beisl ist somit ein freundliches Symbol, das der Vergötzung der Arbeit und der Verherrlichung des Konsums entgegensteht. Diese scheinen unser Leben zu bestimmen. Allerdings nicht im Beisl, in dem noch vornehmer Müßiggang, auch beim ehrenwerten Sandler, sachte den Takt des Lebens schlägt.

Daß dieses Beisl nicht untergehen und durch modisch-nostalgische Einrichtungen, die sich seines ehrenvollen Namens bedienen, ersetzt werden möge, darauf erhebe ich mein Bierglas. Ich trinke es auf das Wohl der noblen alten und neuen Beislbesucher und ihrer großmütigen Wirte.[4]

1 Als Student arbeitete ich in den sechziger Jahren während heißer Ferienmonate als Bierausführer bei einer bekannten Wiener Brauerei. Dabei lernte ich die klassischen Beisln, ihre Gäste und Wirte intensiv kennen. Auch wurde ich von den freundlichen Wirten mit schöner Regelmäßigkeit zu einem Bier eingeladen. Schließlich löschte ich, dies tue ich heute noch, meinen Durst in derartigen Wiener Gaststätten.

2 Das Wort «Rotwelsch» leitet sich von «rot walen» ab, was soviel heißt wie falsch sprechen.

3 Alfred Magaziner: Die Vorkämpfer – Aus der Geschichte der Arbeiterbewegung, Wien 1979, S. 103.

4 Eines Wirtes möchte ich hier besonders gedenken, nämlich des Herrn Karl Hradezcky, des früheren Besitzers des «Spatzennests» bei der Ulrichskirche im 7. Wiener Gemeindebezirk. Diesem Mann gelang es, die alte Tradition des Beisls mit ihrem schönen, freundschaftlichen Kontakt zwischen dem Wirt und dem Gast in einer noblen Weise weiterzuführen. Auch auf sein Wohl ein guter Schluck!

Franz Schuh

Das Beisl im Eck

Als ich damals den berühmten, großen französischen Philosophen und Psychoanalytiker Jacques Lacan durch Wien führte (ich zeigte ihm alle wichtigen Freud-Gedenkstätten, einschließlich des Wohnhauses von Leupold-Löwenthal, und etwas vom Rest, den es darüber hinaus in Wien noch zu sehen gibt), da ereignete sich Seltsames mit dem berühmten Mann aus Frankreich. Kurz vor seinem Abflug – Kapitäne exotischer Linien, heimisches Bodenpersonal, Passagiere aus aller Herren Länder eilten an uns vorüber – nahmen wir im Flughafenrestaurant einen heißen Tee. Der Beutel schwabbelte übel in der braunen Brühe. War ein Teebeutel das Motiv der Inspiration? Jedenfalls schnellte der Analytiker plötzlich hoch und rief, wie vom Schicksal gebeutelt oder vom Schlag getroffen: *«Le Beisl n'existe pas!»*

Ich war peinlich berührt, wie ich es immer bin, wenn jemand aus sich herausgeht. Ich achte darauf, daß die Menschen bei sich bleiben und mich vor ihrem wahren Wesen, vor ihren Einfällen und Eruptionen beschützen. Aber wenn ein geistiger Mensch, ein Psychiater, sich so weit vergißt, daß er einen Satz unvermutet herausbrüllt, dann ist es unmöglich, diesem Satz gegenüber Widerstand zu leisten. Er blieb mir im Gedächtnis, und noch im Flughafenschallplattengeschäft erstand ich eine Kassette, auf der Peter Alexander sang: *«Das kleine Beisl in unserer Straße»*, ein Chanson, das es auch in gesamtdeutscher Sprache gibt: *«Die kleine Kneipe in unserer Straße»*.

Die Kassette schickte ich gleich vom Flughafenpostamt an Jacques Lacan, und ich gebe zu, daß ich damit dem großen Mann, wie man bei uns sagt, «etwas auswischen» wollte. Ich stellte mir Lacan, dem wir immerhin eine neue Grundlegung der Psychoanalyse zu verdanken haben, vor, wie er in seinem Pariser Domizil diese zutiefst deutsch-österreichischen Klänge eines Peter Alexander auf sich einwirken ließ. Das konnt ihm, auch wenn ihm die schreckliche Rhetorik des Unbewußten kein Geheimnis mehr bot, nicht guttun. Diese ungesund triefenden Töne, dieses schmierige Schmalz, mit dem sich «Peter der Große», wie er hier genannt wird, die Butter aufs Brot verdient, mußte sogar einen Lacan entsetzen.

Aber ich hatte die Rechnung ohne den Wirt gemacht. Lacans Antwort erfolgte postwendend. An einem dieser strahlenden Morgen, an denen die Sonne den Flur meines Gemeindebaus paradiesisch erhellt, zog ich aus meinem Postkasten eine Pariser Ansichtskarte. Darauf war der Eiffelturm in voller, glänzender Banalität zu erkennen, auch wenn ihn der Absender mit zwei einander überkreuzenden Filzstiftstrichen unsichtbar machen wollte. Im Textteil der Karte stand in der mir gut bekannten Schrift: *«Le Beisl n'existe pas. Jacques Lacan.»*

Also sollte ich selber darauf kommen, der Mann gab den Schwarzen Peter an mich weiter. Es ist aber unerträglich, wenn jemand, den man für überlegen hält, sich weigert, Aufschluß zu geben. Ich gestehe, darunter hat mein gutes Verhältnis zu dem mittlerweile ja schon Seligen sehr gelitten. Es kam zum Bruch. Nur schwer kann ich heute ohne Verachtung Sätze wie «Je pense ou je ne suis pas, donc je suis ou je ne pense pas» lesen, obwohl es mir, und das ist doch merkwürdig, tatsächlich so geht: «Ich denke da, wo ich nicht bin, also bin ich da, wo ich nicht denke.»

Mein Vater war Ringer, das heißt: Er ging am Sonntag immer ringen, und zwar ins «Gasthaus Maderl». Mein Vater hielt mich an der Hand, stellte sich an die Theke, trank ein wenig vom Seidel, während Maderl, der Wirt, bereits unruhig wurde; er wußte ja von vielen Sonntagen her, was kommen mußte. Da ich noch klein war, hatte ich nicht den Überblick, aber wenn mein Vater meine Hand losließ, war es wieder soweit. Gleich rang er irgendeinen Gast nieder, der frech geworden war. «Soll ich mir ein altes Gewand anziehen», hatte zum Beispiel einer einmal gesagt, nachdem ihn mein Vater eindringlich gemustert, also auf seine Eignung für den Kampf geprüft hatte. Der Mann hatte danach immer noch sein neues Gewand an, das aber so gut war wie ein sehr altes, in Fetzen hängendes. «Soll ich mir ein altes Gewand anziehen» bedeutet nämlich, daß einer sich erst umziehen muß, bevor er einen anderen anrührt und sich an ihm dreckig macht. So dialektisch formulierte man damals, als ich noch klein war.

Ich bin im Beisl aufgewachsen. Allmählich, mit den Jahren, wuchs ich dort zur nötigen Größe heran, um alles zu durchschauen: den abgetretenen, ölig schwarzen Fußboden, die dunkelgelben Tische, die verchromten Wasserhähne, den großen Kasten hinter dem Rücken des Wirtes; in solchen Kästen, stelle ich mir vor, lagen früher vom Eismann gebrachte Eisstücke, die die besten Waren des Hauses kühl hielten. Die Weinflaschen hatte der Wirt ins Wasser gestellt, und mit der unnachahmlichen Eleganz einer zur Gewohnheit gewordenen Pflicht schenkte er aus: Er faßte dabei die schweren Flaschen am Hals und schwenkte sie mit einem gemessenen Ruck zu dem wartenden Glas hin. In der Luft lag vor allem ein matter Biergeruch, vermischt mit dem Dunst servierter Speisen. Das setzt sich gut in den Kleidern fest. Ich höre noch genau dieses leicht in Kreischen ausartende Gemurmel der Angetrunkenen, das Schnalzen triumphierend ausgespielter Karten und ein immer wiederkehrendes «Wos liegt, des pickt»-Rufen.

Seit Lacans Ausspruch habe ich viele Monate in Beisln verbracht, forschend, ob sie nun existieren oder nicht. Ich finde schwer eine Antwort. Oft muß ich an den unglücklichsten Wirt denken, den ich jemals sah: Er war ein kleiner Mann mit einem großen Kopf, der ihm wie von fremden Mächten aufgesetzt schien. Wenn er an den Tisch trat, um eine Bestellung aufzunehmen, trug er steif seinen Kopf auf den hängendsten Schultern der Welt. Bevor er Wirt wurde, war er Computertechniker gewesen, perfekt in der Hard- und in der Software. Über all die Jahre sah er aber als Wirt kaum Kundschaft; es war ungerecht, denn er führte beste Speisen, mundende Weine und Schnäpse. Manchmal blieb der Briefträger, der ihm Rechnungen und Mahnungen gebracht hatte, auf ein Stehachterl, und manchmal kamen, in alphabetischer Reihenfolge angeführt, Gustav Ernst und Karin Fleischanderl.

Mir kochte die Frau des Wirts, die Köchin, sogar am Ruhetag auf: Als ich klopfte, öffnete er, ließ mich herein und sagte dialektisch: «Is eh Wurscht; es kommt ja auch sonst keiner.» Das bedeutet, er hatte eigentlich immer Ruhetag und konnte daher ruhig an seinem Ruhetag aufmachen. Gustav Ernst stellte einmal fest: «Das ist ja kein Beisl, es ist ein Wohnzimmer mit Wirt.» Heute ist es überhaupt nicht mehr, das Beisl ist zugrunde gegangen; an seiner Stelle hat man ein gut besuchtes China-Restaurant errichtet.

Was es noch gibt, ist das andere Extrem: das überbordende Beisl. Knapp nach elf dringen dort die Massen ein. Es ist eine Springflut aus Gästen. Immer neue kommen und besetzen die Plätze der Gesättigten. Aber Platz ist keiner, es ist gesteckt voll. Die Kellner bahnen sich ihren Weg mit Ellenbogentechnik, sie praktizieren eine in Großbritannien wegen ihrer Brutalität ausdrücklich verbotene Form von Rugby: Gepunktet wird, wenn es gelingt, den eingezwängten Gästen ein paar Teller und Gläser vorzuwerfen. Wer am Tisch nach einer Semmel greift, stößt das Glas des einen Nachbarn um und faßt in den Zwiebelrostbraten des anderen. Das wichtigste Hilfsmittel ist daher die Serviette; alle sind in der kürzesten Zeit bekleckert. Die Kellner rufen dem Schankburschen die Bestellungen in Abkürzungen zu, es herrscht die Stimmung einer Börse: «1 Bier klein / klein Braun / groß Weiß / Manner Schnitten.»

Wer zu spät kommt, den bestraft die Küche: Kältliches Zeug schwimmt dann auf gelblichem Saft. Dafür wird Bier immer zu schnell gezapft: «Schnell gezapft ist halb gesoffen», denkt der fixe Bursche hinter der Schank und mustert zufrieden die dünne Schaumsuppe an der Oberfläche des Krügels. Gäste stürzen vorbei, Gäste fallen herein. Der Wein ist echt vom Hauer, aber zufällig besitzt der Hauer eine kleine chemische Fabrik, die sein Sohn führt. Alles muß schnell gehen, die Gäste haben schließlich auch keine Zeit. Sie eilen zur Arbeit oder zu dem, was sie für ihr Vergnügen halten. Wer Zeit hat, der kann hinter den Kellnerrufen, hinter dem Klirren der Teller und Bestecke ein sich näherndes Donnergrollen, ein Aufstoßen der Scheißer und dann plötzlich die Explosionen einer kollektiven Verdauung heraushören.

Lacan hat also recht. Zwischen den geschilderten Extremen reibt sich das Beisl auf. Aber was macht es, was geht dadurch schon verloren? Im Wort «Beisl» steckt das hebräische Wort für Haus, und die Sehnsucht nach dem Beisl ist die Sehnsucht nach garantierter Häuslichkeit. Im wahren Beisl verschwimmt die Grenze zwischen Gast und Familienmitglied, man sieht es heute noch jenen Gästen an, die sich wie zu Hause gehenlassen wollen. Der moderne Trinker ist jedoch unbehaust, und hinter dem Wirt sind die Steuerbehörden her. Die Sehnsucht, wenigstens im Beisl daheim zu sein, stößt auf diese nüchternen Tatsachen, die der große Peter Alexander wie im Rausch verklärt: *«Wer Hunger hat, der bestellt Würstchen mit Kraut, weil es andere Speisen nicht gibt, die Rechnung, die steht auf dem Bierdeckel drauf, doch beim Wirt hier hat jeder Kredit.»*

Das klassische Wiener Beisl war eine proletarische Variante des «Clubs», eine Geborgenheit für Leute, die leicht auf der Straße sitzen. Die kleine Kneipe in «unserer» Straße? Aber «uns» gehört doch die Straße nicht. Der öffentliche Charakter des Beisls, in dem Leute sich miteinander verständigen, ist ebenfalls dahin, denn im Stammtischgequatsche ist das Fernsehen maßgeblich. Aber überhaupt ist diese Sehnsucht nach dem guten Essen und Trinken, nach der «Gemütlichkeit» und diesem ewigen Daheimseinsein widerwärtig. *«Die Postkarten dort an der Wand in der Ecke, das Foto vom Fußballverein, das Stimmengewirr, die Musik aus der Jukebox, all das ist ein Stückchen Daheim.»*

Es gibt kein richtiges Leben im falschen, sagt Adorno. Das ist zum Glück ein so allgemeiner Satz, daß er keinen Ausweg läßt, nicht einmal den in die Askese. Daher kann man umgekehrt sagen: «Auch das schlechte Leben ist kein gutes» und sich fragen: «Warum dann nicht gleich gut leben?» Dennoch ist die Suche nach den Orten, wo man am besten lebt, am besten ißt und trinkt heutzutage so schäbig und unwahr wie das alte Lied: *«Die kleine Kneipe in unserer Straße, da, wo das Leben noch lebenswert ist, dort in der Kneipe in unserer Straße, da fragt dich keiner, was du hast oder bist.»*

Werner Meisinger

Der Kalbskopf – eine vage Erinnerung

Bevor der längst fällige Exkurs über das Wesen des endgültigen Kalbskopfs ausgeführt und das Ableben der Rindsroulade betrauert wird, sei der gelangweilte Leser mit ein paar rasend interessanten Eigenschaften des Autors wachgerüttelt: Ich bin ein rechter Phäake und bis zur Unerträglichkeit gemütlich, herrschsüchtigen Oberkellnern gegenüber ziemlich unterwürfig, allerdings ein arroganter Widerling, wo es nicht schaden kann. Somit ziemlich typisch für das Gros der lieben Landsleute und ein potentieller Beislgast.

Jedoch bin ich Nichtraucher. Die einzig statthaften Zigaretten für einen Mann seien Players Navy Cut, meinte ich im Alter von fünfzehn Jahren, aber mit den blonden Lungenhämmern konnte ich mir das Rauchen nie richtig angewöhnen. Ganz im Gegenteil. Es war mir eine große Mühe. Noch heute berührt mich vieles unangenehm, was mit Rauchen zu tun hat, insbesondere rauchschwangere Wirtshausluft. Also wurde aus mir kein Beislgast, auch deswegen, weil ich (feige Ader) vor manchen Delikatessen der traditionellen Küche Furcht empfinde, wie vor gekochten Hammelaugen (vor Bruckfleisch zum Beispiel).

Was dem durchschnittlichen Beislgast ein Lebenselixier ist – das Gulasch mit drei Bier und einem Packerl Milde –, erquickt mich nicht im geringsten. Es macht mich krank und treibt mich auf den Berg, obwohl ich ungern zu Fuß geh'. Es treibt mich in die Arme meines Gerer oder Österreicher, an den Jogltisch von Weltmeister Eschlböck oder den Spiegeltisch des unvergleichlichen Ewald Plachutta, es treibt mich zu meinen Brüdern im Geiste, den Obauers, deren Beuschel meine All-time-Beuschel-Bestenliste seit Jahren anführt.

Kein Beisl-Beuschel kommt an die Beuschel der zitierten Herren heran, von denen jeder ein Gott am Beuschel ist und jeder Zutaten in sein göttliches Beuschel schnitzelt und schüttet, die niemals in einem Beisl noch gesehen wurden. Eschlböck war es vermutlich, der die Hochkultur des Beuschels begründete, indem er schamlos Jamek-Rieslinge einfließen lies. Manche Küchenakrobaten verstiegen sich auf der Suche nach der exorbitanten Beuschelfreude bis in die Sphären des Jahrgangs-Champagners, was wir allerdings als *un peu fou* bezeichnen dürfen – normaler Champagner bringt's genauso.

98 Prozent der Beisl-Beuschel sind jedoch so ungenießbar wie die Beislküche im allgemeinen: Im Beisl des alten Schlages sind die meisten gerösteten Lebern gekochte und erinnern im Biß an Gummibären; die Schnitzel riechen nach altem Fett; die Palatschinken triefen davon. Das gemeine Beisl ist kein Ort kulinarischer

Erbauung. Für die wenigen Beisln, in deren Küche noch die Wirtin oder der Wirt, jedenfalls ein begabter, wirklicher Koch und kein verhinderter Mechaniker seinem Handwerk nachgeht, für diese Oasen in der gastronomischen Wüste, diese knusprigen Bratkartoffeln in einem Gebirge aus letscherten Pommes frites muß man eine andere Bezeichnung finden.

Völlig undifferenziert sagt man ja heute zu allem Beisl, was keinen Sommelier hat. Beisl ist der miese Wirt ums Eck ebenso wie der «Sailer» in Gersthof (ein «Hauben-Beisl»). Mit dem Wort «Beisl» läßt sich eine Gaststätte ähnlich überhaupt nicht definieren wie mit «Pub» oder «Bistro». Also ist auch die «Beislküche» unbeschreiblich. Sie reichte beim heutigen Verständnis des Wortes vom Würstel mit Saft bis zum zart geräucherten Wildschweinschinken. Sie beschränkte sich – falls man das Beisl im herkömmlichen Sinn als billige Kneipe verstehen will – auf wenige erzderbe Schöpfgerichte und böckelnde Schnitzel.

Was dringend behandelnswert erscheint, ist die bürgerliche Wiener Küche, solang es sie noch gibt. Denn allmählich, aber unbarmherzig zeigt es seine Wirkung, daß das Berufsbild der Köche und Kellner ein völlig anachronistisches ist – viel Streß, viele hysterische Chefs, wenig Cash, noch weniger Freizeit, völlig familienfeindliche Arbeitszeiten. Junge Menschen mit Grips lernen alles andere, nur nicht Koch. Abgesehen natürlich von ein paar, die sich berufen fühlen.

Die werden aber früher oder später «Haubenköche» (und in vielen Fällen unerträglich kreativ).

Und so gibt es in Wien heute kaum noch mehr als ein Dutzend jener Wirtshäuser, in denen das Standardrepertoire der Wiener Küche auf anständigem Niveau gepielt wird, wo es gesottenes Rindfleisch gibt (mürb, nicht zäh), wo das Schnitzel eine prächtig soufflierte Panier hat, wo hin und wieder eine gefüllte Kalbsbrust oder ein Kalbsnierenbraten auf die Karte kommen, wo es verschiedene Sorten Gulyas gibt und wo zwischen faschiertem Laberl und Butterschnitzel ein Unterschied wie Tag und Nacht besteht, denn ersteres ist aus «gemischtem» Faschierten und mit Knoblauch und Majoran kräftig gewürzt, das Butterschnitzel dagegen wird aus zartem Kalbfleisch zubereitet und mit Muskatnuß, Petersilie und eventuell Zitronensaft elegant abgeschmeckt.

Abgesehen vom Schnitzel sind diese Köstlichkeiten in der Wiener Gastronomie eher die Ausnahme als die Regel. Nicht weil damit kein Geschäft zu machen wäre. *Der* kommerzielle Erfolg der jüngsten Vergangenheit ist der Rindfleischtempel «Hietzinger Bräu», wo jedes kreative Zucken der Küchenbrigade mit geradezu Fodermayerscher Strenge unterbunden wird.[1] «Es fehlt der neuen Generation an Fundament», werden die Küchenchefs und Gastronomen der alten Generation nicht zu klagen müde. Die Rehnüßchen an Maisgaletten, die Filetspitzen in Morchelrahm, die Mittelstücke vom Zander in Sauerampfercreme gehen den jungen Köchen viel besser von der Hand als ein Szegediner Krautfleisch an seinem Serviettenknödel. Alles Kleine, Schnelle und geil Aufgezwirbelte entspricht ihrer Wesensart ganz offensichtlich mehr als das Langsame, das Geschmurgelte oder sorgfältig Vorbereitete.

Und in der Wiener Küche gibt es nur ganz wenige Gerichte, die lässig aus dem Handgelenk zu schütteln wären. Für die meisten Delikatessen der alten Schule braucht der Koch die Ausdauer des osttibetischen Lamas und den unempfindlichen Rücken des andalusischen Riesenesels. Stunden und Aberstunden steht er dafür in der Küche und putzt und wässert und putzt und wässert und löst aus und rollt und füllt, bis endlich das Bruckfleisch friedlich köchelt, das Gulyas angesetzt, die Kalbsbrust untergriffen, gefüllt und verschlossen ist und das Hirn abgezogen und blütenweiß zur weiteren Verarbeitung bereitliegt. Taubenbrust in die Pfanne hauen geht viel schneller.

Nehmen wir beispielsweise den Kalbskopf, diesen Hund. Die Verwandlung des bleichen Monsters in genießbare, goldbraun schimmernde, delikate Einheiten mit Mayonnaisesalat fordert vom gewissenhaften Koch innere Kraft und Ruhe. In schlechten Kochbüchern steht: Kochen, auslösen, panieren und ab ins heiße Fett, doch in Wahrheit ist viel mehr zu tun. Allein das Putzen ist eine Kür. Danach sind die sauberen, ausgewählten Fleischteile in die «Maske» einzuschlagen, in ein Tuch zu rollen, nochmals zu kochen und zu pressen, bis schließlich das gesulzte Kopffleisch in Scheiben geschnitten, paniert und gebacken werden kann. (Und abgesehen von Salz und Pfeffer verlangt der gute Kalbskopf noch Zitronenzeste und Koriander als Gewürzen.) Einen derart zubereiteten Kalbskopf hält die moderne Ernährungswissenschaft zwar für bedenklich, nichtsdestoweniger ist er köstlich.

Wie die tausend Gulyasvariationen[2] werden die Kalbsköpfe bald nur mehr noch eine vage Erinnerung sein. Die Rindsrouladen sind schon ziemlich ausgestorben. Allmählich, aber unrettbar geht die alte Wiener Küche verloren. Die Nachfolger von Kalbskopf, Rindsroulade und Krenfleisch kündigen sich schon an. Es werden Ravioli und Spaghetti sein, Spareribs und Tomaten mit Mozzarella. Die Burenwurst wird überleben. Ein schwacher Trost.

1 Herr von Fodermayer war Offizier und nach Beendigung seines Militärdienstes Begründer des Restaurants «Zu den Drei Husaren». An seinem Führungsstil hat der Gewerbewechsel nichts geändert. Für Individualisten mit der gewissen genialen Oberflächlichkeit soll es eine wahre Wonne gewesen sein, unter Fodermayer zu arbeiten. Ewald Plachutta, Fodermayers Nachfolger bei den «Drei Husaren», ist Mitinhaber des «Hietzinger Bräu».

2 Herrengulyas (mit Spiegelei), Bauerngulyas (mit Semmelknödel), Fiakergulyas (mit wachsweichem Ei und Würstel), Znaimer Gulyas (mit Gurkenstreifen), Karlsbader Gulyas (mit Rahm vermischt und Nudeln) und manche spezielle Varianten, wie das «Scharfe Auge» im «Weißen Rauchfangkehrer», fallen dem Experten auf Anhieb ein.

Berndt Anwander
Das Ende vom Beisl?

Noch vor wenigen Jahren herrschte Konsens darüber, das Wiener Beisl je nach Geschmack für tot, scheintot oder bald tot zu erklären. Dementsprechend reichte das Spektrum vom pessimistischen «They never come back» über «Die letzten ihrer Art» bis zu leicht optimistischen Einschätzungen wie «Totgesagte leben länger» oder «Sag niemals nie».

«Heaven can wait» – heute erfreuen sich die Wiener Beisln nach wie vor großer Beliebtheit. Die Qualität der Beisln hat sich vielerorts – oft dramatisch – verbessert. Auch neue Lokale haben kaum Schwierigkeiten, sich in die lange Reihe urtypischer und hervorragender Wiener Beisln und Gasthäuser einzureihen.

In der Einleitung zur Erstauflage dieses Buchs im Jahre 1992 hieß es: «Dem typischen Beisl wurde schon oft sein nahes Ende vorhergesagt, aber die alle paar Jahre nun endgültig vom Aussterben bedrohte ‹Beislszene› ist trotzdem noch immer recht lebendig.»

Sicher, seither sind wieder etliche typische und einige gute Beisln für immer von uns gegangen. Andererseits muß aber auch erwähnt werden, daß oft nur der wahre und aufrichtige Freund des Beisls erkennen kann, weshalb das Verschwinden von Lokalen wie der «Weinperle» in der Alserbachstraße, des «Bladen Pepi» in Meidling oder des «Blauensteiner – Zur Stadt Paris» in der Josefstadt ein großer Verlust oder gar Anlaß zur Trauer sein sollte. Den deutschen Freunden, der holländischen Bekannten, den Schweizer Verwandten hat es nicht selten erst einmal gegraust vor diesen Lokalen. Nur schwer war ihnen anfänglich das besondere Flair dieser Orte vermittelbar. Hatte es aber gefunkt, dann heftig, und im Handumdrehen fanden, unterstützt von wirtshaustypischer Speis und Trank, Fraternisierungen der besonderen Art statt: «Ick bin ein Weaner Beisl.»

Weshalb aber werden, sobald vom Wiener Beisl die Rede ist, nicht nur die Topbeisln diskutiert, sondern – meist etwas wehmütig – auch das eine oder andere kaum bekannte, oft schon seit Jahren geschlossene Wirtshaus ums Eck angeführt – Motto: «Das war noch ein echtes Beisl»? Ist es nur Sentimentalität und Larmoyanz, oder ist vielleicht mit all den entschwundenen Beisln auch ein Stück der viel zitierten, oft gesuchten und selten gefundenen sagenhaften Wiener Gemütlichkeit vergangen?

Ein kurzer Nachruf, eine kleine Erinnerung an einige jener Beisln, die uns nicht mehr Bier und Wein, Gulasch und Wiener Schnitzel kredenzen können und vielleicht für immer zum Chinesen, zur Pizzeria mutiert oder, schlimmer noch, auf ewig geschlossen worden sind, soll dabei helfen, die Besonderheit dieser Orte im Gedächtnis zu behalten, oder zumindest, sie nicht zu vergessen.

Der «Grüne Anker» etwa, heute ein französisches Bistro, war ein Speisehaus der traditionsreichsten Art mit weitläufigen Räumen und Stüberln, eine Insel der Gastlichkeit in einem Meer von hektischen Abkassierern. Nicht weit davon lag das «Marhold», ein Lokal von jener Gutbürgerlichkeit, die einem im heutigen Wien wie Theater vorkommt. Dann gab es den «Mnozil», das «Gasthaus Bernwieser», nun eine Pizzeria, das «Gasthaus Lachinger», ehedem manch einem ein schützender Zufluchtsort, das «Burgenländereck» und den «Hirschhofer», der heute zum leibhaftigen Gott-sei-bei-uns der heimischen Gastronomie mutiert ist und eine Filiale der bekannten amerikanischen Fast-food-Kette beherbergt. So ginge es weiter: «Zum Stefan», «Zum sanften Lamm», «Zum Sieg», «Zum Staudigl», «Gasthaus Weiss», «Pistauer», «Zum Auerhahn», «Wessner's Lindenhof», «Dworschak» oder «Zum Städtischen Bad» und etliche andere mehr, die allesamt echte Wiener Beisln waren.

Und da ist sie schon wieder, die bekannte und trotzdem so schwer beantwortbare Frage: «Was ist ein richtiges, ein typisches Beisl?» Ist es ein Gasthaus, ein Restaurant, ein Espresso, ein «Tschocherl» oder eine «Hiatt'n», versehen vielleicht noch mit dem einen oder anderen Adjektiv, ist es vielleicht ein Lokal aus der Oberliga oder gar eine Legende? Was macht es aus, das «typische Wiener Beisl»? Wenn diese Frage so einfach zu beantworten wäre, könnten ja überall typische Wiener Beisln eröffnen, in Wanne-Eickel, New York oder Tokyo. (Aber kann man in Holland Schi laufen, kann man in der Schweiz Wellen reiten?) Geht natürlich nicht, weil in ein richtiges Beisl eben auch richtige Wiener (was auch immer das wieder sein mag) hineingehören, wie ein vorderer Wadschinken in ein Gulasch und Knoblauch in den Gurkensalat. Um zu erfahren, was ein Wiener Beisl nun wirklich ist, hilft also nur der Besuch des einen oder anderen Gasthauses, und damit läßt sich aufs feinste das Interessante mit dem Angenehmen verbinden.

GUTEN TAG

1., Innere Stadt

1. Dombeisl, *Schulerstraße 4*
2. Oswald & Kalb, *Bäckerstraße 14*
3. Plachutta, *Wollzeile 38*
4. Pfudl, *Bäckerstraße 22*
5. Weibels Wirtshaus, *Kumpfgasse 2*
6. Drei Hacken, *Singerstraße 28*
7. Beim Czaak, *Postgasse 15*
8. Griechenbeisl, *Fleischmarkt 11*
9. Stopfer, *Rudolfsplatz 4*
10. Bauer Gustl (Zöbinger Weinstube), *Am Hof, Drahtgasse 2*
11. Pantherbräu (Zum Bürgerlichen Schneider), *Judenplatz 10*
12. Gösser Bierklinik, *Steindlgasse 4*
13. Kern, *Wallnerstraße 3*
14. Göttweiger Stiftskeller, *Spiegelgasse 9*
15. Spedition, *Mahlerstraße 13*
16. Reinthaler, *Gluckgasse 5*
17. Smutny, *Elisabethstraße 8*
18. Bei Max, *Landhausgasse 2, Ecke Herrengasse*

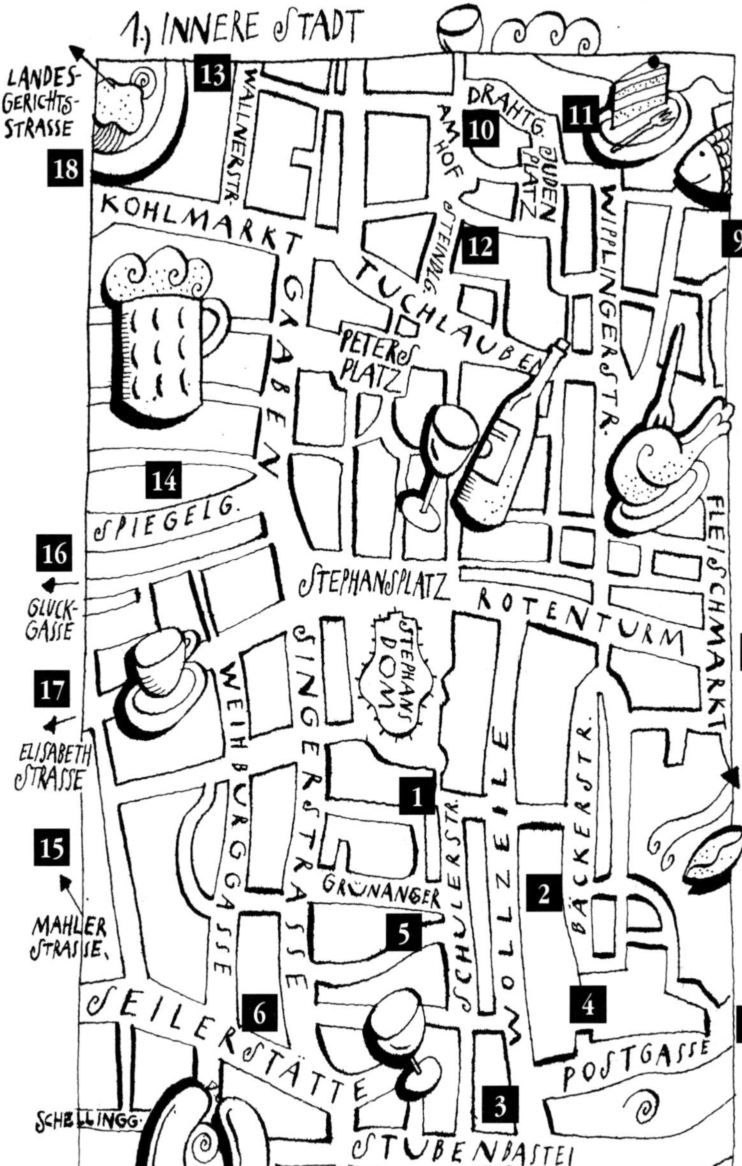

1.) INNERE STADT
LANDES-GERICHTS-STRASSE
13
18
WALLNERSTR.
DRAHTG.
AM HOF
10
11
JUDEN PLATZ
KOHLMARKT
STEINDLG.
12
9
WIPPLINGERSTR.
TUCHLAUBEN
GRABEN
PETERS PLATZ
14
SPIEGELG.
16
GLUCK-GASSE
STEPHANSPLATZ
ROTENTURM
FLEISCHMARKT
8
STEPHANS DOM
SINGERSTRASSE
WEIHBURGGASSE
17
ELISABETH STRASSE
1
SCHULERSTR.
WOLLZEILE
BÄCKERSTR.
15
GRÜNANGER
2
5
MAHLER STRASSE
4
7
6
SEILERSTÄTTE
POSTGASSE
3
SCHELLINGG.
STUBENBASTEI

Dombeisl: Oase der Herkömmlichkeit

Dombeisl

Schulerstraße 4
Telefon 512 91 81
Mo bis Fr 8 bis 18 Uhr;
Sa, So Ruhetag

Neben einem Bierfaß an der Schank läßt sich's gut stehen. Daneben blinkt ein Spielautomat und stellt jene sanfte Störung zur Verfügung, ohne die das «Dombeisl» als Realität in dieser Gegend gar nicht mehr erfahrbar wäre. Viel Holz und Resopal vom Feinsten im Schrankraum, im Speiseraum dahinter klares Plastik auf Stofftischtüchern. Man glaubt es kaum, aber auch im ersten Bezirk, wenige Schritte vom Dom entfernt, gibt es eine manuell arbeitende Bevölkerung. Das «Dombeisl» bietet ihr eine Oase der Herkömmlichkeit in einer Flut von schrillen Modernismen. Hier ist alles, wie es sich gehört. Hinter der modernisierten Schank erblickt man die Töpfe einer freundlichen Köchin, eine durchaus vertrauensbildende Maßnahme. Die Speisen, welche man sich von einem Beisl erwarten darf, sind draußen auf einer Tafel mit Kreide angeschrieben. Untertags, bereits vom Morgen an, wetteifern dunkle Grünpflanzen und stumme Gäste in Kontemplation vor ihrem Achtel, Krügerl oder Cola-Rum miteinander, wer am besten seine Hierhergehörigkeit ausdrückt. Zu Mittag mögen sich auch Touristen ins «Dombeisl» verirren. Das macht nichts. Hier wirkt es nicht einmal aufgesetzt, wenn sich ein Fiaker ein Fiakergulasch genehmigt, was durchaus vorkommen kann, denn sein Gespann wartet derweilen nur 50 Meter weiter. Dialog zwischen Gast und Wirt im «Dombeisl». Gast: «Wie geht's?» Wirt: «Na, gut.» Gast: «Das weiß ich eh. Bei dem G'schäft muß es ja gut gehen.» Damit wäre über das «Dombeisl» alles gesagt.

Oswald & Kalb: Begründer der Wiener Szenebeisln

Oswald & Kalb

Bäckerstraße 14
Telefon 512 13 71
täglich 18 bis 2 Uhr

Selbst Institutionen existieren nicht von jeher, wenngleich manche so aussehen. Demgemäß würde es wohl einen Gutteil der Gäste wundern zu hören, daß das «Oswald und Kalb» 1978 von Kurt Kalb und Evelyn Oswald gegründet wurde. Das «O & K» sollte ein Lokal neuen Typs werden: ein Speiselokal der Wiener Art, kombiniert mit einer langen Bar nach New Yorker Vorbild.

Wie sehr diese Art Lokal gebraucht wurde, sieht man am damals unmittelbar einsetzenden und bis heute nicht abgerissenen Erfolg. Daß das «O & K» wesentliche Kriterien eines Beisls nicht erfüllt, ist evident. Dennoch gehört es in dieses Buch, denn es begründete das Genre des Wiener Szenebeisls. Hier gelang es, Formen und Atmosphäre des Beisls in die Welt der Boheme zu verpflanzen: den Stammtisch, die Ober, das Essen und die bunte Mischung der meist kommunikationsbereiten Gäste. Das einzig Bedauerliche daran ist der Umstand, daß es die Welt der Boheme nicht mehr gibt. Nur noch die Szene. Andererseits sind da jene, die das «O & K» nie betreten, weil es von Legenden umwoben ist. Sie haben nichts Besseres zu tun, als es mit weiteren Legenden zu umweben. Das kann in kaum verhohlene Bewunderung umschlagen oder in offenes Ressentiment. Die Wahrheit: Das «Oswald und Kalb» ist ein öffentlich zugängliches Lokal, in dem man ohne weiteres gut essen und trinken kann, von den jugoslawischen Obern, denen das Lokal mittlerweile gehört, bestens bedient wird und außerdem die Fifty-fifty-Chance hat, von den Anwesenden überhaupt niemand oder alle zu erkennen.

Plachutta: Zentrum der gehobenen Rindfleischküche

Plachutta

Wollzeile 38
Telefon 512 15 77
täglich 11.30 bis 15 und 18 bis 24 Uhr

Plachutta in Nußdorf

Heiligenstädter Straße 179
Telefon 37 41 25
täglich 17 bis 24 Uhr

Die Bedeutung des Gasthauses «Plachutta» ist schnell und einfach charakterisiert. In Wien, der Welthauptstadt des gekochten Rindfleischs, gibt es viele gute, einige wichtige und wenige hervorragende Plätze für feinste Tafel- oder Kavalierspitze, Schulter- oder weiße Scherzerl, Fledermaus oder Rieddeckel. Das «Plachutta» zählt eindeutig zur Kategorie der hervorragenden Rindfleischküche. Kein Wunder, denn in der Familie Plachutta gehört diese Profession zur Familientradition. Angeblich führt auch Voyager I, der intergalaktische Botschafter der amerikanischen Raumschiffahrt, mehr als nur eine goldene Computer Disk, vollgeschrieben mit allen nur denkbaren irdischen Geräuschen, als Gruß vom Planeten Erde mit sich. Falls sich nämlich die Hoffnung erfüllt, irgendwo in den unendlichen Weiten des Alls auf intelligentes Leben zu stoßen, soll den neuen, außerirdischen Freunden neben Musik und freundlichen Ansprachen auch ein kulinarischer Willkommensgruß geboten werden. Was sollten die sonst von uns denken, vielleicht, daß wir uns von Tönen, Klängen und Musik ernähren? Um das zu vermeiden, wurden kurzerhand, und da schlägt das Wienerherz höher, ein Kavalier-, ein Tafel- und ein Kruspelspitz in ihren Kasserollen samt der feinen Rindssuppe mit Sellerie, Karotten und Kartoffeln in das Raumschiff gepackt und auf die Reise in den unermeßlichen Raum geschickt. Daß das gekochte Rindfleisch aus Wien kam, versteht sich von selbst, daß es aus

Pfudl: neues Lokal im alten Gewand

der Küche des «Plachutta», einer der Heimstätten des gekochten Rinds stammt, liegt auf der Hand. Selbstverständlich hat das «Plachutta» auch etwas vom sanften Apfelkren, etwas Schnittlauchsauce, feinste Rösti und einen Markknochen mit einem Scheibchen geröstetem Schwarzbrot dazugepackt. Kurzum, die ganze Herrlichkeit der Wiener Rindfleischküche rast jetzt mit unglaublichen 98.000 Kilometern pro Stunde durchs All. Aber halt, keine Angst, weggeschickt wurde nur eine kleine Kostprobe, wir Erdlinge haben weiterhin die Möglichkeit, uns im «Gasthaus Plachutta» in der Wiener Wollzeile oder beim «Plachutta in Nußdorf» jeden Tag aufs neue von der Kunst der richtigen Rindfleischzubereitung himmlisch verführen zu lassen. Nur müssen wir, was die außerirdischen Freunde nicht müssen, nämlich einen Tisch reservieren, und können, was diese nicht können, nämlich zur Abwechslung auch einmal Fisch, vielleicht eine Seezunge oder Lachs, einen Hecht, Wels oder Zander bestellen.

Pfudl

Bäckerstraße 22
Telefon 512 67 05
Mo bis Sa 8 bis 2 Uhr,
So, Feiertag 8 bis 15 Uhr

Der Name ist derselbe, die Einrichtung ist bis auf wenige Veränderungen dieselbe geblieben, und auch an der Beliebtheit hat sich beim «Pfudl» nichts geändert, seit er nicht mehr von der Familie Bottoli geführt wird. Nach wie vor ist der «Pfudl» ein gewichtiges und empfehlenswertes Wirtshaus im ersten Bezirk, das mit seiner rural-biederen Einrichtung und der umfangreichen Speisekarte Kontinuität verspricht und Beislatmosphäre bietet. Berühmt ist der «Pfudl» für seine

Weibels Wirtshaus: höchste Weinkultur und hervorragende Küche

mächtigen Portionen, die von wieselflinken Kellnern an die Tische getragen werden, von denen jeder sich benimmt, als wäre er der Geschäftsführer und nur heute eben mal als Kellner eingesprungen. Das tut dem Lokal und dem Gast gut, denn dadurch wird jeder vom Chef persönlich bedient. Serviert werden zum Beispiel ein wunderbarer lauwarmer marinierter Tafelspitz, Mastochsensuppentopf, ein feines Carpaccio, Kalbsvögerl und Kalbsschnitzel, Schweinsbraten, Rindsrouladen und alle anderen Gerichte, die in die Wiener Beislküche gehören. Als Besonderheit gibt es beim «Pfudl» das Monatsmenü, das auch zu lustig formulierten Fragen und ebensolchen Antworten führen kann: «Was haben Sie denn heute für ein Monatsmenü?» «Das heutige Monatsmenü ist Erdäpfelsuppe, Rehschlögel mit Semmelknödel, und als Dessert Weintraubenstrudel.»

Weibels Wirtshaus

Kumpfgasse 2
Telefon 512 39 86
Mo bis Sa 11.30 bis 24 Uhr

Was vor Jahren in einem kleinen Lokal im Durchgang zwischen der Wollzeile und der Bäckerstraße begann, wurde inzwischen zu einem richtigen Wirtshaus. Das kleine, gut besuchte und höchst beliebte Weinlokal «Vis a Vis», dessen Namen daher rührt, daß es vis-à-vis der innerstädtischen Dependance des berühmten «Figlmüller» gelegen ist, gibt es weiterhin. Neu ist das erst vor drei Jahren eröffnete Wirtshaus der Weibels. Mit großer Leidenschaft und ebensolchem Fachwissen hat sich Hans Weibel vor allem dem Wein und der Kultur des Weins verschrieben. In seinen Lokalen erhält der Freund guter Weine alles, was von Herrn Weibel an österreichischen und internationalen Weinen als gut und empfehlenswert befunden wurde. Diesem Urteil vertraut man gerne und

Drei Hacken: ein authentisches Wiener Beisl

läßt sich, geleitet vom Fachmann, durch die unterschiedlichen heimischen und internationalen Weinriede führen. «Weibels Wirtshaus» ist aber nicht nur eine wichtige Adresse für höchste Weinkultur, es bietet auch eine hervorragende, moderne Küche, die jedoch stets der Tradition der Wiener Wirtshausküche verpflichtet bleibt. Da werden Fisch und Fleisch delikat und leicht zubereitet, da locken eine Spanferkelsulz, Erdäpfel- oder Krensuppe als Einstieg, ein Kalbsbeuschel mit Semmelknödel ebenso wie das berühmte Wiener Schnitzel, diesmal vom Kalb, ein Tafelspitz oder Eierschwammerl, ein Angler, Zander oder Petersfisch und zum Schluß vielleicht ein Topfenschmarren. All der Herrlichkeit wird noch ein feiner Schnaps, ein österreichischer Trebern oder ein italienischer Grappa hinterhergeschickt, dann ist das Glück perfekt. Bleibt noch zu sagen, daß auch das Lokal, in dem sich dies alles abspielt, eine ganz besonders gelungene Reinstallation eines Wirtshauses ist. Mit viel Gefühl, viel Aufwand und viel Sinn dafür, was ein richtiges Gasthaus ausmacht, wurde in der Kumpfgasse ein Lokal eingerichtet, das schon vom ersten Tag an die Atmosphäre, Gelassenheit und Gemütlichkeit eines jahrzehntealten Wirtshauses ausstrahlte. Kurz, «Weibels Wirtshaus» ist eine empfehlenswerte Adresse, ein vorzügliches Lokal und ein Spitzenreiter unter den Wiener Beisln.

Drei Hacken

Singerstraße 28
Telefon 512 58 95
Mo bis Sa 9 bis 24 Uhr

Das «Drei Hacken», eines der schönsten Innenstadtbeisln, bewahrt seit vielen Jahren die Authentizität eines Wiener Beisls. Das Ambiente ist klein, aber sehr schön dimensioniert, was vor allem am Nachmittag geschätzt, am Abend und zu

Beim Czaak: Hauptgasthaus der Hauptpostler

Mittag naturgemäß eher als Manko empfunden wird. Durch Bogengewölbe blickt man auf die wenigen Tische im Schankraum. Die Holztäfelung ist dunkel und anheimelnd, die Sessel sind so, wie sie sein sollen, der Holzboden und die Schank geradezu Musterbeispiele von Beislkultur. Auch der «Speisesaal» bietet nicht allzu vielen Menschen Platz, dafür kann er leicht überblickt werden. Ein in dieser Größe vor allem in der Innenstadt keineswegs selbstverständlicher Schanigarten wird von einer Markise überdacht und erweitert im Sommer die Sitzmöglichkeiten aufs angenehmste. Die Speisekarte ist umfangreicher und ambitionierter, als man es von einem Beisl gewohnt ist. Die Küche kann jedoch nicht immer mit ihren Ambitionen Schritt halten. Beislstandard darf man sich jedoch mindestens erwarten, eine schnelle und freundliche Bedienung dazu. Abends treffen sich hier gesellige Runden, gefürchtete Seilschaften aus Kunst und Kultur bevölkern das Terrain, sodaß sich der gemeine Nachtschwärmer schwer tut, Platz zu finden. Untertags herrscht entspannte Stimmung, zu Mittag dominieren Beamte aus den umliegenden Tintenburgen.

Beim Czaak

Postgasse 15
Telefon 513 72 15
Mo bis Fr 8.30 bis 24 Uhr,
Sa 18 bis 24 Uhr

Das ehemalige Gasthaus «Zur Hauptpost», der alte «Czaak», heißt jetzt «Beim Czaak» und hat auch sein Äußeres ein wenig verändert. Moderner ist alles geworden, ein wenig neuer, ein wenig dynamischer und jünger eben. Der Dachstuhl einer alten Scheune, der sich

Griechenbeisl: ganz und gar ungriechisch

einst in den alten «Czaak» verirrt hatte, ist aber geblieben und mit ihm auch der schöne alte Holzfußboden und die typische Beisleinrichtung. Ein Traditionsbeisl ist es auch geblieben, und gut besucht ist es nach wie vor. Immer noch gilt die alte Gasthausweisheit, die da sagt: «Wo ein Postamt ist, ist auch ein Wirtshaus.» Daraus folgt: Wo ein Hauptpostamt ist, ist ein Hauptwirtshaus – und das ist auch der Grund, weshalb ein verdurstender Österreicher in der Wüste immer zuerst nach dem Weg zum nächsten Postamt fragt. Im neuen «Czaak» wird wie im alten die Tradition der Wiener Beislküche hochgehalten. Da wird der Gast keinen kreativkulinarischen Experimenten ausgesetzt, und da wird auch kein Zeitgeist, eingekocht in kleine Portiönchen, verabreicht. Wer zum «Czaak» geht, weiß, was ihn im Wirtshaus erwartet, und das ist gut so.

Griechenbeisl

Fleischmarkt 11
Telefon 533 19 41
täglich 11 bis 24 Uhr

Gruppen von Franzosen wälzen sich gegen Rudel von Japanern, umsichtig dirigiert ein Ober Italiener an die reservierten Tische, der Patron wechselt weltläufig eine Hundertdollarnote. Der Verdacht kommt auf, daß seit Jahrzehnten kein Wiener mehr dieses Lokal betreten hat. Das «Beisl» im Namen des «Griechenbeisls» täuscht natürlich. Das Gasthaus im ältesten Haus Wiens ist zwar uralt, aber längst zum gehobenen Wiener Restaurant mutiert. Gedeck am Tisch, dreisprachige Karte und Preisniveau sprechen eine deutliche Sprache. Teppiche auf dem Holzboden und Kerzen auf den Tischen ebenso. Wenngleich man sagen muß, daß die Speisen und ihre Preise sich durchaus im Rahmen dessen halten, was man gut-

Der Stopfer garantiert gediegene Gasthausatmosphäre

bürgerlich nennt. Das Ambiente mit seinem dunklen Holz wirkt überladen, ja museal, was natürlich dem Touristen gefällt. Die Kellner sprechen alle Sprachen, spielen alle Stückln und kassieren in sämtlichen Währungen (außer in östlichen vermutlich). Ein großer Schanigarten bietet im Sommer luftige Ausweichmöglichkeit.

Stopfer

Rudolfsplatz 4
Telefon 533 64 62
Mo bis Fr 9 bis 23 Uhr

Das «Gasthaus Stopfer», ein Ort der Beislheiligkeit im ersten Bezirk, hat jahrelang dem schlechten Einfluß der unterschiedlichsten In-Hütten und Aufreißerstadeln rund um den Rudolfsplatz widerstanden. Mit großem Schanigarten und guter Aussicht auf die wechselhaften In-Lokale der Umgebung bietet der «Stopfer» in seinen weitläufigen Gasträumen guten Schutz und feine Sicherheit vor der Welt da draußen, tagsüber und auch in der beginnenden Nacht. Die erst vor eineinhalb Jahren durchgeführte Renovierung des ganzen Lokals tat seiner Ursprünglichkeit und angenehmen Atmosphäre keinen Abbruch. Ganz im Gegenteil setzt der gute Gast jetzt mit der Einrichtung Patina an, und es läßt sich fein vergleichen, wer schneller oder sichtbarer altert, der Gast oder die Einrichtung.

Immer wieder ist es schön, die doppelte Bedeutung in einem Wort oder Namen zu erkennen, die anderen nicht geläufig ist. So verhält es sich auch mit dem «Stopfer». In dieser Gegend ist es nur wenigen Menschen bekannt, daß Stopfer eine andere, seltenere und eher im Rheintal gebräuchliche Bezeichnung für den Riebel ist. Nur wenigen mehr ist bekannt, daß der Riebel nach den Kässpätzle oder Käsknöpfle die zweite Nationalspeise der

Vorarlberger ist. Ganz zu Recht und Gott sei Dank sind die aus feinsten Vorarlberger Käsen, gerösteten Zwiebeln, viel Butter und einer Menge ausschließlich händisch und nach alten, von Familie zu Familie leicht unterschiedlichen Regeln hergestellten Spätzle weit bekannter und im nahen Ausland verbreiteter als der Riebel, vulgo Stopfer, dieser schwere Weizengrießschmarren, der nicht selten auch noch in Apfelmus oder dünnen Milchkaffee getaucht wird und nur eine Funktion hat: stopfen. Des Morgens stopft der Riebel den Vorarlberger als Stärkung für schwere körperliche Arbeit, des Abends stopft er ihn als Garantie für schweren, sündenfreien, alptraumhaften Schlaf. Gut also, daß es beim «Stopfer» keinen Stopfer und noch nicht einmal Riebel und ganz selten Kässpätzle gibt, dafür aber alle Köstlichkeiten der Wiener Beislküche und hausgemachte Mehlspeisen zu moderaten Preisen, dazu Weinspezialitäten aus der Bouteille und gutes gezapftes Bier.

Bauer Gustl

Zöbinger Weinstube

Am Hof, Drahtgasse 2
Telefon 533 58 89
Mo bis Sa 10 bis 24 Uhr,
So 10 bis 15 Uhr

Schon lange vor den Diskussionen, was, wie und ob denn überhaupt noch in der Innenstadt gebaut werden soll, darf oder muß, hat die «Zöbinger Weinstube» in der Drahtgasse einen Anbau bekommen. Eine ausführliche Diskussion dieses Anbaues hätte aber dem Lokal und der Umgebung ganz sicher nicht geschadet. So bedarf es im Angesicht des «Bauer Gustl» keiner übermäßigen Anstrengung, sich vorzustellen, man stehe in Zöbing oder sonstwo im Weinviertel auf dem Hauptplatz vor dem Gasthaus des größten Wirts im Ort und drin säße der Bürgermeister.

Aber wie so oft trügt auch hier der Schein. Wer erst einmal in den Gastraum gelangt ist, muß feststellen, daß der ganz besonders nett und weingegendmäßig rustikal eingerichtet ist und man sich hier gut niederlassen kann. Wer noch einen Schritt weiter geht, gelangt in den alten, ursprünglichen Schankraum mit seiner dunklen, schweren Holzeinrichtung und einer eigenartigen Architektur insofern, als es hier keinen Gastraum im üblichen Sinn gibt, sondern mehrere beinahe ineinander verschachtelte und gegeneinander abgeschirmte «Kojen».

Wer aber nicht so weit vordringt, sitzt gut im Anbau und freut sich über das Essen und den ausgezeichneten Wein oder schaut milde und mit einem vergebenden Lächeln zu, wie die Touristen im Schanigarten sich gierig-mißtrauisch den weltberühmten Wiener Schnitzeln nähern.

Pantherbräu

Zum Bürgerlichen Schneider

Judenplatz 10
Telefon 533 44 26
Mo bis Fr 9 bis 23 Uhr

Ein paar Schritte vom «Bauer Gustl» entfernt liegt das nächste innerstädtische, aber nichtsdestoweniger «richtige» alte Gasthaus. Das «Pantherbräu» ist ein großes Biergasthaus mit Tradition, viel dunkler Holzeinrichtung, zwei großen Räumen, schweren Holztischen und -bän-

Pantherbräu: Klingt gefährlicher, als es ist

ken, alten «Wirtshauslustern», einem schmalen Schanigarten am Judenplatz und, wie es sich für ein Brauhaus gehört, auch ein wenig blauweiß gemustert.

Außer den Touristen, die sich auch hier neugierig und vorsichtig dem Wiener Schnitzel nähern, sieht man im «Pantherbräu» viele Stammgäste, Beamte des Verwaltungs- und Verfassungsgerichtshofs, Angestellte aus den Büros und den Läden der Umgebung und natürlich auch viele Prominente, die die ursprüngliche Atmosphäre und die klassische Küche zu schätzen wissen.

Obwohl die gesamte Innenstadt zum Touristenmuseum erklärt wurde, hat das «Pantherbräu» noch immer seinen alten Charme bewahrt und ist ein richtiges «gutbürgerliches» Gasthaus geblieben, in dem man noch ganz normal essen und trinken und sitzen kann.

Gösser Bierklinik

Steindlgasse 4
Telefon 535 68 97
Mo bis Sa 10 bis 24 Uhr

Geschichte wird hier ziemlich dick aufgetragen, immer nach dem Motto: Wer hat, der hat. Das fängt bei den im Eingang ausgestellten Ziegeln römischer Legionen an und endet noch lange nicht beim Hausnamen «Goldener Drachen». Immerhin muß noch erwähnt werden, daß der Herr Steindl dieses Wirtshaus 1683 als Belohnung für seine Tapferkeit während der Türkenbelagerung erhalten hat. Wir befinden uns also in einer wienerischen Bastion der Verteidigung des Abendlandes. Und wie drückt man sowas am besten aus? Richtig, mit altdeutschen Akzenten, als da wären: Butzenscheiben, schmiedeeiserne Luster, Beschriftung der zahlreichen Säle und

Kern: ein kleines Gasthaus im Schatten des ersten Wiener Hochhauses

Stüberln in Frakturschrift, dunkle Holzdecken. Seit 1924 befindet sich das Haus im Besitz der Brauerei Gösser. Diesbezüglich Interessierte dürfen mit Recht ein gepflegtes Offenes erwarten, und auch die Küche bringt vertretbare und zeitgemäße Interpretationen von Gutbürgerlichkeit auf den Tisch. Die Preise bewegen sich im innerstädtischen Rahmen.

Kern

Wallnerstraße 3
Telefon 533 91 88
Mo bis Fr 8 bis 18 Uhr

Das «Kern « ist ein kleines, angenehmes Gasthaus mit Steinboden, einem zarten Blümchenmuster auf der Tapete über der dunklen, halbhohen Täfelung Wagenrädern mit Lampenschirmchen als Beleuchtungskörpern, einem Nichtraucherstüberl (!) und einer zentralen Schank an der Stirnseite des Lokals.

Viele der Gäste des «Kern» kommen aus den Ämtern, Versicherungen und Büros der Umgebung und kennen sich auch untereinander, zumindest vom Sehen.

Da wird an der Schank gleich eine Runde ausgegeben, wenn einer der Gäste nach 14 Tagen aus dem Urlaub zurückkehrt. Leicht findet sich ein Grund, um beim Herrn Kern noch einen Liter zu bestellen.

Vor allem und besonders Freitag nachmittags wird dann auch alles besprochen: der Urlaub, die Arbeit, das Wochenendhäuschen oder die Ungerechtigkeit der Roulettekugel beim letzten Casinobesuch sowie latente Aggressionen gegenüber den Croupiers: «Dawirg'n kunnt i s', dawirg'n.»

Göttweiger Stiftskeller: Sämtliche Kellerstüberln befinden sich im Parterre

Göttweiger Stiftskeller

Spiegelgasse 9
Telefon 512 78 17
Mo bis Do 8 bis 22 Uhr;
Fr 8 bis 21 Uhr

Der «Göttweiger Stiftskeller» beschränkt sich auf das Parterre. Unterirdisch wird hier nichts. Dennoch ist er eines der letzten richtig schönen Innenstadtbeisln, und zwar eines der vielseitigsten. Nach wie vor im Besitz des Stifts – davon zeugen die auf hübschen Tafeln angepriesenen Meß- und Prälatenweine sowie eine weit ausladende Gesamtansicht des Stifts –, gliedert es sich in eine Anzahl von Gasträumen und Stüberln, wobei ein Prälaten- und ein Weinstüberl nicht fehlen. Ein namenloses Extrazimmer bietet dank gepolsterter Sessel den Schein eines Refugiums der gehobenen Art, den japanische und «bessere» Wiener Paare gerne nützen. Der zentrale Raum im «Göttweiger Stiftskeller» ist und bleibt aber der Schankraum mit seiner überdimensionierten, originalen Theke, hinter der man eine saubere Küche erblickt. An Beisltischen mit viel Resopal finden sich in bunter Mischung Künstler, feine Geschäftsleute, schrille Studenten, Beamtenproletariat wie Beamtenadel, ausdrucksstarke Volksschauspieler und stille Postler ein – kurz, alles, was das Wienerherz begehrt. Singen und Lärmen sind laut Aushang behördlich verboten. Das Angebot der Küche erfreut durch Beständigkeit, aber auch durch passende neue Akzente. Somit ist der «Göttweiger Stiftskeller» geradezu ein Inbegriff des Wiener Beisls, wie es die Zeiten überdauern kann und soll.

Göttweiger Stiftskeller

Spedition

Mahlerstraße 13
Telefon 512 89 61
Mo bis Do 9 bis 21 Uhr, Fr 9 bis 17 Uhr, Sa, So Ruhetag

In derselben Straße, in der sich das «Korso», die «Karawanserei» und das «Scampi» befinden, gibt es glücklicherweise auch die «Spedition». «Spedition» ist kein Phantasiename, auch kein Nomen als Omen, sondern der Name steht für den Sachverhalt, daß die beiden Inhaberinnen, zwei Schwestern, tatsächlich die Spedition daneben besitzen: Lieselotte Mörtel und Maria Burger hatten eines Tages beschlossen, ein Beisl aufzumachen; die Spedition, dachten sie, würde auf die Dauer nicht gehen, die EG kommen, und dann könnten nur die Großen mithalten! So gehört das Beisl «Spedition» zu den besten Wirkungen, die die nunmehrige EU schon im vorhinein ausgeübt hat. Das Publikum ist, wie es sich gehört, bunt gemischt. Wenn man Glück hat, sieht man im Sommer freundliche Bauarbeiter im Unterhemd herumsitzen, dann auch die netten, adrett gekleideten Angestellten der AUA und die vollkommen verwirrten Intellektuellen, die in den umliegenden Buchhandlungen für ihren Lebensunterhalt Bücher verkaufen müssen. Am allerbesten ist das Service: Lieselotte und Maria sind, da eben Amateurinnen, noch wirklich herzlich. Es fehlt ihnen einfach der sonst übliche professionelle Zynismus. Die Speisen der «Spedition» sind «gutbürgerlich» und – was die höchste Auszeichnung in der Branche darstellt – frisch. Zwiebelrostbraten, Geselchtes, Knödel, Salat – alles frisch, «billig und gut», wie die Kleinbürger sagen. Einziger

Reinthaler: Vorstädtisches in der Innenstadt

Minuspunkt: die schon sehr kleinbürgerliche Einrichtung. Hier tobt sich ein trister rustikaler Geschmack aus, aber eines Tages, so die Schwestern, wird man auch der Einrichtung auf den Leib rücken. Bis dahin kann man bei Weißwein aus Krems, bei burgenländischem Rotwein oder bei einem Kaiserbier die Innenarchitektur vergessen und sich denken: Ja, das ist es, was in Wien die Innere Stadt benötigt, nämlich ein Beisl wie die «Spedition».

Reinthaler

Gluckgasse 5
Telefon 512 33 66
Mo bis Do 9 bis 23 Uhr (Küche bis 22 Uhr), Fr 9 bis 16 Uhr

Der schattigste Schanigarten im ersten Bezirk ist der des Gasthauses «Reinthaler» in der Gluckgasse. Die Markise über der schmalen Tischreihe schließt direkt an die zwischen Schanigarten und Gehsteig gestellte Efeuhecke an. Das Souterrainlokal des «Reinthaler» wird immer von freundlichem Neonlicht beleuchtet. Sein Publikum ist bunt gemischt, oft gut gekleidet und manchmal auch prominent. Zum «Reinthaler» geht man, wenn man im ersten Bezirk gut, beislartig und wenig aufwendig essen oder sich in einer angenehmen Wirtshausatmosphäre ganz und gar nicht «innerstädtisch» fühlen will.

Für den «Reinthaler» gilt auch, was die fröhliche Mittdreißigerin am Nebentisch sagt: «Wenn er an guaten Schmäh hat, kann er ruhig schiach sein». So ist auch das Lokal: nicht besonders schön, aber gut besucht und originell. Mit einer ordentlichen Wiener Küche.

Smutny: traditionelles Bierlokal

Smutny

Elisabethstraße 8
Telefon 587 13 56
täglich 10 bis 24 Uhr

«Smutny» und «Budweiser vom Faß» sind zwei untrennbare Begriffe. Kaum hört man «Smutny», ruft auch schon eine Stimme aus dem Innersten heraus: «Bitte ein Krügerl!»

Um dies auch einer größeren Zahl von Gästen zu ermöglichen, wurde neben dem alten «Smutny» ein zweites Lokal, die «Bierschwemme», eingerichtet. Die ist zwar nicht ganz so klassisch wie das Original, aber zum Biertrinken in angenehmer Atmosphäre mit viel hellem Holz unter Leuten mit ähnlichen Absichten bestens geeignet. Das «Ursmutny» selbst ist ein solides, stilvolles Lokal mit einer interessanten Einrichtung. Der Gastraum mit der zentralen Schank wird in alter Wirtshausmanier durch einen halbhohen Holzglasverbau in zwei Bereiche geteilt und ist ringsum mit grünen Kacheln verkleidet. Auch die Beleuchtungskörper sehen aus, als hätte man einen Teil aus dieser verkachelten Wand geschnitten, mit Lampen bestückt und an die Decke gehängt.

Neben dem Gastraum und dem kleinen Schanigarten an der Elisabethstraße bieten große, alte Zimmer im ersten Stock Raum für Veranstaltungen und Feiern.

Das «Smutny» bietet traditionelle Wiener Küche zu moderaten Preisen und stellt eine wichtige Adresse für Bierfreunde dar. Zum Beispiel für einen, der schon etwas beschwingt in das Lokal rauscht, sich an einen Tisch setzt und schreit: «Da setz' i mi her, daß i a Ruah hab'.» Aber die hätte er ohnedies im «Smutny».

Bei Max: leichte Kärntner Küche und gute Betreuung

Bei Max

Landhausgasse 2, Ecke Herrengasse
Telefon 533 73 59
Mo bis Fr 10 bis 23 Uhr
(Küche bis 22.30 Uhr),
Sa, So und Feiertag geschlossen

Wer die bodenständige Kärntner Küche wegen ihrer Qualitäten als Fettversorgungsprogramm für Landbewohner mit hohem Energieverbrauch fürchten gelernt hat, kann bei «Max» Feindbilder abbauen.

Kärntnerisch essen heißt in diesem unauffällig gegenüber dem «Café Central» plazierten Beisl, das Schlichte zu würdigen und ihm ein unaufdringliches Maß an Raffinesse zu verleihen. Bei «Max» zeichnen sich die in der Regel nur in Kombination mit Magenbitter verdaubaren Kas- oder Fleischnudeln nicht durch Schwere, sondern durch Geschmack aus. Selbst eine frugale Speise wie die Kirtagssuppe wird hier in virtuosem Abschmeckverfahren zu einer geschmeidigen Delikatesse gemacht.

Nicht nur die Lage des «Max», sondern wohl auch die dem Niveau der Küche angepaßten Preise haben zur Folge, daß seine Stammkundschaft vornehmlich gehobenes Bürgertum mimt. Man darf sich in der gediegenen Atmosphäre des «Max» aber auch ohne Bügelfalte und korrekten Scheitel wohl fühlen: Vor dem mehrheitlich jungen Personal und den Inhabern Christa und Herbert Ruiner (die inmitten der Betriebsamkeit eine stilvolle, ruhige Art der Gästebetreuung pflegen) sind alle gleich.

Um bei «Max» einen Ehrenplatz zu bekommen, muß man allerdings schon zu den Berühmtheiten gehören, von denen Zeichnungen und signierte Fotos zwischen Kalenderblättern und Filmplakaten ein sehr buntes Wanddekor bilden.

Der richtige Weg zum einzig wahren Wiener Schnitzel

1. Wiener Schnitzel sind aus Kalbsfleisch! Schweineschnitzelfleisch eignet sich hervorragend für andere Gerichte. Das beste Fleisch für Wiener Schnitzel ist das aus der Schale des Kalbsschlegels.
2. Das Fleisch muß quer zur Faser geschnitten werden. Sollte der Fleischer auf einen anderen Gedanken kommen, retournieren Sie!
3. Lassen Sie sich Ihr Fleisch ja nicht durch eine Klopfmaschine verderben. Schnitzel werden in dünnen Tranchen vom Schlegel geschnitten, nur mäßig geklopft und sollen am Ende etwa 1/2 cm stark sein.
4. Mäßig Salz.
5. Mehl.
6. Pures Ei: Die Verlängerung des versprudelten Eies mit Milch oder Öl ist eine Unart. Am besten souffliert die Panier, wenn das Ei ohne jeden Zusatz verwendet wird.
7. Brösel: Am besten selbstgeriebene. In die Brösel vom Bäcker schleichen sich gern ein paar Schwarzbrotscherzeln, Salzstangerln oder Mohnweckerln ein.
8. Jawohl, Schweineschmalz. Und zwar so viel, daß das Schnitzel drin schwimmt.
9. Schnitzel immer ein wenig in Bewegung halten, weil dadurch die Panier schöner aufgeht.

9a. Niemals ins Fleisch stechen!

10. Farbe. Die goldene Grundregel: Ein Wiener Schnitzel soll von jenem tiefen Goldgelb sein, das man vom Holz der Stradivari-Geige kennt. Wie manche Historiker erzählen, hat der Oberkellner des legendären Restaurants «Meisl & Schaden» nicht nur die Rindfleisch-Farbkarte bereitgehalten, sondern auch eine Schnitzel-Farbkarte zur Auswahl des richtigen Stradivari-Tones vorlegen können.
11. Fett weg: Schnitzel gründlich mit Küchenkrepp abtupfen. Test (hier weniger aufwendig als beim Nachprüfen der richtigen Farbe durch die Anschaffung einer Stradivari): Wenn man sich draufsetzt, muß der Hosenboden trocken bleiben.

Reinhard Gerer ist Küchenchef des Restaurants «Korso» bei der Oper

Entnommen aus «Diners Club Magazin»

2., Leopoldstadt

1. Zum Friedensrichter, *Obere Donaustraße 57*
2. Zum Nagel, *Mühlfeldgasse 12*
3. Hansy, *Praterstraße 67*
4. Zur Reichsbrücke (Gasthaus Wöber), *Lassallestraße 27*
5. Brückenbeisl, *Mexikoplatz 20*
6. Schweizerhaus, *Prater, Straße-des-Ersten-Mai 116*
7. Altes Jägerhaus, *Freudenau 255*
8. Rennbahn Freudenau, *Freudenau 65*
9. Zur Reblaus (Rohm), *Obere Augartenstraße 72*

2.) LEOPOLDSTADT

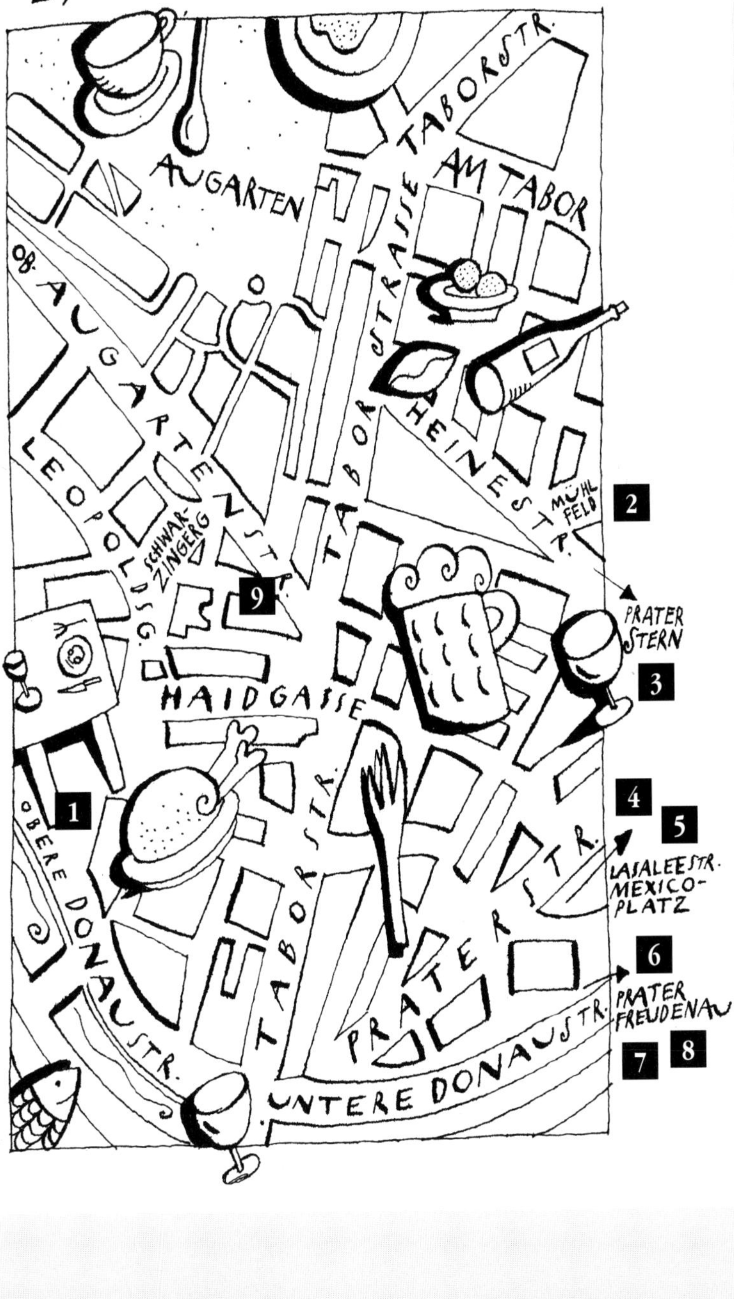

Zum Friedensrichter: Weinviertler Gastlichkeit am Donaukanal

Zum Friedensrichter

Obere Donaustraße 57
Telefon 214 48 75
Di bis Fr 8 bis 24 Uhr,
Sa, So 8 bis 14 Uhr, Mo Ruhetag

Ein gutes altes Gasthaus mit einer klassischen Wirtshauseinrichtung. Wer erst die Obere Donaustraße sicher überquert und auch noch die drei Stufen in den Schankraum geschafft hat, merkt sofort, daß er in einem «richtigen» Gasthaus gelandet ist.

Die Einrichtung der Räume, eines Schank- und eines Gastraums sowie zweier Extrazimmer, ist einfach und praktisch: die eines alten Lokals ohne gravierende Veränderungen und Schnickschnack.

Der «Friedensrichter» funktioniert seit langem schon als Familienbetrieb. Der Wirt betreut die Gäste, seine Mutter und sein Bruder, ein erfahrener Koch, die Küche.

Diese bietet traditionelle, aber nicht zu schwere Wiener und böhmische Hausmannskost und Spezialitäten, alles vom Schwein, vom Rind und Innereien, Saisonspezialitäten, Ganslwochen, Fischgerichte etc.

Wie die Familie kommt auch der Wein beim «Friedensrichter» aus dem Weinviertel. Er stammt von verwandten oder bekannten Weinhauern. Der «Friedensrichter» ist also immer gut für die eine oder andere Weinspezialität, und das zu durchaus erträglichen Gasthauspreisen.

Zum Nagel

Mühlfeldgasse 12
Telefon 214 83 50
Mo bis Sa 8 bis 24 Uhr, So Ruhetag

Von außen recht unscheinbar, entpuppt sich das «Gasthaus zum Nagel» im Inneren als klassisches Beisl am Eck, das allen

Zum Nagel: Eckgasthaus mit klassischem Ambiente

Idealvorstellungen gerecht zu werden scheint.

Die Einrichtung des Schankraums ist bis auf wenige absolut notwendige Veränderungen – bestehend aus einem zentralen Farbfernseher etwa – so geblieben, wie sie wohl der alte Herr Reithner, einer der Vorbesitzer des Lokals, noch gekannt hat.

Jener Herr Reithner, der es zu einer umfangreichen Pfeifensammlung gebracht hat und dessen Konterfei heute, inmitten seiner Pfeifen, über das Lokal wacht, auf das sich offensichtlich seine Sammlerleidenschaft übertragen hat.

Nur werden heute Pokale und Wimpel von Fußballvereinen und -turnieren und Mannschaftsfotos der wichtigsten österreichischen Fußballclubs, allen voran des legendären Wunderteams, gesammelt. Aber auch sonst ist hier alles, was man in einem Beisl zu sehen wünscht: ein Pferdehalfter an der dunklen, holzvertäfelten Wand, der Sparverein «Pilzling», Spielkartenladen, ein uralter Kühlschrank und einige wichtige Lebensweisheiten. Kostprobe gefällig? «Trost gibt Dir in allen Dingen, Ritter Götz von Berlichingen.»

Auch die Gäste, die hier zum größten Teil Stammgäste sind, entsprechen der Vorstellung von einem aus allen Schichten gemischten Beislpublikum. Unter ihnen auch Batman, um Jahre gealtert, mit Bierbauch, Spinnenbeinen, dunklem Schnauzbart (zur Tarnung) und einem Riesendurst, aber immer noch im typischen Batman-Oberkleid, und einige andere Gasthausbesucher, die jeder schon aus Kabarett und Karikatur kennt. Durch die beiden an den Schankraum anschließenden Extrazimmer wird aus dem kleinen Beisl ein richtiges, recht großes Gasthaus. Was dem Beislcharakter des «Nagel» jedoch keinen Abbruch tut.

Hansy: Wiener Küche im Schatten Admiral Tegetthoffs

Hansy

Praterstraße 67
Telefon 214 55 72
täglich 9 bis 23 Uhr

Außer an zwei Tagen im Jahr täglich von 9 bis 23 Uhr geöffnet – was für eine Zuversicht und Sicherheit für den Gast, der hier auf beste Art wienerisch hausmannsverköstigt wird mit Knödel und Ei, Schweinsbraten, Bauernschmaus, Krautfleisch, gerösteter Leber oder Wirtshausgulasch und Budweiser vom Faß.

Das Gasthaus «Hansy» hat zwar durch die Renovierung mit viel hellem Holz und den neuen Bodenbelägen etwas von seinem alten Charme verloren, aber der Charakter des alten, eingesessenen Wirtshauses «vom Grund» ist erhalten geblieben. Es wird ohnedies nicht sehr lange dauern, bis auch die neue Einrichtung etwas Patina angesetzt hat, und gut besucht ist das Gasthaus «Hansy» nach wie vor – nicht nur wegen der schönen Aussicht auf Admiral Tegetthoff, der im Abgasdelirium noch immer am Praterstern steht.

Vor dem mit grünblauen Kacheln verkleideten Lokal gibt es einen großen Schanigarten, der den Gast auch akustisch an den Geschehnissen am Praterstern teilnehmen läßt, und im Lokal eine große Schank und viel Platz, sich davon wieder zu erholen.

Zur Reichsbrücke

Gasthaus Wöber

Lassallestraße 27
Telefon 214 22 33
täglich 8 bis 23 Uhr

Schon als die Lassallestraße noch Kronprinz-Rudolf-Straße und der Mexikoplatz noch Erzherzog-Karl-Platz und noch nicht Volkswehrplatz hieß, befand sich an der heutigen Adresse Lassallestraße 27 ein bekanntes Wein- und Bierhaus, das vornehmlich von Donauschiffern aus allen habsburgischen Landen besucht wurde. Durch den Bau der neuen Reichsbrücke und deren Rampen, die heute den Mexikoplatz dominieren, wurde das «Gasthaus Wöber» etwas ins Abseits gedrängt. Dem verkehrstechnisch Interessierten bietet sich jedoch ein schöner Ausblick auf die Reichsbrückenauffahrt. Auch im Inneren des Lokals erinnert aufs erste nur wenig an die lange Geschichte und Tradition des Hauses. Die im Laufe der Zeit vorgenommenen Renovierungs- und Modernisierungsversuche hinterließen Spuren, die sich unschwer bis in die resopalen 50er Jahre zurückverfolgen lassen und bis in unsere Zeit in Form neoresopaler Abwischplatten und Wohnzimmer-Rustikalholzmöbelelemente in Erscheinung treten.

Zur vollen Entfaltung kommen diese Modernisierungsunternehmungen aber nur in den drei Extrazimmern. Das für Kartenspieler reservierte ist schon allein ob seiner abwischfreundlichen Ausstattung absolut sehenswert. Trotz aller oberflächlichen Veränderungen ist aber der Wein- und Bierhallencharakter des Lokals unverändert erhalten geblieben. Die lange Schank bietet gut und gerne 30 Teilnehmern die Möglichkeit, sich ein Stehachtel zu genehmigen, ohne auch nur einmal Gefahr zu laufen, miteinander sprechen zu müssen. Und die Architektur der Räume unterstreicht diese Atmosphäre. Die Räume sind zu groß, als daß hier eine alle umfassende bier- oder weinselige «Beislstimmung» aufkommen könnte; das «Gasthaus Wöber» ist eines jener typischen Wiener Lokale, in denen man für sich alleine bleibt oder aber jemanden mitnimmt, um sich zu unterhalten.

(Reichs-)Brückenbeisl

Brückenbeisl

Mexikoplatz 20
Telefon 726 47 08
Mo bis Fr 9 bis 22 Uhr, Sa, So Ruhetag

Viele Legenden ranken sich um den Mexikoplatz, einen jener Plätze in Wien, an denen es beinahe alles zu kaufen gibt: billige Elektronikerzeugnisse, Kaffee, Uhren, Devisen, Spannungsumwandler für Zigarettenanzünderbuchsen und Magnetkopfreinigungsflüssigkeit.

Etwas gab es aber schon immer dort, und das ist das «Brückenbeisl». Das «Brückenbeisl» liegt hinter der Gedächtniskirche auf der östlichen Seite des Mexikoplatzes und ist ein gutbürgerliches Gasthaus bzw., wie der Name sagt, ein Beisl mit Familientradition. Im «Brückenbeisl» sind oft Künstler, Maler, Schauspieler, Presse- und Fernsehleute zu Gast.

Sport, Rad-, Wander- und Damenturnvereine, auch die DDSG, haben hier ihren Stammtisch.

Schweizerhaus: wichtigste Attraktion im Wiener Prater

Die Nähe zur Donau ist auch im Lokal zu spüren, ein großes Wandgemälde zeigt noch die alte Reichsbrücke, schon unter drohenden Gewitterwolken, und überall im Schankraum hängen von einem malenden Donaudampfschiffahrtsgesellschaftskapitän angefertigte Porträts aller Schiffe, die die Donau bis in die 70er Jahre befahren haben. Angeschlossen an den Schankraum ist ein großes Extrazimmer, das wohl eher in ein Restaurant als in ein Beisl passen würde, aber im «Brückenbeisl» wird eben auf gediegene bürgerliche Qualität geachtet.

Geboten werden neben dem Menü eine umfangreiche Tages- und Speisekarte, traditionelle Hausmannskost, Spezialitätenwochen und natürlich Fisch, eine große Auswahl an Weinen und Bierspezialitäten – und gute Bedienung.

Für die Qualität der Küche bürgt ein Stammgast, der – bereits 92jährig – noch immer täglich hier ißt.

Schweizerhaus

Prater, Straße-des-Ersten-Mai 116
Telefon 728 01 52
März bis Ende Oktober
täglich 10 bis 24 Uhr
(Küche bis 23 Uhr)

Wer den Prater kennt, kennt das «Schweizerhaus», und wer das «Schweizerhaus» nicht kennt, kennt den Prater nicht. So einfach ist das mit Institutionen, und das «Schweizerhaus» ist eine solche. Hier steht es stellvertretend für alle anderen nicht weniger beliebten Praterlokale wie «Walfisch», «Weiße Gans», «Zum englischen Reiter», «Zum wilden Mann» und wie sie noch heißen. Das «Schweizerhaus» ist ein riesengroßer Gastbetrieb mit einem ebensolchen Gastgarten, in dem man aber trotzdem und vor allem am Wochenende häufig nur schwer einen Platz bekommt. Ein ganzes Heer von Kellnern schafft es kaum, den Wün-

Altes Jägerhaus: beliebtes Sonntagsausflugsziel

schen der Gäste schnell genug gerecht zu werden.

Denn ins «Schweizerhaus» geht man zuallererst, um eine der berühmten gegrillten Stelzen zu essen und mehr als nur ein Krügel des besten Budweisers vom Faß hinterherzuschicken.

Eine weitere Spezialität im «Schweizerhaus» sind die Rettiche. Sie werden mit «Kolarik's Radimat, dem Weltpatent aus dem ‹Schweizerhaus› im Wiener Volksprater», aufgeschnitten.

Außerdem bietet das «Schweizerhaus» auch Kartoffelpuffer, Langos etc. und natürlich eine umfangreiche traditionelle Wiener Küche, aber was wirklich zählt, sind die Stelzen und das offene Bier.

Absolut ratsam scheint es, die Fahrten mit den verschiedenen Praterattraktionen vor dem Besuch des «Schweizerhauses» zu unternehmen. Erstens fördert das den Appetit, und zweitens behält man so die Dinge auch länger bei sich.

Altes Jägerhaus

Freudenau 255
Telefon 218 95 77
Mi bis So 9 bis 23 Uhr,
Mo, Di Ruhetag

An der Stelle des heutigen «Jägerhauses» befanden sich im 16. Jahrhundert Gesindehaus und Pferdestallungen des kaiserlich-königlichen Jagdschlosses Lusthaus.

Nach dem Neubau des Lusthauses 1786 bis 1790 wurden in der Prater-Hauptallee drei Kaffeehäuser errichtet. Eines davon war das jetzige «Alte Jägerhaus».

Seit 1926 in Familienbesitz, ist es heute in der dritten Generation ein bekanntes und beliebtes Ausflugs- und Speiserestaurant mit einem großen Speisesaal, Schankraum, Extrastüberl und einem ebensolchen Gastgarten.

Da sitzt man im Sommer gut unter Kastanien im schönen Garten, und auch die Speisekarte verspricht einiges. Zum Bei-

Rennbahn Freudenau: Kantine für Pferdefreunde

spiel: hausgemachtes Rehsülzchen mit Eierschwammerln, Hechtnockerln mit frischer Paprikacreme und Kräuternudeln, gebackenen Kalbskopf mit gemischtem Salat, Kalbshirnstrudel mit Blattspinat und Knoblauchcreme, Lammfilet in Thymiansauce, frisches Gemüse und Braterdäpfel oder Rehnüßchen im Holundersafterl mit Sesamkrapferln und dazu ein ausgesuchtes Weinderl vom Weinkarterl. Hinterher eine der hausgemachten Mehlspeisen: Apfelstrudel, Marillenstrudel oder Zwetschkenfleck mit Nüssen und Zimtobers oder Mandelstrudel. Bei dieser Karte darf es nicht verwundern, daß einige der ausgeführten Großmütter ihre noch immer nicht gänzlich verlorengegangene Lesefähigkeit stolz unter Beweis stellen und genüßlich laut vorlesen, als wäre sie ein Märchen der Brüder Grimm. Die Speisen schmecken trotzdem gut.

Rennbahn Freudenau

Freudenau 65
Telefon 728 95 82
täglich 10 bis 24 Uhr

Der Name «Vraudenau» oder «Vreudenau» taucht erstmals bereits im 14. Jahrhundert im Gedicht «Von der Mynn slaff» von Peter Suchenwirt auf. Schon um 1455 war die Freudenau ein Platz für Turniere und Festspiele.

Ab 1866 wurde das gesamte Areal nach Plänen des Architekten Hasenauer umgestaltet. Es präsentiert sich heute zwar zum Teil schon etwas baufällig, aber immer noch als eine sehr eindrucksvolle Anlage, die in Budapest einen «Zwilling» hat.

In die Freudenau kommt man vor allem der schönen Umgebung und des Pferdesports wegen oder um einen Einblick in das Leben der Pferdesportfreunde und Jockeys zu bekommen, die immer im großen Gast-

Zur Reblaus: ein Schädling als Nützling

garten oder in den Gasträumen des Restaurants «Freudenau» zu finden sind.

Vor dem Gasthaus stehen im Frühjahr und Sommer «Zeiserlwagen» als Zubringer für Gäste. Am Fensterkreuz im Gastraum hängen zum Auslüften «echte» luftig-leichte Jockey-Leiberln mit schwarzen Punkten auf gelbem Grund oder roten und orangefarbenen Streifen. Ein großer Saal neben dem Gastgarten bietet sich für diverse Feiern, zum Beispiel Siegesfeiern, an.

Insgesamt ist das «Gasthaus zu Rennbahn Freudenau» etwas gewöhnungsbedürftig und lebt vor allem von der einmaligen Umgebung und den Pferdesportlern, Pferdenarren und Pferdeliebhabern und jenen, die sich dieses ganze Theater gerne anschauen.

Daß hier das heimliche «Führing» der Jockeys, Trainer und Sponsoren stattfindet, ist allerdings ein Gerücht.

Zur Reblaus

Rohm

Obere Augartenstraße 72
Telefon 214 17 71
Mo bis Fr 8 bis 23 Uhr,
Sa, So, Feiertag 9 bis 15 Uhr

Hans Moser war bekanntlich felsenfest davon überzeugt, in einem früheren Leben eine Reblaus gewesen zu sein, ob er allerdings auch jemals in der «Reblaus» zu Gast war, ist nicht überliefert. Die «Reblaus» hat neben ihrem schönen Namen eine für ein Wirtshaus ausgezeichnete Lage und sehr nette Umgebung. Zudem ist direkt vor der Tür der «Reblaus» ein Taxistand untergebracht, wodurch auch im Lokal immer etwas los ist: Die Taxler als Gäste im Lokal und die Gäste aus dem Lokal ins Taxi – ein gegenseitiger Austausch.

Die «Reblaus» besteht aus einem schmalen Schankraum mit einer Reihe Ti-

Zur Reblaus: Schankraum

schen, einem wohnzimmerartigen Gastzimmer und einem besonders interessanten Extrazimmer im Vorraum zu Küche und Toiletten, das eigentlich viel eher den Charakter eines aufgeklappten, bewohnbaren Paravents hat, bei den Gästen aber sehr beliebt ist. Das Gastzimmer ist ziemlich blumig eingerichtet, mit Blumendekor auf Bänken und Vorhängen, mit Resopal reichlich bestückt, und auch die kleinen gedeckten Tischchen im Gastraum sind mit Blumengestecken geschmückt.

Der Schankraum wird wie in vielen anderen Lokalen auch schon seit Jahren – vermutlich mit derselben Motivation, soll heißen: «Es soll schöner werden» – immer wieder ein bißchen umgebaut, nur scheint hier der Ausstatter ein wenig farbenblinder zu sein als in anderen Wirtshäusern, was dem Schankraum durchaus ein eigenes Flair verleiht. Die Stammgäste stört das wenig, sie fühlen sich hier wohl und zeigen das auch.

Man spielt Darts – und offensichtlich kind auch, da gleich zwei Scheiben in unterschiedlicher Höhe übereinander an der Wand hängen. Außer Dartsspielern, fröhlichen Gästen und Blumengedecken gibt es hier natürlich auch die bekannte Wiener Küche mit einem Schwerpunkt auf Fisch und eine vergleichsweise dicke Speisekarte. Und wenn der Ober am Samstagnachmittag gegen drei Uhr plötzlich die Eingangstür von innen versperrt, ist das nicht einer der bei Funk und Fernsehen so beliebten Überfälle Marke «Jetzt rauben wir die Gäste aus», sondern einfach die nachmittägliche Sperrstunde und der Auftakt für ein Dartsturnier der Stammgäste.

Blunzengröstl

Zutaten für 4 Portionen	*Salz*
1/2 kg Erdäpfel	*weißer Pfeffer*
2 Zwiebeln	*1 EL Schweineschmalz*
3 Zehen Knoblauch	*1 Bund Petersilie*
1/4 kg Grammeln	*1 Bund Majoran*
1/2 kg Blutwurst	*Kren*

Erdäpfel waschen, mit der Schale kochen, abseihen, ausdunsten lassen und schälen. Zwiebeln und Knoblauch schälen und in feine Würfel schneiden. Blunzen abziehen und in ca. 1 cm dicke Scheiben schneiden.
Schmalz in eine genügend große Pfanne geben, Zwiebeln dazugeben und goldgelb rösten. Erdäpfel in Scheiben schneiden. Erdäpfelscheiben und Grammeln zu den Zwiebeln geben und gut durchrösten. Blunzenscheiben dazugeben und noch einmal durchrösten. Mit Knoblauch, Salz, weißem Pfeffer, frisch gehackter Petersilie und Majoran würzen. Nochmals gut durchrösten, danach frisch geriebenen Kren darüberstreuen.
Dazu serviert man am besten frisch gebackenes Nußbrot und einen schmackhaften Salat.

Rezept von Anton Mörwald
Restaurant «Mörwald», Feuersbrunn, Wagram

Entnommen aus «Gusto»

3., Landstraße

1. Gmoa-Keller, *Am Heumarkt 25*
2. Kärntner Max (Zum Posthorn), *Posthorngasse 6*
3. Ohrfandl, *Landstraßer Hauptstraße 17*
4. Kirchenwirt, *Bechardgasse 2*
5. Weissgerber Stuben, *Landstraßer Hauptstraße 28*
6. Kraft's Weinhaus Wild, *Radetzkyplatz 1*
7. Faast, *Kegelgasse 41*
8. Sagmeister, *Schimmelgasse 11*
9. Schwabl, *Erdbergstraße 111*
10. Zum Alten Heller, *Ungargasse 34*

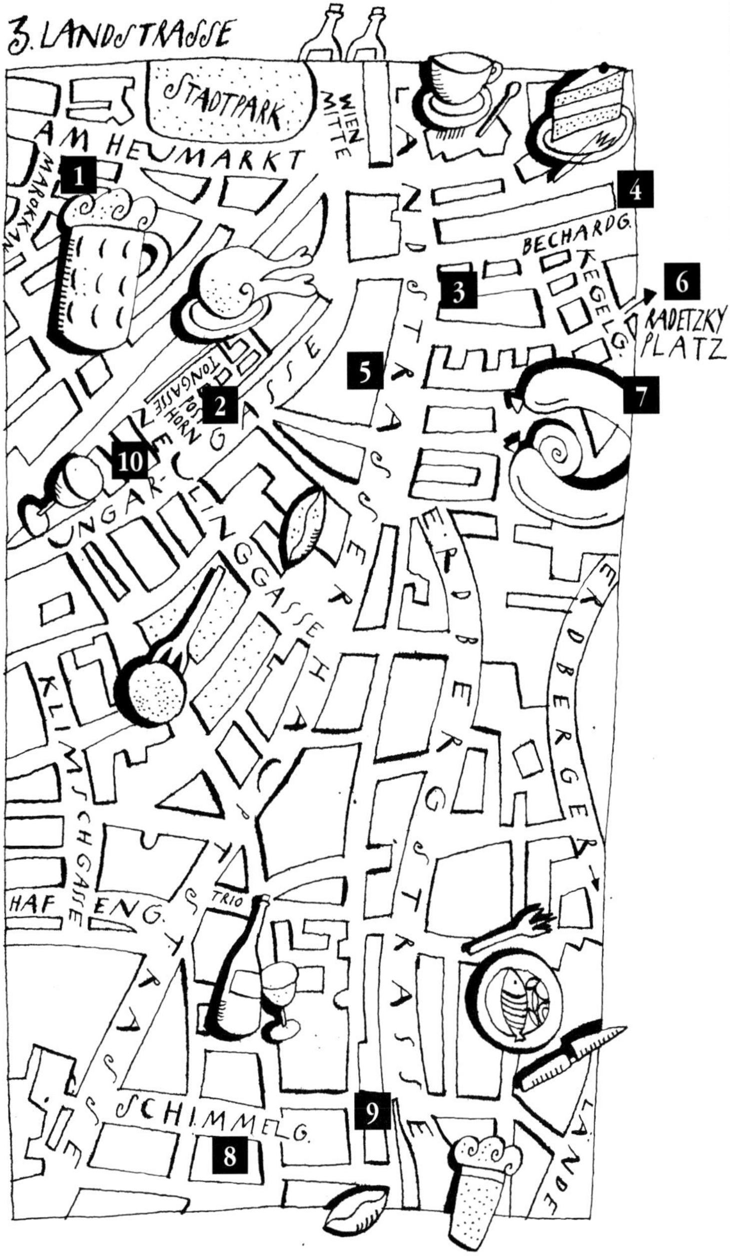
3. LANDSTRASSE
STADTPARK
WIEN MITTE
AM HEUMARKT
MAROKKAN
BECHARDG.
KEGELG.
RADETZKY PLATZ
TONGASSE
POST HORN
UNGAR GASSE
KLIMSCHGASSE
HAF ENG.
TRIO
SCHIMMELG.
ERDBERGSTRASSE
ERDBERGER LÄNDE
1
2
3
4
5
6
7
8
9
10

Gmoa-Keller: Heimat der gerösteten Leber

Gmoa-Keller

Am Heumarkt 25
Telefon 712 53 10
Mo bis Sa 9.30 bis 24 Uhr

Die Bezeichnung «Keller» ist für den «Gmoa-Keller» etwas irreführend, denn er liegt zwar unter dem Niveau des Heumarktes, es handelt sich aber trotzdem um ein Gasthaus, und um eines der besten überdies. Die Einrichtung und Ausstattung des «Gmoa-Kellers» ist absolut klassisch und weitestgehend unverändert. Der Gastraum, das Extrazimmer und der nur durch einfache Fenster von der Küche abgetrennte Schankraum geben ihre besondere Atmosphäre nicht schon beim ersten Besuch preis.

Der «Gmoa-Keller» ist ein Gasthaus, in das man sich erst langsam und mit einer gewissen Portion Beharrlichkeit einleben muß, da die Wirtinnen vollauf damit beschäftigt sind, sich ihren Stammgästen zu widmen.

Da kann es schon vorkommen, daß ein Fremder zur Begrüßung verwundert gefragt wird: «Hab'n S' a Rendezvous oder a Pech mit dem Auto?», und falls die Antwort nicht befriedigend ausfällt: «Oder warten S' auf jemanden aus der Umgebung?»

Der «Gmoa-Keller « ist nichts für «Laufkundschaft», sondern ein Lokal für Leute, die in ihrem Stammlokal auch einen Teil ihres Lebensraumes sehen. Aber wer einmal aufgenommen ist, dem wird es fortan an nichts mehr mangeln.

Vor allem nicht an gerösteter Leber. Diese steht im Ruf, die beste Wiens zu sein. «Wer Frau Novak und ihre geröstete Leber nicht kennt, kennt Wien nicht.» Diesem Wort von Andreas Oberndorfer sind längst Flügel gewachsen. Natürlich bietet die Küche auch andere Dinge, wie Bratwürstel, Blunzen mit Kraut, Schnitzel, in Schmalz herausgebacken, faschierten Braten, die der Leber in nichts nachstehen.

Die Küche und die Atmosphäre im «Gmoa-Keller» sind auch der Grund dafür, daß Akademietheater- und Konzerthauspersonal zu seinen Stammgästen zählt und hier seine Premierenfeiern abhält.

Kärntner Max

Zum Posthorn

Posthorngasse 6
Telefon 713 34 49
Mo bis Fr 18 bis 0.30 Uhr,
Sa, So Ruhetag

Der «Max» ist ein gut getarntes, von außen unscheinbares und aufs erste nicht leicht zu findendes Lokal. Doch wer einmal den Weg zum «Kärntner Max» gefunden hat, findet immer wieder her. Auf den ersten Blick ist der «Max» ein altes, original erhaltenes Gasthaus mit allem, was dazugehört: Schankraum mit schöner, alter Schank- und Kühleinheit, Extrazimmer, Kachelofen, dunkler Holzboden, holzverkleidete Wände, eine Ansammlung interessanter alter Lampen im ganzen Lokal und vieles mehr. Als Ausgleich zur Kochkunst malt der Max, und so hängen überall im Lokal lauter echte Mäxe.

Auf den zweiten Blick ist alles beinahe zu stimmig – und richtig, der «Max» ist kein Gasthaus im ursprünglichen Sinn mehr, sondern ein Lokal, das durchaus als In-Beisl (unter Anführungszeichen) bezeichnet werden kann.

In ein Lokal wie den «Max» führt man gerne seine ausländischen Freunde (so man welche hat) oder neue und alte Lieben, um sich selbst und anderen zu versichern, daß es doch noch etwas von der berühmten Wiener Gemütlichkeit gibt, auch wenn sie von einem Kärntner stammt. Die Menschen im «Max» sind nicht mehr ganz jung, aber auch noch nicht alt, sie scheinen sich alle irgendwie zu kennen und sprechen, wenn sie in Gruppen sind, über Gott und die Welt, Essen und Trinken und vor allem über sich. Zu zweit sehen sie einander meist tief in die Augen und halten einander an den Händen, und das mit gut und gerne 40 Jahren – ist doch schön, oder?

Aber alle scheinen sich beim «Max» auf die Losung geeinigt zu haben: «Wenn schon konsumieren, dann qualitätvoll in angenehmer Umgebung und unter seinesgleichen.» Natürlich gibt es Kasnudeln und andere Kärntner und Wiener Spezialitäten, und auch das nahe Italien macht sich in der Kärntner Küche angenehm bemerkbar.

Ganz wichtig sind beim «Max» die Schnäpse, vor allem Vogelbeer und Wacholder als gelungener Abschluß eines guten Essens und eines angenehmen Abends.

Ohrfandl

Landstraßer Hauptstraße 17
Telefon 712 45 82
Mo bis Fr 9 bis 22 Uhr,
Sa 9 bis 15 Uhr, So Ruhetag

Überangebot ist das Hauptmerkmal des Wein- und Bierhauses «Ohrfandl». Ein Überangebot zuerst einmal an derber bis kräftiger bis interessanter Kost böhmischer und altösterreichischer Provenienz, das einen da im Stiegenhaus – geschrieben auf einer Unzahl von Kreidetafeln – überfährt. Während des Erklimmens einer nicht unbeträchtlichen Anzahl von Stufen kann man seine Gedanken sam-

Ohrfandl: Überangebot böhmischer und altösterreichischer Kost

meln und die Entscheidung, womit man sich hier den Magen füllen wird, angesichts einer weiteren Kreidetafel am Eingang noch einmal bestätigen. Die nächste Überforderung erwartet einen, sobald man das «Ohrfandl» betreten hat, und ist optischer Natur: gigantomanische Ölschinken, insgesamt eine gewagte Rot-Grün-Braun-Kombination, tonnenschwere Holzluster mit geschnitzten Figuren, allerlei dekorative Kuriositäten, riesige Weinkrüge und -fässer. Am Ende des beeindruckenden Saales findet sich auch noch ein Heurigenbuffet, das den niederösterreichischen aber ähnlicher ist als den innenstadtüblichen. Ebenso unterscheidet sich auch das Publikum von dem von «12-Apostel-Keller» und Konsorten. Touristen waren hier nämlich, so scheint's, noch nie, als Außenstehender wird man aber ohne weiteres freudig und weinselig aufgenommen.

Kirchenwirt

Bechardgasse 2
Telefon 713 81 93
Mo bis Fr 10 bis 23 Uhr,
Sa, So Ruhetag (Oktober bis Februar So 10 bis 15 Uhr)

Der «Kirchenwirt» ist ein gutes altes Gasthaus in sehr schöner Lage, hinter der Kirche am Kolonitzplatz, und besteht schon seit mehr als 50 Jahren.

Der Schankraum, das Speisezimmer, das Extrastüberl, das Mobiliar, die gedeckten Tische, die holzvertäfelten Wände, der Stammtisch, die kartenspielenden Gäste, der Schanigarten und die Küche – alles zusammen bietet jene Stimmung und Bequemlichkeit, die man sich von einem Beisl oder Gasthaus erwarten darf.

Nur eines steht der vollen Zufriedenheit des Stammgastes des «Kirchenwirts» entgegen: Ein Gasthaus, zudem ein funktionierendes, in dieser Lage und mit die-

Kirchenwirt: Gasthaus in klassischer Lage

sem Namen sollte nicht ausgerechnet am Wochenende seine Ruhetage haben, denn wo bleibt da des Kirchgängers Alternative und wo nach der Seelen- die Möglichkeit zur Leibeserquickung?

Weissgerber Stuben

Landstraßer Hauptstraße 28
Telefon 71 67 10-514
täglich 11 bis 23 Uhr

Was daherkommt wie ein altes Wiener Beisl und aussieht, als wäre es ein urtypisches Gasthaus, ist in Wirklichkeit schon seit geraumer Zeit Teil eines großen Gastronomie- und Beherbergungsunternehmens. Dies ist allerdings nur ein bedingter Ausschließungsgrund aus dem Verein der Wiener Beisln.

In den «Weissgerber Stuben» wurde peinlichst darauf geachtet, den Charakter des alten Gasthauses zu bewahren, wohl wissend, was man an dieser Struktur hat. Der langgestreckte Gastraum, eingerichtet mit alten, schweren Wirtshaustischen, Sesseln und Bänken, vermittelt den Eindruck eines soliden Gasthauses «vom Grund». An den Wänden hängen die für viele Wirtshäuser so typischen Beweisstücke erfolgreicher Niederwildjagd neben alten Aufnahmen der berühmtesten steirischen Brauerei und in sehr edukativem Stile gehaltenen Ölbildern aus der Zeit der Monarchie. Die kleine Sammlung alter Bierkrüge und die mit Kreide auf große Schiefertafeln geschriebene Speisekarte runden das Bild vom alten Wirtshaus ab. Da ist es umso erfreulicher, daß auch die Qualität der Küche und vor allem die der hier gezapften Biere wunderbar mit dem konveniert, was das Motto des Hauses, allerdings ganz und gar beisluntypisch, verspricht: «Our Guests are our Stars.»

Kraft's Weinhaus Wild: einer der größten Gastgärten

Kraft's Weinhaus Wild

Radetzkyplatz 1
Telefon 712 57 50
Mo bis Sa 8 bis 23 Uhr,
So 10 bis 23 Uhr (November bis Mitte April Di Ruhetag)

Am Radetzkyplatz herrscht nicht die beschauliche Ruhe, die man dem alten Feldherrn vielleicht wünschen möchte. Hier zeigt die Stadt fast alles, was sie an Verkehr zu bieten hat: sechs mehr oder weniger wichtige Straßen, zwei Straßenbahnlinien, im ersten Stock die Schnellbahn, weit darüber hin und wieder ein Flugzeug und ganz unten natürlich noch Radfahrer und Fußgänger. Alles in allem ein belebter städtischer Platz, und mittendrin das «Weinhaus Wild», das mit seinem rund 300 Plätze fassenden Gastgarten die Szenerie dominiert.

Das «Weinhaus Wild» ist ein traditionsreiches Gasthaus, und einige der Einrichtungsgegenstände sind wohl schon fast so alt wie das Lokal selbst und machen zu einem Gutteil seine Atmosphäre aus. Der heutige Besitzer entstammt einer alten Gastronomenfamilie – bereits sein Großvater wurde in dem bekannten Wirtslied «Das silberne Kanderl» verewigt – und weiß, unterstützt von seinen originellen und originalen Obern, um die Führung eines richtigen Gasthauses Bescheid.

Die fünfsprachige Speisekarte umfaßt rund 200 große und kleine Vor-, Haupt-, Nach- und Zuspeisen und ist dank dem nahe gelegenen Hundertwasser-Haus jetzt auch in japanisch gehalten.

Touristen und vor allem Stammgäste bilden das Publikum des «Weinhauses Wild» – unter ihnen eine Gruppe von neun Studenten, die regelmäßig (einmal wöchentlich) ein 25-Liter-Faß Weizenbier leeren.

Trotz des Namens ist das «Weinhaus» aber insbesondere ein Bierlokal und als solches bekannt. Vier bis sechs Fässer werden hier täglich angeschlagen, das entspricht dem ganzen Wochenbedarf anderer Gastbetriebe. Vor allem sonntags ist «Kraft's Weinhaus Wild» eine beliebte Anlaufstelle.

Faast

Kegelgasse 41
Telefon 714 57 56
Di bis So 10 bis 22 Uhr,
Mo Ruhetag

Im Viertel an der Weißgerberlände, wo sich Hundertwasser-Haus an KunstHaus, an Kalke-Village-Erlebniseinkaufszentrum, an Vienna-Historic-WC-Café reihen, ist die einzige gültige Antwort auf die Präsenz Meister Hundertwassers Grete Faasts Gasthaus, Ecke Kegelgasse und Untere Weißgerberstraße.

Wenn ein Besuch des Hundertwasser-Viertels unvermeidlich wird – sei es, daß Freunde, Urlaubsbekanntschaften, weitläufige Verwandte, Bekannte oder gar die eigenen Kinder bzw. Eltern trotz verzweifelter Abwehrversuche auf einem Besuch dieser nach Stephansdom, Festung Hohensalzburg und Großglockner inzwischen vierthäufigst besuchten österreichischen Touristenattraktion bestehen –, bietet die Gewißheit Trost, daß – unglaublich, aber doch – in diesem Grätzel ein Fleck von des Meisters Schaffensdrang beinahe gänzlich verschont blieb.

Natürlich strahlt des Meisters Œuvre auch bis hierher, aber nur mehr marginal und nur in Form einiger Kunstdrucke und eines großen Fotos, das Grete Faast und Herrn Hundertwasser als fröhliches Paar im Faastschen Ambiente zeigt.

Die Atmosphäre des Gasthauses «Faast» zählt an diesem Ort doppelt: Ein unprätentiöses, typisches Gasthaus, das schon einige Anstürme überstanden hat, mit einer klassischen Einrichtung, also mit Schank und Schankraum, Extrazimmer mit gedeckten Tischen, holzvertäfelten Wänden und altem Wirtshausmobiliar. Selbst der oberhalb der Eingangstüre eingebaute Fernseher wirkt, als wäre dieser Platz schon lange vor der Erfindung der Braunschen Röhre für ihn vorgesehen gewesen.

Die Tatsache, daß nur eine kleine Speisekarte angeboten wird und Selbstbedienung gilt, schmälert die Freude über die Entdeckung dieses Ortes der Zuflucht kaum, solange Frankfurter mit Senf, Manner Schnitten und Soletti dem Bier Gesellschaft leisten. Verwundert fragt sich der Gast, weshalb die Wiener Handelskammer der resoluten Wirtin für «Verdienste um die Gastronomie» nur das Silberne Ehrenzeichen verliehen hat.

Sagmeister

Schimmelgasse 11
Telefon 713 31 99
Fr bis Di 10.30 bis 14 und
17.30 bis 24 Uhr, Mi, Do Ruhetag

Das Gasthaus «Sagmeister» liegt in dem überraschend und angenehm ruhigen Grätzel um den Paulusplatz zwischen Schlachthausgasse und Landstraßer Hauptstraße und wird vor allem wegen seiner Küche und der Tatsache, daß es auch am Wochenende geöffnet ist, gerne besucht. Der 1. FC Sagmeister hat hier seine Heimstatt, und Sponsionen, Hochzeiten, Geburtstage und andere erbauliche familiäre Anlässe werden häufig in den Extrazimmern des «Sagmeister» abgehalten bzw. abgefeiert. Mitunter führen parallel ausgetragene Festi-

Gasthaus Schwabl

vitäten zu den reizvollsten Begegnungen und Verquickungen. Der offensichtliche Erfolg des 1. FC Sagmeister – die eindrucksvolle Pokalsammlung im Schankraum zeugt davon – hat wohl mehrere mit dem Gasthaus «Sagmeister» in unmittelbarem Zusammenhang stehende Ursachen: Direkt vor dem Lokal bietet ein Ballspielkäfig hervorragende Trainingsbedingungen und auch nichtorganisierten Hobbyfußballern die Möglichkeit, kurz vor oder nach dem Besuch beim «Sagmeister» ein «Kickerl» einzuschieben. Im Lokal selbst und vor allem in der Küche wird bestens für das leibliche Wohl der Spieler gesorgt, und sollte ein Spiel einmal wirklich verlorengehen, ist in der familiären Atmosphäre und mit den trefflichen Lebensweisheiten an den Wänden Trost genug da: «Wann's dunnert, regn't, hagelt und blitzt, ist's am besten, wann ma beim Sagmeister sitzt», oder ganz einfach und ganz wahr: «Ohne Wein und ohne Liebe ist das Leben trübe.»

Trübe ist es nicht in dem am Beisl haarscharf vorbeimodernisierten Schankraum im «Sagmeister», nur etwas dunkel, aber immerhin gibt die über der Schank in Blech gebogene Andeutung einer Esse die Richtung der gewünschten Assoziationen vor: alte Schmiede – und Schmieden sind bekanntlich in der Mehrzahl der Fälle recht dunkle Orte, aber nicht zwingend ungemütlich. Und der Tafelspitz ist einen Sprung zum «Sagmeister» allemal wert.

Schwabl

Erdbergstraße 111
Telefon 713 52 29
Di bis So 9 bis 23.30 Uhr, Mo Ruhetag

Das einfache, recht große Gasthaus liegt vis-à-vis der ehemaligen Remise, die heute das Straßenbahnmuseum beherbergt.

Vor dem Lokal bewacht ein kleiner Schanigarten die Erdbergstraße. Die Räume des Wirtshauses sind alle gleichermaßen auf Gasthaus renoviert.

Das schnelle Steh- oder Fluchtachtel wird im «Schwabl» in alter Wirtshausmanier an einem Stehtisch vor der Schank eingenommen.

Auch die Küche des «Schwabl» bietet, was man von einem traditionellen Wiener Wirtshaus erwartet: Tafelspitz, Beuschel, G'selchtes mit Knödel und Kraut etc., eine umfangreiche Tageskarte, Wildspezialitäten im Herbst und einen guten Ruf. Wie in einem richtigen Gasthaus üblich, ist auch beim «Schwabl» das Publikum bunt gemischt und reicht von fröhlichen Pensionisten bis zu hungrigen Intellektuellen.

Zum Alten Heller: ein Gasthaus aus der Oberliga

Und wenn sich in der Sturm-Saison die Gäste mit viel Eifer dem trüben Getränk widmen, wird mitunter auch eine österreichische Tugend eingemahnt: «Die Sturmzeit, da fürcht' ich mich schon, ich hab' da schon genug Erlebnisse g'habt mit mein Mann.» – «Du darfst doch ned immer die Vergangenheit ausgrab'n.»

Zum Alten Heller

Ungargasse 34
Telefon 712 64 52
Di bis Sa 9.30 bis 23 Uhr
(Küche bis 22 Uhr)

Der «Alte Heller» in der Ungargasse ist ein sicherer Tip und eine gute Adresse für ausgezeichnete Küche und feines Wirtshausambiente. Alles, was ein richtiges Wirtshaus und seine typische Wiener Küche ausmacht, wird im «Alten Heller» geboten. Im Unterschied zu vielen anderen Lokalen wird dies hier aber sympathisch unaufdringlich und unprätentiös, in einer gepflegten und angenehmen Atmosphäre und zu vernünftigen Preisen präsentiert. Der «Alte Heller» kann durchaus noch als Gasthaus bezeichnet werden, nur ist es eben eines aus der Oberliga, wo aufmerksame Kellner, gekleidet in «Blunzenjanker», den Gästen zu Diensten durch die Räume eilen und wo vorsorglich ein Tisch reserviert werden sollte. Besonderer Beliebtheit erfreut sich der wunderbare laubenartige Hofgarten. Ein guter Platz, um einen Tag angenehm ausklingen zu lassen, und nicht nur Samstag abends eine herrliche Alternative zur Fernsehunterhaltung. Mitunter sitzen hier auch «Suzie der Bär» aus John Irvings «Hotel New Hampshire» und andere von Literaten schon einmal irgendwo beschriebene Personen – oder gleich der leibhaftige Literat selbst – bei Wein und Bier, Rumpsteak oder Burgundersülzchen in Kernöl.

4., Wieden

1. Rohrböck, *Rilkeplatz 7*
2. Weinhaus Riedl, *Margaretenstraße 26*
3. Ubl, *Preßgasse 26*
4. Engelhart, *Karolinengasse 29*
5. Weidinger, *Danhausergasse 3*
6. Sperl (Zum neuen Blumenstock), *Karolinengasse 13*

4. WIEDEN
RECHTE WIENZEIL
PRESSG
MÜHLG
HEUMÜHL
MARGARETENSTR.
RILKE PLATZ
PRINZ EUGEN
HAUPTSTRASSE
WIEDNER
FAVORITENSTRASSE
DANHAUSERGASSE
KAROLINENG.
1
2
3
4
5
6

Rohrböck: Gastwirtschaft mit vielen Namen

Rohrböck

Rilkeplatz 7
Telefon 586 61 77
Mo bis Fr 10.15 bis 23 Uhr;
Sa, So Ruhetag

Die Gastwirtschaft «Rohrböck» ist ein echtes altes Beisl, hatte ein kurzes Gastspiel als «Mirimba-Bar», in der Karl Farkas und Ernst Waldbrunn verkehrten, und besteht in der jetzigen Form seit 1929.

Vieles der ursprünglichen Einrichtung – die Schank, die dunkle Täfelung, der Holzboden – ist auch heute noch für die Atmosphäre im «Rohrböck» verantwortlich und erklärt den Status des Beisls als jederzeit beliebtes Ausweichlokal nicht nur der Studenten der Technik, sondern auch der Beamten der nahe gelegenen NÖ Landesregierung. Hin und wieder kommt auch ein Bernhardiner aus der im selben Haus befindlichen tierärztlichen Ordination vorbei und läßt sich sein Faß nachfüllen. Vor allem und insbesondere ist das «Rohrböck» aber auch das geheime Zentrum des Wiener Basketballgeschehens; Büro, Sekretariat und Management des BC Wieden sind hier beheimatet, es kann also durchaus sein, daß man sich beim «Rohrböck» besonders klein und unbedeutend vorkommt, was aber in den meisten Fällen nur an den mehr als zwei Meter großen Gästen liegt.

Im «Rohrböck» ißt man gut und günstig, und als besonderen Service für die am Hungertuch nagenden Studenten gibt es auf Wunsch große und kleine Portionen aller Speisen.

Das «Rohrböck» ist beim ersten Mal etwas schwer zu finden und zudem noch unter mehreren verschiedenen Namen bekannt, z.B.: «Am Rilkeplatz» (stimmt), «Zum Leo» (stimmt nicht), «Hölle» oder «Gruft» (stimmt auch nicht), aber am besten unter dem auf der Technik üblichen Kürzel: «Die Gastwirtschaft».

Weinhaus Riedl: klassische Stehweinhalle

Weinhaus Riedl

Margaretenstraße 26
Telefon 586 22 20
täglich 7 bis 24 Uhr

Das «Weinhaus Riedl», das vielleicht treffender als Weinhalle bezeichnet werden sollte, ist ein hoher Raum, der von der beinahe über die ganze Länge des Lokals gehenden Schank dominiert wird. Hinter der Schank befindet sich ein beeindruckendes, etwa vier Meter langes und zehnlagiges Doppelliterflaschenlager.

Die Schank bietet einer ganzen Reihe von Besuchern Platz und die Möglichkeit, der Assoziation Stehweinhalle zu einer plastischen Vorstellung zu verhelfen.

Die Einrichtung des «Riedl» ist die eines alten Wirtshauses: ohne Schnörkel und unnötige Modernisierungen.

Dieses Ambiente verlangt aber auch vom Gast einiges an Einfühlungsvermögen, Ruhe und Aufmerksamkeit – gegenüber dem Wein und den anderen Gästen.

Für geübte Beislgeher und Freunde lebhaft kommentierter TV-Sportübertragungen ist das «Weinhaus Riedl» ein guter Tip und eine bewährte Alternative zu einsamen Sportnachmittagen vor dem Fernseher. Besonders zu empfehlen sind Fußballübertragungen, in denen die österreichische Nationalmannschaft eine Rolle zu spielen versucht oder internationale Clubbewerbe wie Europacup und Championsleague mit österreichischer Beteiligung. Wenn dann das ganze Lokal, gerammelt voll mit einzigartigen Fachleuten und verhinderten Trainern, fachmännisch das «Abbeißen» der heimischen Mannschaft kommentiert, kann das für den Zaungast zum großen Vergnügen werden.

Ubl: sicherer Tip für Nierndln

Ubl

Preßgasse 26
Telefon 587 64 37
täglich 11 bis 15 und 18 bis 24 Uhr

Das Gasthaus «Zum guten Hirten», besser bekannt als der «Ubl», hat trotz des hohen Beliebtheits- und Bekanntheitsgrades seine Klasse durchwegs behalten. Vielen anderen Beisln, die von nach Wiener Originalität und Identität Suchenden überschwemmt wurden, ist das nicht gelungen.

Bemerkenswert beim «Ubl» ist sicherlich die Tatsache, daß er von zwei Schwestern geführt wird, die die Geschäftsleitung alternierend betreiben. Es kann also ohne weiteres passieren, daß der Wein, der einem am Vortag geschmeckt hat, am anderen Tag nicht zu bekommen ist, da wieder Schichtwechsel stattgefunden hat.

Obwohl der «Ubl» ein Bild von einem alten Gasthaus darstellt – die antike Einrichtung würde auch einem Café ganz gut zu Gesicht stehen –, zieht es das Besuchervolk nach draußen in den kleinen, mit einer Markise überdachten Garten an der Mühlgasse. Dort drängen sich Studenten, Prominente und Fans von Innereien dann nicht selten zu siebent an den kleinen Tischen, die Speisekarten beginnen knapp zu werden, und spätestens, wenn die dritte Speise ausgegangen ist, kann man das Chaos bei der Arbeit beobachten. Apropos Innereien: Die gibt es beim «Ubl» nämlich auch in Formen, über die sich nur die wenigsten Beisln trauen. Leber, Herz und Beuschl kann man ja bald wo finden, bei den Nierndln ist der «Ubl» aber sicher eine der wenigen gültigen Adressen.

Engelhart: Gasthaus mit vielen Gesichtern

Engelhart

Karolinengasse 29
Telefon 505 41 87
Mo bis Fr 8 bis 24 Uhr,
Sa 8 bis 14 Uhr

Bereits von außen präsentiert sich das «Engelhart» mit dem kleinen Schanigarten an der Karolinengasse, der Beschriftung und dem Windfang so, als könne hier nur ein echtes Beisl drin sein. Und tatsächlich betritt man ein sehr schönes altes Wirtshaus. Der Wirt, wie ein original Weinviertler Weinhauer im «Blunzenjanker», und die Chefin im Dirndl festigen diesen Eindruck.

Aber jede Medaille hat zwei Seiten und das «Engelhart» sogar drei.

Während im Schankraum noch die Ursprünglichkeit und Gemütlichkeit eines klassischen Weinhauses herrscht, wurde der Speiseraum im schon bekannten dunklen und holzreichen Wirtshausrenovierungsstil der 70er Jahre modernisiert, vermag also kaum mehr zu beeindrucken. Erst im Extrazimmer jedoch entweicht dem unvorbereiteten Gast ob der strahlend neuen Einrichtung im Stile eines Provinzcafés ein heftiges «Was ist denn da passiert?» – der sofortige Rückzug in den Schankraum folgt.

Hier kann man sich bei Hausmannskost und ausgesuchten Weinen von der unerwarteten Irritation in Ruhe erholen. Noch hält der Schutzpatron aller Beisln seine Hand über den Schankraum und bewahrt ihn vor ähnlichem Gestaltungsschicksal.

Bleibt nur die Frage noch, die bange: Wie lange noch, wie lange?

Weidinger: Meister der Panier

Weidinger

Danhausergasse 3
Telefon 505 56 97
Mo bis Fr 11 bis 23 Uhr,
Sa, So, Feiertag Ruhetag

Als Durchfahrtsstraße kann die Danhausergasse nicht gerade bezeichnet werden, und zufällig kommt man zum «Weidinger» eher selten. Man besucht ihn vielmehr ganz absichtlich wegen seines schönen Gartens im Hof des stilvoll sanierten Hauses, in dem, umgeben von den grauen Mauern der Wiedener Zinshäuser, ein paar Bäume gegen den Himmel streben. Knirschenden Kies kann man da finden, schiefe Tische und ein grünes Salettl, das nach sommerlichen Festen geradezu verlangt. Das Schnitzelklopfen der Köche ist durch den ganzen Hof zu hören, und die Kreidetafeln am Rande des Gastgartens inmitten des Hofes bestätigen einem die Existenz jener Köstlichkeiten, derentwegen man hergekommen ist. Alles, was von einer Panier bedeckt wird, ist beim «Weidinger» nämlich vom Feinsten. Es wäre zu wenig zu sagen: Panieren kann er. Er hat den Dreh heraußen.

Ein Schild über dem Durchgang vom Schankraum Richtung Garten zeugt von der Beliebtheit des Lokals und seiner Küche: «10 Jahre Gasthaus Weidinger von den zufriedenen Gästen 1989» steht da zu lesen, und da das Schild noch immer hängt, ist anzunehmen, daß die Gäste auch noch immer zufrieden sind.

Sperl: wichtige Adresse für Sentimentalisten

Sperl

Zum neuen Blumenstock

Karolinengasse 13
Telefon 504 73 34
Mo bis Fr 11.30 bis 24 Uhr,
Sa, So, Feiertag Ruhetag

Das Gasthaus Sperl «Zum neuen Blumenstock» ist in drei Bereiche einzuteilen.

Da gibt es zuerst einmal den Schankraum, beherrscht von Resopal und Furnier, bei dem wir nicht lange verweilen wollen. Viel mehr Freude macht da schon die anschließende Gaststube, gehalten im Bauernstuben-Stil und erwärmt von einem großen grünen Kachelofen. Den Höhepunkt des «Sperl» stellt aber zweifellos der wunderbare Garten dar. Geschmückt und strukturiert durch viele Lauben, wird der an sich winzige Hof zur Landschaft, die Mischung von altem Holz, Kies, abblätterndem Lack, Efeu und der trocknenden Wäsche, die über den Lauben auf den Balkonen baumelt, ist ideal für Sentimentalisten.

Ein heißer Tip war beim „Sperl» schon immer das Schweinskotelett, welches wegen seiner Saftigkeit und Zartheit als eines der besten in ganz Wien gilt, obwohl es an einem sonnigen Tag in solch einem Garten eigentlich egal sein sollte, für welchen der vielen Wiener Klassiker man sich entschieden hat.

5., Margareten

1. Zur Goldenen Glocke, *Kettenbrückengasse 9*
2. Zu den 3 Buchteln, *Wehrgasse 9*
3. Haas, *Margaretenstraße 74*
4. Altes Fassl, *Ziegelofengasse 37*
5. Silberwirt, *Schloßgasse 21*
6. Zum lustigen Radfahrer, *Rohrbacherstraße 21*
7. Zum Schwarzen Adler, *Schönbrunner Straße 40*
8. Waldviertlerhof (Gasthaus Krenn), *Schönbrunner Straße 20*
9. Weinhaus Augustin, *Reinprechtsdorfer Straße 47*
10. Saus & Braus, *Schwarzhorngasse 8*
11. Matzleinsdorfer Bier- und Weinhaus, *Reinprechtsdorfer Straße 14,*
12. Rudis Beisl, *Wiedner Hauptstraße 88*

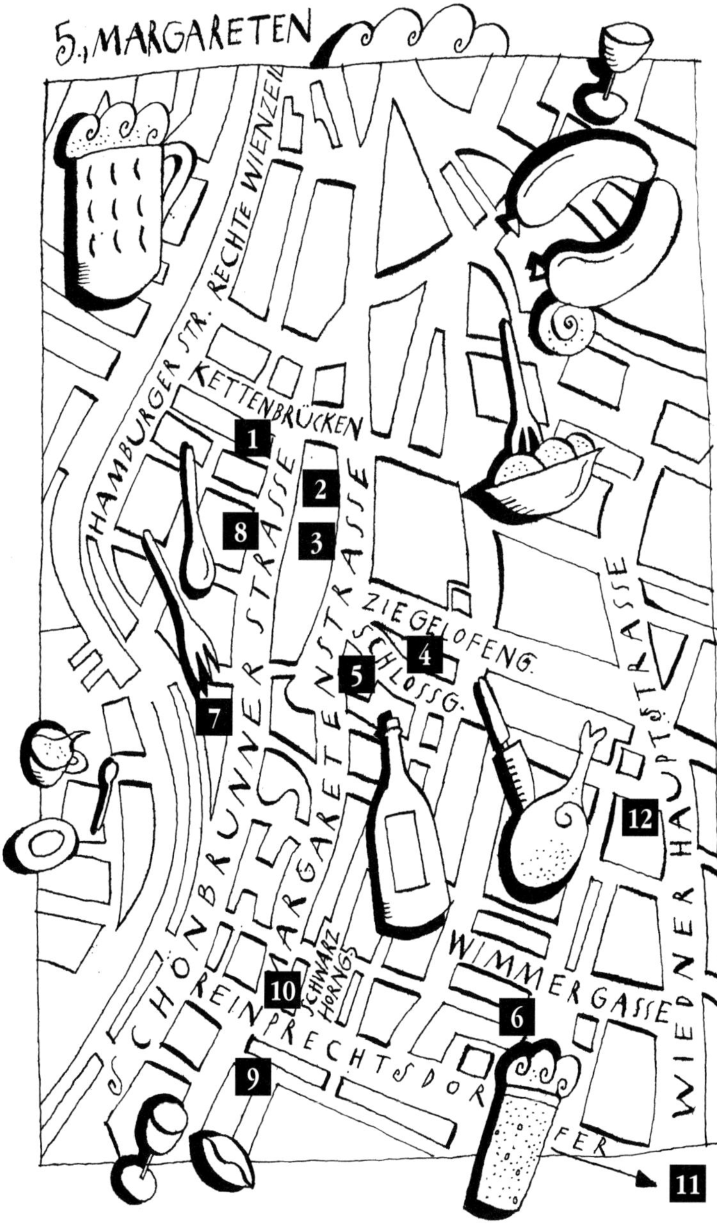

5., MARGARETEN
RECHTE WIENZEILE
HAMBURGER STR.
KETTENBRÜCKENGASSE
STRASSE
SCHÖNBRUNNER STRASSE
MARGARETENSTRASSE
ZIEGELOFENG.
SCHLOSSG.
WIEDNER HAUPTSTRASSE
SCHWARZHORNGS.
REINPRECHTSDORFER
WIMMERGASSE
1
2
3
4
5
6
7
8
9
10
11
12

Zur Goldenen Glocke: Gasthaus mit musikalischem Hintergrund

Zur Goldenen Glocke

Kettenbrückengasse 9
Telefon 587 57 67
Mo bis Sa 11 bis 15 und 18 bis 24 Uhr,
So, Feiertag Ruhetag

An der Ecke Kettenbrückengasse/Schönbrunner Straße steht ein klassisches altes Gasthaus mit einem schönen und in dieser Form einzigartigen Gastgarten im Hof.

Dieser ist zum Teil überdeckt und kann im Bedarfsfall mit einer alten Markise, einem Relikt aus einer Zeit, als Stahl- und Gußeisenkonstruktionen noch eindrucksvoll gestaltet wurden, vollständig überdacht werden.

An den Wänden des Gastgartens sind alle wichtigen Vertreter des Wienerliedes in einer großen Szene in einem Wandgemälde festgehalten: Ankerl I. und II., Bratfisch, Wiesberg, Martinelli, Guschlbauer, Glawatsch, Görich und Frau, Luise Montag, Nestroy, Josef Strauß, Anzengruber, Schubert, Drescher, Niese, Pick, Lanner, Feuerbach und viele andere.

Auch im Inneren ist die «Goldene Glocke» ein mustergültiges Gasthaus mit einem schönen Schankraum mit einfacher Wirtshausmöblierung, einem Extrazimmer mit dunkler Holzeinrichtung und einem nicht mehr ganz so ursprünglichen zweiten Extrazimmer.

Die glücklichen Gesichter der Gäste, wenn sich die Bestellung auf schnellen Kellnerbeinen dem Tisch nähert, sprechen für die empfehlenswerte Küche. Die ausgesuchten Tisch- und Bouteillenweine weisen die «Goldene Glocke» als Nobelbeisl aus – ein Eindruck, der auch auf der Rechnung Bestätigung findet.

Zu den 3 Buchteln: Spezialisten der böhmischen Küche

Zu den 3 Buchteln

Wehrgasse 9
Telefon 587 83 65
Mo bis Sa 18 bis 23 Uhr,
So, Feiertag geschlossen

Als das Restaurant «Zu den 3 Buchteln» vor drei Jahren von der Margaretenstraße in die ruhigere Wehrgasse umgezogen ist, war seine Küche in Wien bereits bekannt. Mit seinen böhmischen Spezialitäten hatte es bei den Freunden einer fachmännisch betreuten Regionalküche große Sympathien erworben. Um es den vielen Stammgästen auch nach dem Umzug möglichst heimelig zu machen, wurde das neue «3 Buchteln» sorgfältig im ländlichen Wohnzimmerstil eingerichtet: zwei kleine, stets wohlgefüllte Räume mit roter, von Kindergemälden geschmückter Holztäfelung und rotweiß karierten Tischdecken.

Wer sich unter «original böhmisch» bodenständige und großzügig portionierte Hausmannskost erwartet, ist hier allerdings schlecht bedient. Zwar findet man auf der Speisekarte nach wie vor Böhmisches à la Kuttelflecksuppe, Karlsbader Gulasch, Brimsenhaluschka und (längst österreichifizierte) böhmische Süßspeisen, ansonsten aber wird in den «3 Buchteln» eher auf die kleine, feine Speisenkreation Wert gelegt. Die salbeiveredelten Spinatnockerln etwa sind ein ebenso exzentrisches Kleinkunstwerk wie die Buchweizenblinis mit einem Tupfer Sauerrahm, rotem Kaviar und frischem Dill.

Der Besuch der «3 Buchteln» macht dem erkundungsfreudigen Gaumen Spaß und dem hungrigen Magen Ärger. Es sei denn, man hat genug Zeit und Geld, ganz Böhmen durchzukosten.

Haas: ein kleines Traditionsbeisl

Haas

Margaretenstraße 74
Telefon 586 25 52
Mo bis Fr 8 bis 23 Uhr,
Sa, So, Feiertag Ruhetag

Das «Haas», ein kleines altes Wirtshaus, ist seit rund 60 Jahren im Besitz der Familie Haas, die ihr Gasthaus mit Stolz und zu Recht als echtes Wiener Beisl präsentiert.

Vor einigen Jahren hat man das Lokal von Grund auf renoviert, dabei aber gefühlvoll die alte Struktur bewahrt, sodaß das «Haas» heute ein relativ neues «altes» Beisl ist, mit der dafür typischen Schank und einem feinen Gastraum.

Der Herr Haas junior, der das Lokal in der dritten Generation führt, kocht selbst, und zwar nach Rezepten aus Großmutters Kochbuch. Er hatte aber auch andere Lehrmeister und war unter anderem im «Sacher», «Hilton», «Marriott», «Palais Schwarzenberg», in der Schweiz und in Frankreich tätig; man kann sich hier also einer qualitätsvollen Küche und guter Bedienung sicher sein.

Zu traditioneller, aber leichter Wiener Küche, Wiener Spezialitäten und Naturküche werden ausgesuchte österreichische Weine, vor allem aus dem Weinviertel, serviert.

Unter das etwas gehobenere Beislpublikum mischt sich auch immer wieder Prominenz, etwa Bela Erny, Harald Juhnke, Peter Alexander oder auch schon mal die ganze Rapid-Mannschaft.

Wichtiger Tip: Steirisches Wurzelfleisch mit frischem Kren nur mit Schutzbrille bestellen, da der Kren so frisch ist, daß man unweigerlich, Anlaß hin oder her, in Tränen ausbricht.

Altes Fassl: eines der ersten In-Beisln

Altes Fassl

Ziegelofengasse 37
Telefon 544 42 98
Mo bis Fr 11.30 bis 15 und 18 bis 1 Uhr, Sa 18 bis 1 Uhr, So, Feiertag 12 bis 15 und 18 bis 1 Uhr

Was da ausländische Gäste mitunter als verrußt, verschlissen und bar jeglichen Komforts bezeichnen, ist den Wienern unter den Gästen ein Inbegriff an Gemütlichkeit und genau das, was den Abend im Wirtshaus so besonders angenehm macht. Das «Alte Fassl» war eines der ersten In-Beisln im klassischen Wirtshausgewand und für viele Nachfolgelokale auch «stilprägendes» Vorbild.

Die Wände der niederen Gasträume sind mit altem, dunklem Holz getäfelt und mit einer Menge Plakate tapeziert. Damit es auch richtig romantisch und heimelig wird, stehen Kerzen auf den alten Wirtshaustischen.

Das «Alte Fassl» ist von jungen und mitteljungen Gästen gut besucht. Zum Teil sind sie mit dem Lokal mitgealtert, aber sie geben hier immer noch gerne ihr Geld aus und erhalten dafür auch die entsprechende Qualität.

Zum Beispiel sollte man die 20 bis 30 Minuten Wartezeit für das Backhendl unbedingt in Kauf nehmen, denn das fördert den Appetit und zahlt sich aus, wie man hinterher zufrieden und gesättigt feststellen wird.

Im Sommer ist das «Alte Fassl» mit dem schönen Naturgarten im Hof eine besonders wichtige und empfehlenswerte Adresse.

Silberwirt: Wiener Beisl für junge Leute

Silberwirt

Schloßgasse 21
Telefon 544 49 07
täglich 12 bis 24 Uhr

Zweimal um die Ecke vom «Alten Fassl» ist mit dem Silberwirt auch schon der nächste Klassiker des inzwischen schon traditionellen Wiener Beisls für junge Leute angesiedelt.

Der «Silberwirt» besteht aus einem großen und zwei kleineren Räumen mit einer nicht besonders originellen oder gar beeindruckenden Einrichtung.

An den Wänden hängen eine Reihe von Pferdebildern, Zaumzeug und eine Sammlung kleiner, eigenartig verformter und durchgelaufener Hufeisen Marke «Ich reite meilenweit für ein Bier». Aber zum «Silberwirt» geht man ohnedies nicht wegen der Einrichtung, sondern um sich mit Leuten zu treffen und zu essen und im Sommer wegen des Gartens.

Was die Einrichtung nicht bietet, der Gastgarten hat es. Der Naturgarten im Hof des alten Hauses ist sicher einer der schönsten und idyllischsten Gastgärten Wiens.

Dort macht man sich dann auch mit Freude über die Erdäpfeldatschi «Silberwirt», gebackenen Melanzani mit Knoblauchrahm, den Blunzenschmarren mit Sauerkraut, das gebackene Surschnitzel, die gefüllte Kalbsbrust mit Blattsalat oder den Lammspieß auf Knoblauchreis mit Kräuterbutter her, dazu Bier oder österreichische und italienische Weine, und es fällt schwer, vor der Sperrstunde wieder wegzugehen!

Zum lustigen Radfahrer: seit über 100 Jahren in Familienbesitz

Zum lustigen Radfahrer

Rohrbacherstraße 21

Telefon 877 87 39

Mo bis Fr 10 bis 22 Uhr, Sa, So Ruhetag

Das Gasthaus «Zum lustigen Radfahrer» ist seit mehr als 100 Jahren im Besitz der Familie Dormann.

Der Name des Lokals geht auf den Urgroßvater des heutigen Wirts zurück, der in einer Zeit, da Radfahren noch eine ganz besonders lustige Angelegenheit war, Fahrräder verlieh.

Der «Radfahrer» ist ein schönes Beispiel für ein altes, liebevoll erhaltenes Gasthaus, das schon einige Zeit überdauert hat und mit seiner ursprünglichen Ausstattung ein gern besuchtes Lokal nicht nur für Anrainer ist. Viel Holz wurde bei der Einrichtung verwendet und ordentlich rustikal aufgetragen: Sessel, Tische, Eckbänke, Täfelung, dunkler Holzboden und dazu ein formatfüllendes großes altes Ölbild mit ruhigem Bergsee und einem Alpengipfel im Hintergrund, schmiedeeiserne Luster von der Decke und rote Tischdecken – aber im «Radfahrer» wirkt nichts übertrieben oder aufdringlich.

In dieser Atmosphäre und angesichts des drohenden Berggipfels und des um nichts versöhnlicheren Wassers des klaren Bergsees sind einem Dichter wohl auch die folgenden Worte entwichen: «Wenn ich deinen Hals berühre und zu meinem Halse führe, sehn' ich mich so sehr nach dir, du geliebte Flasche Bier.» Was muß der Mensch für einen Durst gelitten haben! Ganz normal für ein Beisl ist hingegen das Essen.

Zum Schwarzen Adler: Spitzenrestaurant mit prominenten Gästen

Zum Schwarzen Adler

Schönbrunner Straße 40
Telefon 544 11 09, 544 71 74
Di bis Sa 11 bis 15 und 18 bis 24 Uhr,
So, Mo Ruhetag

«Der Schwarze Adler ist doch ein Luxusvogel, was macht der in einem Buch über Beisln?» Stimmt, aber der «Schwarze Adler» soll deshalb erwähnt werden, weil es sich bei ihm um ein besonders schönes, mit viel Liebe und Geschick eingerichtetes und geführtes Lokal handelt, das sehr anschaulich zu zeigen vermag, wie groß die Palette der typischen Wiener Wirtshäuser sein kann.

Alt-Österreich freut sich ein wenig – nicht nur des «Schwarzen Adlers» wegen, sondern auch wegen der sehr gediegenen, nicht brutal rustikalen Einrichtung, der holzgetäfelten Wände, der schmiedeeisernen Luster und der sehr schönen großen Schank, über der gleich drei Kruzifixe die Gottesfürchtigkeit der Wirtsleute signalisieren: Wenn das nichts hilft, Kruzifix, was dann?

Natürlich ist das Personal, einem Spitzenlokal entsprechend, außerordentlich aufmerksam und die Qualität der Küche ausgezeichnet. Der «Schwarze Adler» ist eben «ein bisserl was Besseres» (Werner Meisinger). Selbstverständlich kommt auch der Herr Bürgermeister hin und wieder vorbei, und «die Herren vom ORF bekommen die zwei Mocca und die Melange und die Spanier des Achterl». Aber ein guter Rest Gasthausatmosphäre blieb erhalten, und der widersetzt sich erfolgreich dem Feinschmeckertempel-Flair. Obwohl hier natürlich alles besonders fein schmeckt, zum Beispiel das Brat-

Waldviertlerhof: Landgasthof in Margareten

huhn, der gebackene Schweinsschopf, der Tafelspitz, die Blunzen, der Kalbskopf, die angebliche Originalversion des Urwiener Schnitzels, der Angler und Zander und der berühmte Kaiserschmarrn.

Waldviertlerhof

Gasthaus Krenn

Schönbrunner Straße 20
Telefon 586 35 12
Mo bis Fr 10 bis 24 Uhr, Sa, So Ruhetag

Entweder fühlen sich die Waldviertler besonders wohl in Wien, oder die Wiener lieben die Waldviertler Knödel über alles, auf jeden Fall ist das «Gasthaus Krenn» eines der zahlreichen «Waldviertler» Lokale in Wien und sicher eines der bekanntesten.

Ein großes «gutbürgerliches» Lokal mit mehreren Gasträumen, Jägerstüberl, Wintergarten und einem schönen Gastgarten, vor wenigen Jahren aufwendig renoviert und gut besucht, ist der «Waldviertlerhof» ein Fixstern in der Margaretener Gastronomie. Man weiß, was man bekommt und in welcher Qualität. Das einzige, was man nicht immer bekommt, ist ein freier Platz. Der «Waldviertlerhof» hat aber auch etwas von einem großen Landgasthof an sich und ist zudem das Stammlokal des Margaretener Jagdklubs. Wie auf dem Land üblich, geht der Wirt von einem Tisch zum anderen, zwinkert der Ober der Kellnerin im Phantasiedirndl zu und küßt zwischen Tür und Angel der Koch das Schankmädchen, vor allem, wenn der Frühling schon im Hof steht.

Hier stellen auch gerne die Jungen vom Lande, die in der Stadt leben und wohnen, ihren Eltern die zukünftige

Weinhaus Augustin: macht keine leeren Versprechungen

Braut oder den Bräutigam vor. Das «Gasthaus Krenn» bietet denn auch eine sehr gute Gelegenheit, den nun einmal beschlossenen Bund fürs Leben mit einer Feier zu begehen. Ganz sicher wurden im «Waldviertlerhof» mehr Ehen «abgefeiert» als angebahnt, denn wer hierhergeht, weiß, warum und mit wem und was ihn erwartet.

Weinhaus Augustin

Reinprechtsdorfer Straße 47
Telefon 545 34 44
Mi bis So 9 bis 23 Uhr, Mo, Di Ruhetag

Was von außen aussieht, als würde sich hinter der einfachen Glastür nichts allzu Aufregendes verbergen, ist innen ein angenehmes altes Lokal und ganz besonders nett.

Das «Augustin» empfängt einen mit einer gut besuchten, sehr schönen Schank, an der die zahlreichen Gäste ein schnelles Bier oder, je nach Tageszeit, ein Vormittags- oder Nachmittagsachtel zu sich nehmen. Auf der Theke ein kleiner «Strauß von Schnapsfläschchen» verschiedenster Sorten für den Nachhauseweg: «Daham brauch' i no a Schnapserl.» Die umfangreiche Speisekarte – Wiener Wirtshausküche – steht in Form von Schiefertafeln auf dem Gehsteig vor dem Lokal.

Das «Weinhaus Augustin» wurde irgendwann in den 60er Jahren vergleichsweise aufwendig eingerichtet, eine Investition, die sich bis heute bewährt hat.

Ein eigenartiges wappenartiges Bild an der Wand des langen Gastraumes zeigt die schwörenden Finger einer

Hand, umgeben von Weinlaub, möglicherweise ein Garant für die Qualität des Weines. Das wahre Geheimnis der schwörenden Finger erfährt man erst nach mehreren Besuchen.

Saus & Braus

Schwarzhorngasse 8
Telefon 544 08 23
Mo bis Sa 18 bis 24 Uhr
(Küche bis 23 Uhr), So Ruhetag

Das «Saus & Braus» ist eines der gelungenen Beispiele eines jungen, engagierten Lokals im alten Beislkleid und wird von Leuten geführt, die bereits einige einschlägige Erfahrung gesammelt haben.

Der Name des Lokals irritiert etwas und bezieht sich wohl mehr auf die Speise- und Getränkekarte als auf die Ausstattung. Denn die Einrichtung des «Saus & Braus» ist sehr schlicht gehalten und auf das Notwendigste beschränkt, aber nicht «cool», sondern auf angenehme Art und Weise dem Beisl verpflichtet: mit einfachen Tischen und Sesseln, holzvertäfelten Wänden, einer liebevoll renovierten Schank und dazu noch einem kleinen Garten.

Von außen etwas unscheinbar, entpuppt sich das «Saus & Braus» als wichtige Adresse für denjenigen, der sich, wenn er sich in dieser Gegend aufhält, gerade belohnen oder trösten oder einfach gut essen will, z.B. gebratene Flugentenbrust mit Orangenrotkraut und Erdäpfelknöderln, Linguini mit Kalbfleisch und Austernpilzen in Weißweinoberssauce, marinierten Schweinslungenbraten mit Jungzwiebeln, Kürbiskernen und Dijonoberssauce, Wäschermädel auf Vanillesauce mit Schlag (!), Erdbeerknödel mit Mohn oder Nüssen auf Erdbeermark und Schlag oder Käse – auf Anfrage mit weißem Salz und schwarzem Pfeffer, Butter und Brot, Oliven und handgeschmiedetem Messer auf frischem Teller serviert – und davor und dazu und danach Aperitifs, ausgesuchte Weine, Edel- und Hausbrände und vor allem alles zu vernünftigen Preisen. Da stört auch die mittags noch herrschende Hektik kaum, denn das «Saus & Braus» ist sowieso eher für den ruhigen Abend mit Zeit zum Genießen geeignet.

Wichtiger Tip: Tischreservierungen erweisen sich als vorteilhaft.

Matzleinsdorfer Bier- und Weinhaus

Reinprechtsdorfer Straße 14,
Ecke Jahngasse
Telefon 544 23 62
täglich 9 bis 23 Uhr

Obwohl das «Matzleinsdorfer Bier- und Weinhaus» ein typisches altes Beisl ist – mit allem, was dazugehört: Holzboden, Holztischen, einer das ganze Lokal umlaufenden Bank an der Wand, einer großen Schank, dunklen, holzvertäfelten Wänden, vielarmigen Neonlustern an der Decke und einigen ausgestopften Vögeln –, wird man sich kaum bei seiner klassischen Einrichtung aufhalten, sondern vielmehr über das versammelte Publikum und das Gesamtbild staunen, das das Lokal bietet: ein Kosmos für sich, ein Teil der Apokalypse, ein Blick in Dantes Hölle, ein Stück vom Ende der Welt, ein Teil der Wiener Gastronomie und des Wiener Alltags. Ein zirka 60jähriger mit Fünftagebart, grünem Jägersakko und großer Einkaufstasche spricht aufgeregt mit sich selbst, seinem

Matzleinsdorfer Bier- und Weinhaus: für geübte Beislgeber

Viertel oder einem Unsichtbaren, fängt an zu singen, legt Minuten später den Kopf auf die Arme, diese auf den Wirtshaustisch und schläft tief und fest ein. An einem anderen Tisch ein anderer Gast: ruhig, konsequent und regelmäßig Cola-Rot im Krügerlglas, die Kommunikation auf «Servas!» beschränkt. Mitunter kann man hier auch die für ein derartiges Lokal ebenso typischen und wie wenig erfolgreichen Dressurakte am mitgebrachten Hund beobachten: «Kusch!», «Sitz!», «Platz!», «Gib a Ruah!» – nicht selten werden diese Versuche auch am jeweiligen Gesprächspartner vorgenommen.

Etwas tiefer im Lokal, im leicht abgetrennten «Extrazimmer», sitzen die Pensionisten der Umgebung an gedeckten Tischen bei einem Achtel Wein oder einem Seidel Bier, sie unterhalten sich allerdings meist sehr gut.

Für Lokale wie das «Matzleinsdorfer Bier- und Weinhaus» gilt, daß sie einen Teil des Spektrums der Wiener Gastronomie abdecken und eine wichtige Funktion im Alltag der Stadt erfüllen. Aber wie beim Schifahren gilt auch hier, daß nur Geübte auf die schwarz markierte Piste dürfen, und das heißt, daß das «Matzleinsdorfer Bier- und Weinhaus» nicht für jeden Gast geeignet ist, und erst recht ist es kein Kuriositätenkabinett oder Panoptikum. Wer hierherkommt, hat einen guten Grund zu trinken, oder er unterhält sich wie in jedem anderen Wirtshaus auch mit Freunden, Bekannten oder anderen Gästen, denn essen kann man hier nicht, obwohl eine Tür, wohl noch aus früheren Tagen, mit der Aufschrift «Küche» versehen ist.

Rudis Beisl: Rindfleischküche in höchster Qualität

Rudis Beisl

Wiedner Hauptstraße 88
Telefon 544 51 02
Mo bis Fr 10 bis 15 und 18 bis 23 Uhr
(Küche bis 22 Uhr)

Man nehme eine kleine Konditorei, verbinde sie mit dem benachbarten Hutgeschäft, lasse einen befreundeten Designer ein paar nette alte Möbel heranschaffen, finde beim Trödler die dazupassenden Lampen, male blau und weiß aus, und fertig ist ein Jugendtraum. Rudi Stark wollte immer schon Beislwirt werden, auf der Wieden hat er sich seinen Wunsch erfüllt und kann jetzt beweisen, wovon er persönlich tief überzeugt ist, daß nämlich die klassische Wiener Küche der Inbegriff der Küche schlechthin ist. Italienisch «hin und wieder gerne», französisch – «nichts dagegen einzuwenden», aber Erdäpfelsalat bleibt doch Erdäpfelsalat, wenn er nur, der Überlieferung getreu, mit einer feinen Rindssuppe angerichtet wird. Kochen, wie es die Oma gelehrt hat, mit Butter statt Margarine, mit bester Fleischqualität, wienerisch eben, so lautet das Credo des engagierten Wirten, und der Erfolg gibt ihm recht. Nur wer rechtzeitig einen Platz reserviert, hat eine echte Chance, den Kavalierspitz mit Kürbiskraut oder andere feine Schmankerln zu verkosten. Rudi Stark war einst Fußballer bei der Wiener Austria. Deren Tugenden, nämlich hohe Spielkultur, gepaart mit einer intelligenten Taktik, hat er in seinem Beisl perfekt verwirklicht. Im Gegensatz zu seiner früheren Tätigkeit geigt er heute allerdings in einem ausverkauften Stadion, und das mit voller Berechtigung.

6., Mariahilf

1. Zur Eisernen Zeit, *Naschmarkt*
2. Sopherl, *Linke Wienzeile 34*
3. Stiegenbeisl, *Gumpendorfer Straße 36*
4. Zum Lorenz, *Marchettigasse 1*
5. Zur Stadt Salzburg, *Otto-Bauer-Gasse 7*
6. Glockner-Stüberl, *Stumpergasse 59*
7. Seibold, *Aegidigasse, Ecke Spalowskygasse*

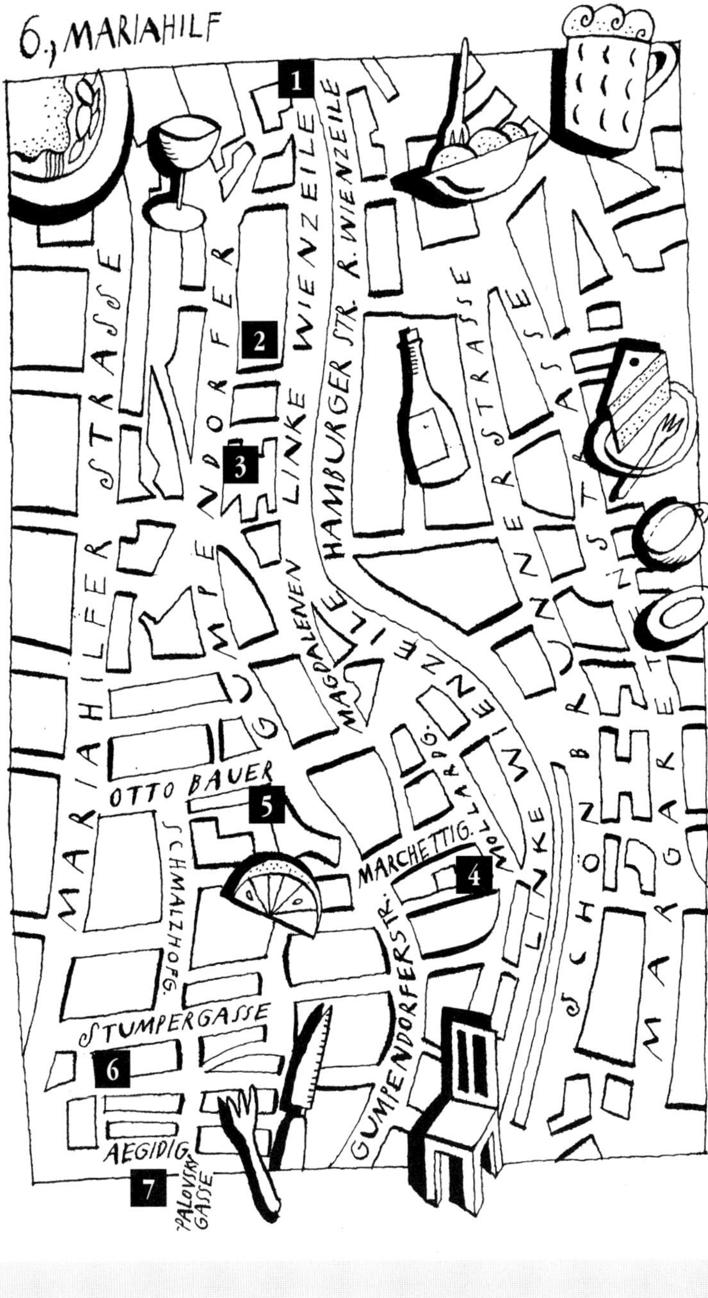

6., MARIAHILF
MARIAHILFER STRASSE
GUMPENDORFER
LINKE WIENZEILE
HAMBURGER STR.
R. WIENZEILE
MAGDALENEN
LINKE WIENZEILE
SCHÖNBRUNNER STRASSE
MARGARETENSTRASSE
OTTO BAUER
SCHMALZHOFG.
MARCHETTIG.
MOLLARDG.
STUMPERGASSE
GUMPENDORFERSTR.
AEGIDIG.
PALOVSKY GASSE
1
2
3
4
5
6
7

Zur Eisernen Zeit: seit über 80 Jahren ein Ort der Einkehr

Zur Eisernen Zeit

Naschmarkt
(auf Höhe Linke Wienzeile 14)
Telefon 587 03 31
Mo bis Fr 8 bis 22 Uhr, Sa 8 bis 19 Uhr

Die Geschichte der Immigration in Wien ließ sich immer schon an den Veränderungen des Naschmarkts ablesen. Zu Anfang der Zweiten Republik rief noch die aus Böhmen stammende Sopherl ihr «Maschansker, Maschansker, fünf Kilo um an Zwanz'ger», in den fünfziger Jahren übernahmen Ungarn, Ende der sechziger Tschechen, zuletzt Russen und Türken die Marktstände und das Lebensgefühl. Nur die zentrale Versorgungsstelle, das Gasthaus «Zur Eisernen Zeit», hat durch mehr als achtzig Jahre alle Zeitläufe scheinbar unverändert überdauert. Hierher kommen, wie eh und je, die Standlbesitzer, die Markthelfer und erschöpfte Einkäufer zu einer kurzen Pause, Angestellte und Beamte auf einen Einkehrtrunk am abendlichen Heimweg, Liebhaber der Stadt, um Wiengefühl zu atmen. Sieben Holztische und eine lange Theke bilden das Interieur in einem sich verjüngenden Raum, der an das Innere eines dickbäuchigen Schiffs erinnert. Wenn man es auch noch so eilig und gestreßt besteigt, landet man nach kurzer Zeit zufrieden im Hafen der absoluten Gelassenheit.

Die beiden Pächter, Helmut aus Wien und Helmut aus der Steiermark («I sag dir, du, des bin i so g'wohnt»), stehen abwechselnd hinter der Schank, servieren den Grünen Veltliner, klar doch, aus Ziersdorf und Poysdorf, steirisches Bier und Speisen, von denen keine mehr als 80 Schilling kostet. Krautfleckerl und Fruchtsalat als Menü, im Hintergrund die Musik vom «Dritten Mann», an der Wand ein alter Strohhut und ein fleckiger Spiegel. Still und eisern steht die Zeit.

Sopherl: ein sicherer Hafen an der Wienzeile

Sopherl

Linke Wienzeile 34
Telefon 587 45 58
Mo bis Fr 6 bis 22 Uhr, Sa 4 bis 22 Uhr

Das «Sopherl» an der Linken Wienzeile bzw. am Naschmarkt ist ein ganz wichtiges und für die Gegend typisches Wirtshaus. Untertags ein ganz normales Lokal mit kleinem Schanigarten und auf Schiefertafeln angeschriebenen Tagesspeisen, zwei Gasträumen und allem, was ein Gasthaus ausmacht, ist das «Sopherl» am frühen Morgen für manchen die letzte Rettung oder auch nur die letzte Station.

Vor allem samstags, wenn die Freitagnacht kein Ende nimmt, mischen sich hier unter Frühaufsteher und die Händler vom Naschmarkt die letzten Nachtschwärmer, etwas blaß, aber bereit durchzuhalten. Das «Sopherl» ist ein Lokal, in dem fast jeder schon einmal war, ein sicherer Hafen in der rauhen See des anbrechenden Morgens. Und unter Leuten, denen es ähnlich geht, läßt sich hier der Morgen noch ein kleines Stück hinauszögern und die Nacht um ein Gulasch und ein Seidel Bier verlängern. Das Erwachen ist so oder so schmerzhaft.

Stiegenbeisl

Gumpendorfer Straße 36
Telefon 587 09 99
Mo bis Sa 18 bis 2 Uhr
(Küche bis 24 Uhr)

Der erste Vorzug des «Stiegenbeisls» ist seine strategisch wichtige Lage. Die Stiege, auf die sich der Name des um die Ecke gelegenen «Stiegenbeisls» bezieht, könnte man als die «natürlichste» Verbindung zwischen namhaften gastronomischen Ballungszentren bezeichnen. Da es beispielsweise nichts Ungewöhnliches ist, den Abend in Neubau zu beginnen und in

Stiegenbeisl: Hausmannskost in angenehmer Umgebung

Wieden ausklingen zu lassen – oder umgekehrt –, kann man das «Stiegenbeisl» im Hinblick auf ein sinnvoll strukturiertes Abendprogramm als höchst sinnvolle Einrichtung betrachten.

Der zweite Vorzug dieses gut plazierten (wenngleich in der Straßenflucht leicht übersehbaren) Lokals: Sein etwas enger, aber durchaus einladender Eingangstrakt spricht den Thekenhocker genauso an, wie seine geräumige Fortsetzung sich als gemütliches Speisezimmer anbietet. Die etwas irritierende Mischung des Innendekors – auf der würdig gealterten Holztäfelung hängen alte Landschaftsbilder friedlich neben avantgardistischen Fotografien – setzt sich allerdings in der Küche fort. Die schlichte Hausmannskost, die das «Stiegenbeisl» laut Auskunft der Speisekarte anbietet, ist dem Koch dann doch wieder zu schlicht – sodaß etwa ein gemeines Gulasch durch skurrile Würzexperimente enttäuschend charakterlos daherkommt.

Wer allerdings auf geradezu freundschaftliche Bedienung, gut gezapftes Bier und ingesamt sehr ansprechende Beislatmosphäre Wert legt, weiß das «Stiegenbeisl» nicht nur als Durchgangsstation zu schätzen.

Zum Lorenz

Marchettigasse 1
Telefon 597 31 46
Mo bis Do 8 bis 22 Uhr,
Fr, So 8 bis 15 Uhr,
Sa Ruhetag

Irgendwie muß es den Mariahilfer Gastronomen im Blut liegen, sich um die Ein-

Zum Lorenz: Beislklassiker in Mariahilf

richtung ihrer Lokale nur marginal zu kümmern und trotzdem eine angenehme und gute Wirtshausatmosphäre zu schaffen.

Im Unterschied zum nahegelegenen «Salzberg» in der Magdalenenstraße besticht das «Lorenz» durch seine etwas eigenwillige Ausstattung. Wenngleich nicht unsympathisch, ist sie zuweilen zumindest gasthausfremd und kunterbunt. Die neue Tür in Richtung WC zum Beispiel ist ein schon beinahe sehenswerter Danebengriff in Sachen Wirtshauseinrichtung.

Von der Decke herab grüßt in altem Stuck noch die Vergangenheit des Lokals als Café in den Jahren 1910 bis 1919. Aber im «Lorenz» kann man auch gut und günstig essen, zum Beispiel Wiens größten Leberknödel, der in einer wunderbaren Rindsbrühe im Suppenteller dümpelt.

Zur Stadt Salzburg

Otto-Bauer-Gasse 7
Telefon 597 85 09
Mo bis Fr 8 bis 22 Uhr,
Sa, So, Feiertag Ruhetag

Alte Bilder aus der Stadt, deren Name das Lokal trägt, schmücken noch zum Teil die Wände des Schankraumes: Schloß Mirabell, Festung Hohensalzburg und über dem Eingang die berühmte «Stierwascher-Szene».

Der Schankraum, eine kleine Halle mit einer über der Schank eingezogenen Zwischendecke, wurde einst in der Manier der lustigen 50er Jahre ausgestattet, inzwischen aber bereits etwas verändert.

Der große Speisesaal aber ist noch unversehrt in diesem Stil erhalten, mit Parkettboden, Glasplatten über den Tischen, klassischen Messinglustern und kleinem

Stadt Salzburg: typisch wienerisch

Klavier. Ein wunderbarer Zigarettenautomat im Holzkleid stammt aus einer Zeit, als Rauchen nicht nur modern, sondern auch jeden gestalterischen Aufwand wert war. Die Küche in der «Stadt Salzburg» bleibt mit Kümmelbraten, Wiener Schnitzel, Hirn mit Ei, gebackener Niere und gerösteter Leber durchaus wienerisch und orientiert sich auch in den Preisen nicht am Niveau der Festspielstadt.

Glockner-Stüberl

Stumpergasse 59
Telefon 596 52 76
Mo bis Fr 10.30 bis 14 und
17 bis 23 Uhr, Sa, So Ruhetag

Fast so lange wie den Glockner selbst, nämlich seit 50 Jahren, gibt es sein Stüberl in Wien-Mariahilf neben dem «Hotel Westend», dem Haus der netten Mädchen und dem «Café Eden» – ein Ort, an dem sich der müde Wanderer guten Mutes und reinen Herzens niederlassen kann. Das Lokal empfängt ihn mit dunklem Holz und rot-weiß-rot karierten Tischdecken, blaßgrüner Frühlingsalmblumenwiesenmustertapete, alten Fotos aus alten Tagen und – hier sind sie einmal am richtigen Platz – Kuckucksuhr, Bauernteller und Rehkrickel an der Wand.

Das expansive rot-weiß-rote Karo der Tischdecken hat sich schon auf die Vorhänge und sogar bis auf das Hemd des Wirtes ausgebreitet, es ist also allergrößte Vorsicht geboten.

Die schöne, zum Teil verspiegelte Schank, die so Ende der 50er, Anfang der 60er Jahre hier herauf getragen worden sein muß, bietet dem Wanderer alles, was sein Durst begehrt, und selbstverständlich auch einen ordentlichen Obstler. Ist der Durst fürs erste gelöscht, bietet die Küche neben der normalen Hausmannskost, wie könnte es anders sein, auch Wildspezialitäten.

Seibold: Garant für gediegene Wirtshausqualität

Und wer endlich auf einer der massiven Bänke an einem ebensolchen Tisch (alpenerprobt) sitzt und aus dem mit Fähnlein aus aller Herren Länder geschmückten Fenster sieht, der weiß: Es kann ihm fast nichts mehr passieren – der Berg ward wieder einmal besiegt. Achtung Sandalenträger: Es wird empfohlen, sich vor dem Aufstieg zum «Glockner-Stüberl» ordentliches Schuhwerk zu besorgen, denn «der Berg lost nit mit sich spaßen».

Seibold

Aegidigasse, Ecke Spalowskygasse
Telefon 596 71 01
Mo bis Fr 8.30 bis 24 Uhr,
Sa, So, Feiertag 10.30 bis 24 Uhr
(Küche bis 22.45 Uhr)

Die Ecke Aegidi- und Spalowskygasse war bis vor kurzem eine berüchtigte Adresse. Ein besetztes Haus wurde von der Polizei entsetzt. Die Stelle, an der früher das Haus des Anstoßes stand, schmückt nun ein ruckzuck angelegter und gestalteter Park. Das Gasthaus «Seibold» gibt's aber Gott sei Dank noch immer – und auch schon sehr lange. Es ist ein nettes kleines Wirtshaus mit einem schmalen Schankraum und zwei kleinen Extrazimmern.

Die Wirtin des «Seibold» legt besonderen Wert auf die Qualität ihrer Küche und bietet dazu auch die entsprechenden Weine an.

Aus Rücksicht auf die vielen Hotels der Umgebung ist die rund 60 kleine und große Speisen umfassende Speisekarte dreisprachig abgefaßt, bei Bedarf gibt es auch eine fünfsprachige Variante.

Das Gasthaus «Seibold» ist ein richtiges gutes Beisl, und auch der Ober, der Herr Otto, wirkt mit seiner grünen Weste, dem weißen Hemd, dem roten Mascherl und der weißen Schürze, als ob er auf dem Weg zum Casting für den echten Wiener Wirtshausober wäre.

7., Neubau

1. Adlerhof, *Burggasse 51*
2. Spatzennest, *Ulrichsplatz 1*
3. Zu Den Zwei Lieseln, *Burggasse 63*
4. Schnitzelwirt, *Neubaugasse 52*
5. Mondscheinstüberl (Geritzer), *Mondscheingasse 12*
6. Zum letzten Klabautermann, *Mondscheingasse 2*
7. Grünauer, *Hermanngasse 32*
8. Wegenstein, *Lerchenfelder Straße 73*
9. 's klane Beisl, *Schottenfeldgasse 64*
10. Pontoni, *Burggasse 103*
11. Zur Stadt Krems, *Zieglergasse 37*
12. Lindenwirtin (Gasthaus Nussbaumer), *Lindengasse 43*
13. Rippel, *Neustiftgasse 15*
14. Wratschko, *Neustiftgasse 51*

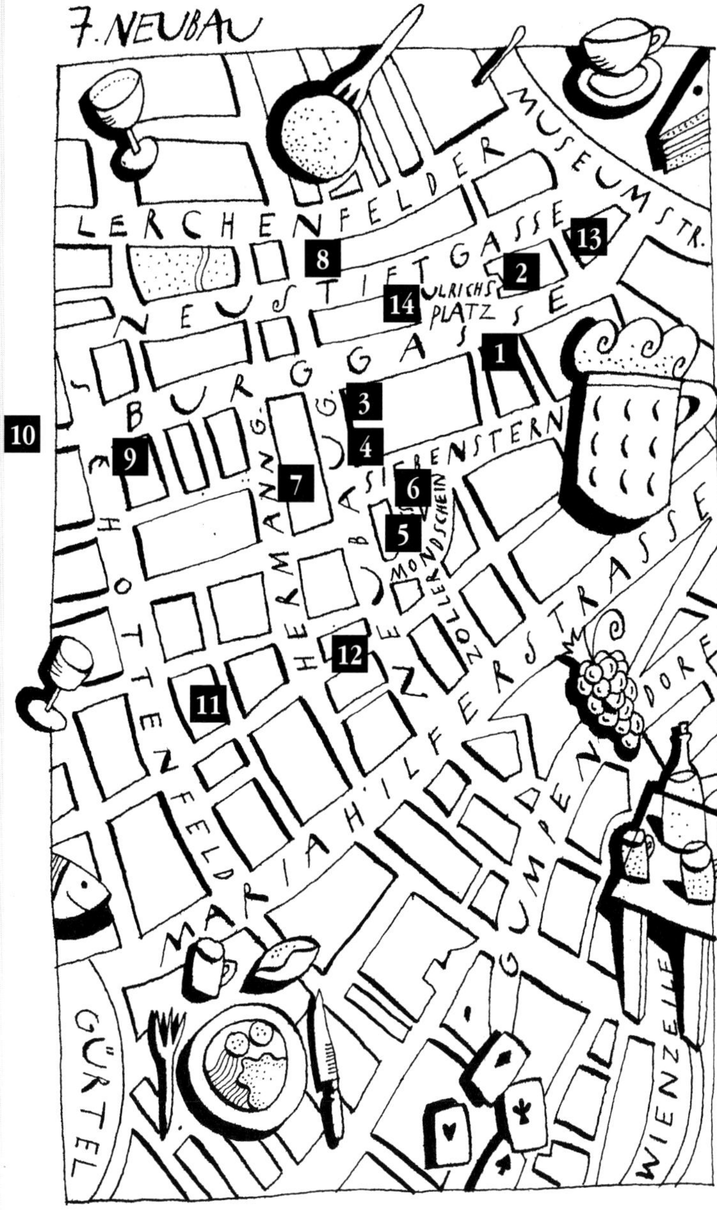

7. NEUBAU
LERCHENFELDER
MUSEUMSTR.
NEUSTIFTGASSE
ULRICHSPLATZ
BURGGASSE
SIEBENSTERN
HERMANNG.
MONDSCHEIN
ZOLLER
MARIAHILFERSTRASSE
GUMPENDORF
GÜRTEL
WIENZEILE
1
2
3
4
5
6
7
8
9
10
11
12
13
14

Adlerhof: Gasthaus und Fernsehzimmer

Adlerhof

Burggasse 51
Telefon 523 62 40
Di bis So 13 bis 24 Uhr, Mo Ruhetag

Der «Adlerhof» ist ein großes altes Gasthaus mit einer schönen klassischen Einrichtung, hohen Räumen und guter Küche – das aber nur in zweiter Linie.

In erster Linie ist der «Adlerhof» eine Institution für junge und alte Menschen, für Studenten und Arbeiter der Umgebung und ein sicherer Zufluchtsort für Leute, die wissen, warum sie ins Wirtshaus gehen.

Eine zentrale Funktion übernimmt im «Adlerhof» der über der – beinahe wie ein Kassenschalter in eine Nische eingebauten – Schank stehende große Farbfernseher, dem man nur wenige Pausen gönnt.

Die einst abenteuerliche Antennenkonstruktion wurde zwar durch eine herkömmliche ersetzt, die Bilder, die sie liefert, sind aber nach wie vor von bester Qualität, und nicht wenige Gäste nutzen die Möglichkeit, in angenehmer Umgebung fernsehen zu können, zudem noch mit Bedienung.

Fußballübertragungen erfreuen sich größter Beliebtheit und werden immer im großen Kreis aufmerksam verfolgt und kommentiert, frühzeitiges Erscheinen vor großen Matches ist ratsam. Der Fernseher schränkt aber keineswegs die Unterhaltung der Gäste ein, sondern gehört ganz einfach zum Inventar, wie anderswo die Musikbox oder der Spielautomat.

Spatzennest

Ulrichsplatz 1
Telefon 526 16 59
So bis Do 9 bis 24 Uhr, Fr, Sa Ruhetag

Etwas abgesetzt von der Burggasse, am Ulrichsplatz, liegt das Gasthaus «Spatzennest», ein altes Lokal mit einer langen Ge-

Zu Den Zwei Lieseln: die beiden Lieseln

schichte. War es früher ein echtes Beisl, so ist es heute schon mehr ein Restaurant und ganz sicher ein In-Beisl, in dem man sich gerne trifft.

Hier kommt man her in der Gewißheit, eine angenehme Gasthausatmosphäre, kombiniert mit guter Qualität und ebensolcher Bedienung, vorzufinden.

Mit dem großen Gastgarten am Ulrichsplatz, dem Schankraum und zwei Speise- und Extrazimmern ist das «Spatzennest» ein schönes, sehr gut besuchtes Lokal, dem man auch gerne einige eigenartige Veränderungen verzeiht – nur die neue Präzisions-Weinzapfmaschine nicht. Obwohl als Einleitung zur Speisekarte ein Gedicht von Joseph Roth darauf hinweist, daß im Gasthaus manches etwas länger dauert und auch Reklamationen wenig Sinn haben, stürzt sich die Bedienung mitunter in eine ganz «unbeislmäßige» Hektik, um den Wünschen der Gäste gerecht zu werden.

Außer Joseph Roth bietet die Karte noch traditionelle österreichische und Wiener Gerichte wie Blutwurstgröstl, steirisches Wurzelfleisch, Wachauer Knödel-Reindl, Schlickkrapfen, hausgemachte Mehlspeisen und vieles mehr, um die anspruchsvolle Kundschaft zufriedenzustellen. Auch beim Wein wird österreichische Qualität bevorzugt.

Zu Den Zwei Lieseln

Burggasse 63
Telefon 523 32 82
Mo bis Sa 10 bis 22 Uhr

Die «Zwei Lieseln» sind ein bekanntes 3-g-Lokal, das heißt: günstig und gut und vor allem große Portionen. Die Schnitzel, aber auch alle anderen Speisen werden in ähnlichen Dimensionen serviert; das ist auch der Grund dafür, daß die «kleine» Karte nicht für Kinder, sondern für Nor-

Zu Den Zwei Lieseln: Function follows function

malverbraucher gilt. Was hier als kleine Portion angeboten wird, würde in einer ganzen Reihe anderer Lokale als große Portion durchgehen. So sättigt zum Beispiel das kleine Cordon bleu einen etwa 1,8 m großen und 80 kg schweren hungrigen Mann völlig. (Vorsicht: Die kleinen Zahnstocher nicht mitessen! Endet fatal.) Da die «Zwei Lieseln» ein bekanntes Schnitzelgasthaus sind, gibt es neben dem normalen «Wiener» verschiedene Schnitzelvariationen und -spezialitäten wie Pariser, serbisches, Feinschmecker-Schnitzel und ähnliches.

Der Großteil der meist jungen Gäste kommt hierher, um zu essen, oder auch, um auswärtigen Freunden stolz die Riesenschnitzel als Selbstverständlichkeit zu präsentieren, oft unterlegt mit Kommentaren wie: «Früher waren die noch viel größer ...» In den Sommermonaten können die Riesenschnitzel auch in einem schönen Gastgarten im Hof konsumiert werden.

Im Lokal selbst wurde – um nicht ungebührlich von den Hervorbringungen der Küche abzulenken – auf die Einrichtung der beiden Gasträume mehr oder weniger vollständig verzichtet. Die Wände sind in bester Heimwerkermanier mit schwedenhellem Holz getäfelt, kleine quadratische Tische mit je vier Sesseln, und das war's dann auch schon – wäre da nicht noch die Schank, die einfach dasein muß. Aber auch bei ihr wurde der Ausstattungsaufwand auf das Allernotwendigste reduziert. Außer den üblichen Getränken gibt es noch den magenfreundlichen Scharlachberg und Rossbacher's Wunderlich und sonst nix, «aber mehr brauchst auch nicht». Bei den «Zwei Lieseln» wurde ganz offensichtlich ein revolutionäres Gesamtkonzept angewandt: «Function follows function» oder so ähnlich.

Schnitzelwirt: berühmtestes großes Schnitzel

Schnitzelwirt

Neubaugasse 52
Telefon 523 37 71
Mo bis Sa 10 bis 23 Uhr;
So, Feiertag Ruhetag

Die Legende lebt. Seit bald 25 Jahren werden in der Neubaugasse 52 Riesen-Cordons-bleus und Mega-Schnitzel zubereitet, wofür Helene und Günther Schmidt bereits 1980 anläßlich des «2671. Tages im Kampf wider die Gesetze der Gastronomie» von einigen ihrer Stammkunden urkundlich ausgezeichnet wurden. Trotz der tourismusfördernden Übergrößen ist der «Schnitzelwirt» aber vorrangig ein Gasthaus für Wiener und Wienerinnen geblieben. «An die Fleisch- und Brösel-Diät ist er [der Wiener, Anm.] seit Kindesbeinen gewöhnt, die bringt ihn nicht aus der Ruhe. Nach meinen Beobachtungen mißt er den kleinen Qualitätsunterschieden bei der Ausführung weniger Bedeutung bei als der Größe der Portionen» (Wolfram Siebeck: Die Beisln von Wien, München 1995). Dort, wo beinahe 25 Jahre lang stadtbekannte Schnitzel gefertigt werden, muß natürlich auch die Ausführung stimmen. Beim «Schnitzelwirt» liegt das Geheimnis neben der richtigen Fleischauswahl in der Panier, die diese Spezies der Superschnitzel mit einer besonderen Würze umgibt. In den langen Jahren der Herstellung der größten Schnitzel der Stadt hat sich auch eine erstaunliche gestaltliche Symbiose der berühmten Schnitzel mit der Architektur des berühmten Lokals ergeben. Fast wie der Fleisch und Panier gewordene Grundriß des «Schnitzelwirts» hängen die Namengeber in derselben länglichen Form wie das Wirtshaus links und rechts über den Tellerrand und erschrecken den Neuling, der im Falle der vorzeitigen Kapitulation den Rest folienverpackt mit nach Hause nimmt.

Mondscheinstüberl: auch bei Sonnenschein attraktiv

Mondscheinstüberl

Geritzer

Mondscheingasse 12
Telefon 526 73 07
Mo bis Fr 8 bis 21 Uhr, Sa, So Ruhetag

Beim «Mondscheinstüberl» handelt es sich um ein kleines Lokal mit einer eigenwilligen Architektur, die sich aus der Lage des Gasthauses an der Gabelung der Mondschein- und der Zollergasse ergibt. Es ist ein altes Wirtshaus «vom Grund» mit dem Charme eines echten Beisls, dem man seine Geschichte auch ein wenig ansieht. Die Einrichtung ist einfach und alt und praktisch. Neonröhren unter Bierreklamen beleuchten sie.

Es ist einfach ein nettes Wirtshäuschen, wie es nur mehr wenige gibt, mit einer umfangreichen Tageskarte und verschiedenen Möglichkeiten, sein Glas im Stehen zu trinken – für den, der nicht sitzen will. Im Stehen unterhält es sich auch besser, vor allem mit Fremden; unvermittelt ist man schon in ein Gespräch miteinbezogen. Wer diskutiert, muß auch etwas trinken, und auf geht's. – Auch wenn's der riesige weißbraune Bernhardiner bisweilen mit Befremden zur Kenntnis nimmt.

Zum letzten Klabautermann

Mondscheingasse 2
Telefon 523 04 59
täglich 9 bis 24 Uhr

Nur wenige Meter vom «Mondscheinstüberl» entfernt findet man in einem eingeschossigen Biedermeierhaus ein weiteres kleines Gasthaus mit einem schönen alten Naturgarten im Hof, wie er wohl nur mehr in einer so historischen Bausubstanz bestehen kann. Das Lokal, das sich heute «Zum letzten Klabautermann» nennt, trug bis vor wenigen Jahren noch

Zum letzten Klabautermann: Trockendock für Segelfreunde

den schlichten Namen «Plattner». Der Klabautermann ist im Volksglauben ein Kobold, der Schiffe begleitet und durch sein Klopfen zur Ausbesserung der hölzernen Schiffswand mahnt oder auch den Untergang des Schiffs anzeigt. Weder klopft es in der Mondscheingasse 2 auffällig stark, noch ist das kleine Gasthaus vom unmittelbaren Untergang bedroht. Es ist vielmehr so, daß die neuen Eigentümer eine besondere Liebe zur Seefahrt teilen und dies auch mit allen möglichen Seefahrtsutensilen und Bildern im Extrastüberl dokumentieren. Außer der Seefahrt lieben sie aber auch die Gastronomie, was wiederum den Gast mit und ohne Hochseerfahrung beruhigt einkehren läßt. Die Chefin stammt aus dem Burgenland, und von dort kommen auch die feinen Weine, die hier zu typischer Beislküche, zu saisonalen Spezialitäten und zur vegetarischen Kost ausgeschenkt werden. Weil es der unternehmungslustigen Truppe des «Klabautermann» aber zu wenig wäre, einfach ein Gasthaus zu führen, finden hier jeden Sonntag Frühschoppen, hin und wieder öffentliche Diskussionsveranstaltungen mit Bezirkspolitikern und monatlich eine Vernissage in einem zur Galerie umgebauten ehemaligen Heizhaus im Hof statt.

Grünauer

Hermanngasse 32
Telefon 526 40 80
Mo 18 bis 24, Di bis Fr 11 bis 15 und 18 bis 24 Uhr, Sa, So Ruhetag

Beim «Grünauer», der vor gar nicht allzu langer Zeit in rustikalisierendem Stil neu eingerichtet wurde, paßt alles auf wunderbare Weise zusammen: das helle Holz, die blauen und weißen Tischdecken, die blauweißen Salz- und Pfefferstreuer und die Lampen. Seine Einrichtung wurde an

Grünauer: gute Küche und hervorragende Weine

anderer Stelle schon einmal treffend als Ergebnis einer «mehr oder weniger geglückten Liaison aus Schwedenelch und röhrendem Hirsch» beschrieben. Inzwischen aber hat die Zeit das Ihre getan und dem fast zu sauberen Lokal wieder eine richtige Wirtshausatmosphäre verpaßt. Zum «Grünauer» geht man aber ohnedies nicht der Einrichtung wegen, sondern um die gepflegte Altwiener und burgenländische Küche und ihre Grünauerschen Erweiterungen zu genießen, zum Beispiel einen Bauernschmaus, «garniertes Sauerkraut», Spanferkelsülzchen, Kohlsuppe, Krautstrudel, Kalbszunge, Rindsrouladen, Backhenderl oder das klassische Schnitzerl mit Vogerlsalat. Ein anderer Grund für den Besuch des «Grünauer» ist die ausgezeichnete Weinkarte mit dem umfangreichen Angebot österreichischer, französischer und italienischer Weine.

Wegenstein

Lerchenfelder Straße 73
Telefon 526 78 72
Mo bis Fr 8 bis 24 Uhr,
März bis Oktober Sa 9 bis 14 Uhr
So, Feiertag Ruhetag

Das Gasthaus «Wegenstein» hat nur ein Manko, nämlich nicht an einer Hausecke zu liegen, sonst aber hat es aber so ziemlich alle Merkmale aufzuweisen, die man sich für ein echtes Beisl nur wünscht. Das uralte Holz der Wände und des Fußbodens vermittelt ein gewisses Gefühl der Vertrautheit, die Renovierungssünden halten sich hier angenehm in Grenzen. Hier anonym zu bleiben gelingt nicht wirklich leicht, denn Herr Wegenstein, Besitzer in dritter Generation, zieht einen gerne ins Gespräch, und tut's nicht er, dann wahrscheinlich sonst einer der bunt gemischten Gäste. Spezialität des

's klane Beisl: größer als der Name

Hauses sind die hausgemachten Leber- und Blutwürste, um die aber zu bekommen, muß man schon früh aufstehen, denn die Bestände sind immer wieder rasch erschöpft. Neben dem sonstigen, eher herkömmlichen Angebot fällt vor allem auch die Auswahl an Fisch auf.

's klane Beisl

Schottenfeldgasse 64
Telefon 523 43 23
Mo bis Fr 6.30 bis 23 Uhr,
Sa, So Ruhetag

«'s klane Beisl» gibt sich schon von außen mit der alten Eingangstüre und dem Windfang als solches zu erkennen. Obwohl das Lokal schon seit Jahren ein Gasthaus ist, fehlt der erst kürzlich renovierten Einrichtung mit den kleinen gedeckten Tischchen mit Kunstblumensträußchen drauf und den eigenartigen Lämpchen an der Wand noch die entsprechende Patina. Irgendwie wirkt das Lokal, als hätte Peter Alexander nicht nur bei der Namengebung, sondern auch bei der Ausstattung seine Finger mit im Spiel gehabt.

Die Renovierung des Lokals und der Ausbau des Extrazimmers waren nach Aussage des Wirts notwendig, da in der Umgebung immer mehr alte Gasthäuser geschlossen oder neu verpachtet wurden. Der Wirt war übrigens zwei Jahre lang Koch auf einem Schiff mit 450 Passagieren und schafft es also locker, das jetzt etwas vergrößerte Lokal in gewohnter Manier zu bekochen.

Alle Speisen werden frisch gemacht, und neben der typischen, aber etwas leichteren als üblichen Hausmannskost gibt es, abhängig von der Saison, immer wieder Spezialitätenwochen.

Pontoni: Wiener Küche ohne selbstherrlichen Gestus

Pontoni

Burggasse 103
Telefon 522 38 15
täglich 11 bis 14 und 17 bis 1 Uhr
(Küche bis 24 Uhr)

Hinter dem Namen «Pontoni» verbirgt sich kein italienischer Pizzabäcker mit Vorfahren in der Brückenbaubranche. Das «Pontoni» ist vielmehr ein Beisl, in das man – allerdings nur ausgewählte – Stadtbesucher schleppt, um ihnen Wien zu zeigen. Wer beim Essen gern die Servietten rascheln hört, wird schon am Eingang wieder umkehren. Im «Pontoni» herrscht nämlich eine Gemütlichkeit, die erst bei einer gewissen Rauchdichte und beim Stimmengeräuschpegel einer aus den Fugen geratenen Vollversammlung zu wirken beginnt. Zu dieser Art von Gemütlichkeit gehört es auch, daß man nicht als Gesetzesbrecher behandelt wird, wenn man nur zum Trinken herkommt – zumal der einkehrende Besucher von einem stattlichen Schankraum begrüßt wird, der sich stolz als Epizentrum des einladend betriebsamen Lokals präsentiert.

Das heißt keineswegs, daß man hier lieber auf das Essen verzichten sollte. Ins «Pontoni» geht man weder, um seinen Freunden und dem eigenen Organismus zu zeigen, was ein richtiger Wiener Magen alles aushält, noch, um sich von den *hautes cuisiniers viennoises* die Gaumenwinkel kitzeln zu lassen. Vom reschen Wiener Schnitzel oder einem saftigen Schweinsbraten bis zum raffiniert gewürzten Hühnerfilet auf Blattsalaten präsentiert sich hier preiswerte Wiener Küche ohne jeden selbstherrlichen Gestus. Im «Pontoni» wird einem das geboten, was man sich von Mutters Küche erwartet hätte, wenn Mutter besser gekocht hätte.

Zur Stadt Krems: Ober Herbert an der Schank

Zur Stadt Krems

Zieglergasse 37
Telefon 523 72 00
Mo bis Sa 11 bis 14 und 18 bis 24 Uhr (Küche bis 22 Uhr), Oktober bis Mai
So 11 bis 15 Uhr

Der Charakter einer Stadt läßt sich am besten an ihrem Kern erkennen. In der «Stadt Krems», angesiedelt in einem alten, niedrigen Pawlatschenhaus am Schottenfeld, ist alles rund um die Küche gruppiert. Zwei Gasträume, ein Extrazimmer, dahinter eine Kegelbahn und der Garten umgeben als Vororte das lukullische Zentrum, in dem Essen vom Feinsten produziert wird. Die umfangreiche Speisekarte bietet alles, was die Wiener Gastronomie aus Böhmen, Ungarn und Italien übernommen hat, vom einfachen Blunzengröstl bis zum hochherrschaftlichen Tafelspitz. Stammgäste schätzen besonders die panierten Gustostücke; das ausgelöste Backhuhn mit Blattsalat kann man in dieser Stadt besser nicht auffinden.

Herrscher über die Gasträume ist Ober Herbert. Er hat es durch seine Auftritte bei der inzwischen eingestellten Fernsehshow «Koffer des Monats» zu österreichweiter Bekanntheit gebracht. Während er sich in dieser Sendung gefallen lassen mußte, von den dort engagierten Kabarettisten mitunter zum Objekt ihres Spotts gemacht zu werden, regiert er im «Krems» unumschränkt. Wenn ein Gast ein Viertel zu viel bestellt, hebt sich seine Augenbraue mißbilligend, und wenn die bestellte Speisenfolge so gar nicht seinen Vorstellungen entspricht, murmelt er ein sanftes «Wenn Sie meinen». So lernen die Gäste für ihr Wirtshausleben. Entziehen können sie sich nicht, dazu duftet es zu fein aus dem Zentrum der «Stadt Krems».

Die Schank der Lindenwirtin

Lindenwirtin

Gasthaus Nussbaumer

Lindengasse 43
Telefon 523 26 75
Mo bis Fr 10.30 bis 22 Uhr

Von außen recht klein und leicht zu übersehen, bietet das Gasthaus «Zur Lindenwirtin» innen einen netten Gastraum, dominiert von der zentralen Schank, die stolz und respektgebietend vis-à-vis dem Eingang den Gast in Empfang nimmt. Dieser Tresen, mächtig, als würde es sich um die Kanzel eines alten Luftschiffs handeln, von wo aus die Kapitänin mit wenigen Hebeln das Schicksal der Fahrgäste bestimmt, würde recht gut als zentrale Kontrolleinheit in einen größeren Saal passen. Hier in der Lindengasse steht er für die Großzügigkeit des Lokals und seiner Besitzer. Deutlich und klar wie das Wirtshaus selbst ist auch die Auswahl der Digestifs. Im zentralen Leitstand hängen die drei Nothelfer Scharlachberg, Obstler und Wunderlich in ihren kleinen Zapfsäulen an der Wand; allzeit bereit, ihre wohltuenden Funktionen zu erfüllen. Ćevapčići, zur Saison Eierschwammerlgerichte, Selchfleisch mit Kraut und Knödel, serbische Krautsuppe, Milzschnitten, Geflügelsuppe, Rindfleisch mit Gemüse oder griechisches (!) Schnitzel mit Schafkäsefüllung: das alles und einiges mehr findet sich auf der täglich neuen Karte der «Lindenwirtin», eines der besten alten Gasthäuser im siebten Bezirk. Das Besondere und inzwischen schon Anachronistische der Speisekarte ist, daß sie auf der Schreibmaschine getippt und mittels Blaupapier vervielfältigt wird. Kein Computerschnickschnack, kein lachender Koch aus Corel 4, kein freundliches Schnitzerl auf Rotweißrot aus Gastro 2, sondern eine einfache Nachricht, einfach vermittelt.

Rippel: Gasthaus mit allen Attributen

Rippel

Neustiftgasse 15
Telefon 523 32 49
Do bis Mo 9 bis 24 Uhr
(Küche 11.30 bis 14 und
18 bis 22 Uhr), Di, Mi Ruhetag

Am Beginn der Neustiftgasse, Ecke Faßziehergasse, signalisiert eine aufwendige «Wirtshausverkleidung» mit kunstvoller Beschriftung, daß im «Gasthaus Rippel, Inhaber Familie Skrabacz», drin ist, was draußen verheißen wird.

In den Fenstern eine üppige Mischung aus Grünpflanzen und Plastikblumen, mit einem Holzpapagei dekoriert, ist das «Gasthaus Rippel» kleiner als erwartet, aber dennoch ein richtiges Wirtshaus mit allen dazugehörigen Attributen, vom Wirtshausgulasch, bekanntlich einer der wichtigsten Gradmesser der Qualität der Küche, bis hin zum Buffet mit saurer Wurst und Preßkopf und einem runden Stammtisch in der Mitte des Lokals, mit Spielkarten, Zeitungen und allen anderen Dingen, die der Wirtshausalltag verlangt.

An der Neustiftgasse ist, wohl wegen der immer gefährlicher werdenden UV-Strahlung, nur ein ganz kleiner Schanigarten mit einigen Tischchen eingerichtet, ein guter Platz für ausgiebige Verkehrs- und Staubeobachtungen.

Ein junger Dackel demonstriert im Lokal, was er von autoritärer Erziehung hält, und einige der Stammgäste führen sich gegenseitig Zauberkunststücke vor, noch herübergerettet aus schöner Jugend und ausgelassener Kindheit, und unterhalten sich dabei ausgezeichnet. Daß dies beim «Rippel» auch ohne Zauberei möglich ist, versteht sich von selbst und wird im gut besuchten Gasthaus jeden Tag aufs neue bewiesen.

Wratschko: Gasthaus mit jungem Publikum

Wratschko

Neustiftgasse 51
Telefon 523 71 61
Mo bis Sa 17 bis 1 Uhr

Das, was früher die «Puppenstuben» waren, ist jetzt das Gasthaus «Wratschko». Einfühlsam und sensibel genug, wurde das beliebte Studentenlokal durch die Neuübernahme aber nicht wirklich verändert, lediglich die namengebenden, schon etwas lädierten Puppen, der kleine Amor und das traurige Schaukelpferd wurden entfernt und mit dem großen Vogelkäfig in der Mitte des Lokals auch das unaufhörliche Gekreische der Wellensittiche und Papageien, was allemal kein Schaden ist. Das sehr schöne Interieur, die klassische Einrichtung aber blieb erhalten.

Auch die Beliebtheit des stimmigen Lokales vornehmlich beim jungen Publikum ist geblieben und ebenso das günstige Angebot aus der typischen Beislküche. In dem überraschend großen und traditionellen Wirtshaus wird weiterhin bei Bier und Wein wild drauflosdiskutiert, als ging's um nichts anderes als die Welt. Auch die romantische Stimmung, die hier mit relativ wenig Aufwand entstehen kann, wird mit zusammengesteckten Köpfen weiterhin für zweisames Geflüster und Getuschle genutzt.

Kaiserschmarren

Zutaten für 2 Portionen	*1/2 Pkg. Vanillinzucker*
4 Eier	*Schale von 1 Zitrone*
1 1/2 EL Kristallzucker	*2 EL Rosinen*
ca. 1/8 l Milch	*3 EL Butter oder*
12 dag Mehl	*Butterschmalz*
Prise Salz	*Staubzucker*

Eier in Dotter und Klar trennen. Mehl, Salz, Vanillinzucker, geriebene Zitronenschale, Milch und Eidotter mit einem Schneebesen glattrühren. Sollten sich Knollen bilden, Teig durch ein Sieb passieren. Eiklar mit Kristallzucker zu Schnee schlagen.

Ein Drittel vom Schnee kräftig in den Teig einrühren, dann erst den restlichen Schnee locker unterheben. Durch diesen Trick verbindet sich der Schnee besonders gut mit dem Grundteig, und der Schmarren geht prächtig auf (läßt sich übrigens ganz generell beim Unterheben von Schnee verwenden).

Butter oder noch besser Butterschmalz in einer Pfanne oder Wannenform milde erhitzen (wenn die Pfanne zu heiß ist, nimmt der Schmarren auf der Unterseite zu rasch Farbe und geht nur mehr wenig auf!), Teig eingießen, mit gewaschenen Rosinen bestreuen und ein wenig anbacken. Sobald der Teig auf der Unterseite goldbraun ist, einmal oder zweimal durchschneiden und mit einer breiten Palette oder einer Teigkarte wenden. Ins vorgeheizte Rohr schieben und bei ca. 180 Grad fertigbacken (dauert ca. 5 Minuten).

Goldgelb gebackenen Kaiserschmarren aus dem Rohr nehmen, mit zwei Gabeln in kleine Stücke zerreißen. Mit Staubzucker bestreuen und servieren.

Rezept von Dietmar Fercher
Konditor in Wien (ehem. Chefpatissier im Restaurant «Korso», Backstubenleiter des «Café Central»)

Entnommen aus «Gusto»

8., Josefstadt

1. Hummer, *Lange Gasse 55, Ecke Florianigasse 19*
2. Blindengassenbeisl, *Blindengasse 16*
3. Prinz Ferdinand, *Bennoplatz 2*
4. Heidenkummer, *Breitenfelder Gasse 18*

8. JOSEFSTADT
KINDERSPITALG.
HERNALSER GÜRTEL
ALSER STRASSE
4
BREITENFELDERG.
BENNO
BENNO PLATZ
3
LAU
DONGASSE
GASSE
FLORIANIGASSE
1
LANGE
GASSE
JOSEFSTAD
ER STR.
2
LERCHENFELDER STR.

Hummer: prima Alternative zur Mensa

Hummer

Lange Gasse 55, Ecke Florianigasse 19
Telefon 408 30 38
So bis Fr 9 bis 23.30 Uhr, Sa Ruhetag

Das Gasthaus «Hummer» war schon vor Jahren ein studentischer Geheimtip für gutes, preiswertes und vor allem reichliches Essen abseits der bekannten Großschnitzelanbieter.

Heute ist der Tip nicht mehr ganz so geheim, und die Portionen sind auch nicht mehr ganz so groß, aber noch immer reichlich. Wer zum Beispiel die Hausplatte ordert, muß wissen, daß ihn Schweinsschnitzel, Kotelett, Rostbraten, Pommes frites, Reis und Buttergemüse als Garnierung erwarten – für eine Person wohlgemerkt. Für besonders Hungrige gibt es die Hausplatte für zwei Personen und eine Alufolie für das, was beim besten Willen nicht zu schaffen ist. So wie die Speisekarte einige Besonderheiten aufweist, etwa das heute nur mehr relativ selten anzutreffende «Hawai-Steak» oder ein Überraschungssteak, so vermag auch die Einrichtung des «Hummer» zu überraschen.

Der vordere Teil des Schankraums ist noch in schlichter, aber typischer Gasthausmanier eingerichtet, doch dann beginnt der Gestaltungswille der Besitzer Platz zu greifen und schafft sich mit viel dunklem Holz, gepolsterten Sessel- und Bankbezügen und einem kleinen Zierfischaquarium Raum und eine eigene, durchaus gemütliche Atmosphäre.

Aber zum «Hummer» kommt man ohnehin nicht, um zu schauen, sondern um zu essen und zu trinken. Nach einigen Besuchen hat man auch die zurückhaltend freundlichen Wirtsleute für sich gewonnen und eine wichtige Anlaufstelle für üppige Wiener Hausmannskost in seiner Kartei mehr.

Blindengassenbeisl: Beisl mit Internetanschluß

Blindengassenbeisl

Blindengasse 16
Telefon 406 52 67
Mo bis Fr 10.30 bis 23 Uhr, Sa 11 bis 15 Uhr, Oktober bis April So 11 bis 15 Uhr

Ein kleines, nettes Gasthaus, mit sicherer Hand und einigem Aufwand liebevoll eingerichtet, viel Holz an Wänden und der Schank, Holzsessel, auf denen man an schweren, fein gedeckten Tischen sitzt, da und dort ein altes Ölbild, kurz, ein Ort mit angenehmer, ruhiger Atmosphäre, dem man guten Besuch und nette Gäste wünscht. Die entsprechenden Wirtsleute hat er schon. Das «Blindengassenbeisl» gehört eindeutig zur Abteilung der etwas feineren Beisln. Was man dem kleinen Lokal nicht ansieht, steht auf der Karte. Da werden nämlich nicht nur die Tagesspezialitäten wie Hühnerleber mit frischem Thymian und Reis, Steinpilzpörkölt, Eierschwammerlgulasch, gekochtes Schulterscherzel mit Rösti, Girardi-Schnitzel mit hausgemachten Nockerln, gebackenes Schweinsfilet mit Petersilerdäpfeln oder «fleischlose Spezialitäten» wie Sauerkrautlaibchen mit Knoblauchsaft und Erdäpfeln, überbackene Spinatpalatschinken mit Schafkäse, Kärntner Kasnudeln in brauner Butter mit grünem Salat angeboten, sondern als besonderes Service wird dem modernen Gast auch gleich eine Internetadresse angegeben: http://ourworld.compuserve.com/homepages/ramon_pils. Von zu Hause oder aus dem Büro können so die momentanen Spezialitäten und Angebote abgefragt, jedoch noch nicht bestellt oder abgerufen werden. Was im übrigen auch nicht zu empfehlen wäre, denn der reale Besuch im «Blindengassenbeisl» ist der virtuellen Stippvisite in jedem Falle vorzuziehen. Zum Beispiel während der Wildwochen mit Wildpüreesuppe mit Schwarzbrotwürfeln, Hasenlauf, gedün-

Prinz Ferdinand: beste Küche in alter Umgebung

stet, mit Wurzeln und Serviettenknödel oder Wildschweinrollbraten in Wacholderrahm mit Mohnnockerln und zum Abschluß Maronicreme auf Himbeerspiegel, dazu naturtrübes Zwickelbier, Welschriesling, Roter Veltliner oder Schilcher Selection und hinterher ein Stamperl Bierbrand – allesamt gute Gründe, den Platz vor dem Computer für einige Zeit zu verlassen und sich dem Beisl blind anzuvertrauen.

Prinz Ferdinand

Bennoplatz 2
Telefon 402 94 17
Di bis So 11 bis 15 und 17.30 bis 24 Uhr, Mo Ruhetag

Das Gasthaus «Zum Prinz Ferdinand» ist zwar uralt, stand aber lange Zeit leer und wurde erst vor kurzem wiedereröffnet. Es gelang den engagierten Betreibern, die Atmosphäre des alten Beisls, das zum Teil originale Mobiliar und klarerweise auch die entsprechenden Rezepte mit zeitgemäßem Service und heutiger, verfeinerter Zubereitungsweise harmonisch zu vereinen. Da die Italiener nun mal Meister der Vorspeisen sind, nahm man sich deren Hervorbringungen gerne an, aber auch Altösterreichisches oder Steirisches kann auf der Karte durchaus vorkommen. Prinzipielle Dogmen sind allein Qualität und Stimmigkeit.

Ein lieblicher Hof lockt einen leicht aus den teils urig, teils eher feiner im Biedermeierstil eingerichteten Stuben nach draußen. Man ist verwundert, welch romantische Idyllen mitten im achten Be-

Heidenkummer: das besttemperierte Bier der Stadt

zirk noch möglich sind (obwohl eine nüchterne Neubaufront die Wermutstropfenrolle übernimmt).

Beim «Prinz Ferdinand», so genannt, weil der hier angeblich öfters seine Geliebte Sophie Chotek traf, ist es zweifellos ganz hervorragend gelungen, ein altes Gasthaus neu zu errichten.

Heidenkummer

Breitenfelder Gasse 18
Telefon 405 66 71
So bis Fr 8 bis 24 Uhr, Sa 8 bis 15 Uhr

Gemeinsam mit dem Café «Hummel» ist das Gasthaus «Heidenkummer» eine der wichtigsten gastronomischen Institutionen im 8. Bezirk: angenehme Atmosphäre, immer geöffnet, gute Küche, das besttemperierte Bier der Stadt und der Chef ein richtiger Wirt.

Das «Heidenkummer» ist kein besonders schönes oder besonders ausgestattetes Lokal, aber ein richtiges Gasthaus, mit einer kleinen Schank, an der immer jemand bei seinem Achtel oder Bier steht, einem Stammtisch und natürlich auch Geweihen und ausgestopften Vögeln an der Wand im Speiseraum.

Alle Speisen der umfangreichen Speisekarte können als besonderer Service in Alugeschirren mitgenommen werden, Anruf genügt. Die Gäste im «Heidenkummer» sind zum Großteil Stammgäste aus der Umgebung, Büros, dem AKH usw., und wer einmal Stammgast ist, hat es doppelt gut beim «Heidenkummer».

9., Alsergrund

1. Steindl, *Kinderspitalgasse 12*
2. Servitenstüberl, *Servitengasse 7*
3. D'Landsknecht, *Porzellangasse 13*
4. Stomach, *Seegasse 26*
5. Löwenhof, *Rotenlöwengasse 17*
6. Schindler, *Spittelauer Platz 1*
7. Zum Reznicek, *Reznicekgasse 10*
8. Rudi's Lichtentaler Eck (Kronika), *Newaldgasse 3*
9. Wickerl, *Porzellangasse 24a*
10. Wiener Beisl, *Berggasse 24*

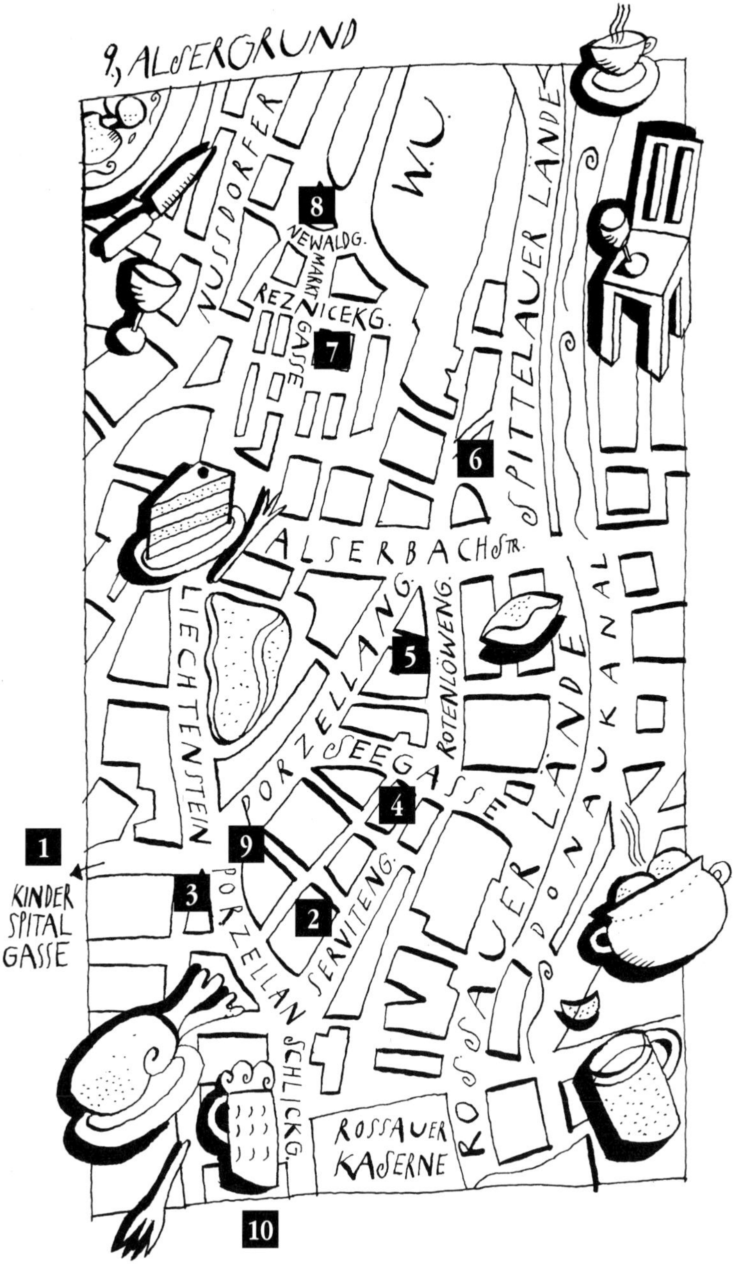
9., ALSERGRUND
NUSSDORFER
W.U.
SPITTELAUER LÄNDE
8
NEWALDG.
MARKT
REZNICEKG.
GASSE
7
6
ALSERBACHSTR.
LIECHTENSTEIN
PORZELLANG.
SEEGASSE
ROTENLÖWENG.
5
4
ROSSAUER LÄNDE
DONAUKANAL
1
KINDER SPITAL GASSE
9
3
2
PORZELLAN
SERVITENG.
SCHLICKG.
ROSSAUER KASERNE
10

Steindl: ein echtes Wiener Beisl

Steindl

Kinderspitalgasse 12
Telefon 405 66 71
Mi bis So 7 bis 24 Uhr, Mo, Di Ruhetag

Nach der Eigendefinition des Wirts ist das «Gasthaus Steindl» das letzte echte Wiener Beisl. Das letzte ist es ganz sicher nicht, aber ein echtes Wiener Beisl auf jeden Fall.

Der große Gastraum bietet das Bild eines fast noch zur Gänze ursprünglich erhaltenen Gasthauses mit dunklen Holztischen und Sesseln mit gedrechselten Beinen, holzverkleideten Wänden und einer großen Schank.

Auch von außen wird dieser Eindruck durch die große Bierwerbung über dem Eingang, die auf alte Schiefertafeln geschriebene Speisekarte und den kleinen Schanigarten verstärkt.

Um den Gast aber nicht der Gefahr einer unvorbereiteten Reise in die Vergangenheit auszusetzen, wurden auch hier einige wichtige Zugeständnisse an verschiedene Zeitgeschmäcker gemacht, ein gemusterter Klinkerboden verlegt und die Wand neben der Schank mit allen möglichen Dingen – vom Pferdehalfter über Kuhglocken bis zum Zierteller und Pußtabrunnen in Öl – gepflastert.

Von der Decke hängt ein großes Wagenrad, mit Glaskolben in Sturmlichtmanier bestückt – die Notbeleuchtung, sollten die hier sogar sechsarmigen Neonluster ihren Dienst versagen.

Zwei Extrazimmer ergänzen den Gastraum, wobei das eine sehr schön bemalte Holzverkleidungen der Wände aufweist.

Das Publikum besteht in der Mehrzahl aus Stammgästen der umliegenden Institute und Betriebe, Mitgliedern von Vereinen, die hier ihr Stammlokal haben, Künstlern und Schauspielern und immer wieder Tropenurlaubern, die sich noch kurz vor oder auch gleich nach der Imp-

Servitenstüberl: Gasthaus mit ländlicher Atmosphäre

fung im Tropeninstitut eine Stärkung beim Wirten holen.

Im «Gasthaus Steindl» werden Wiener Hausmannskost, ungarische und pannonische Spezialitäten wie Szekelygulyas, Szekelykotelett oder Esterházy-Rostbraten und Purbacher Eigenbauweine angeboten. Als besondere Kuriosität gibt es «Steindl's Sexiperle», im Viertel- oder Achtelglas ausgeschenkt, ein Getränk, dessen Wirkung im freiwilligen Selbstversuch getestet werden muß.

Servitenstüberl

Servitengasse 7
Telefon 317 53 36
Mo bis Fr 10 bis 24 Uhr,
Sa, So, Feiertag Ruhetag

Das «Servitenstüberl», seit mehr als 60 Jahren in Familienbesitz, ist ein richtiges altes Gasthaus mit einer angenehmen, nicht übertrieben urtümelnden Atmosphäre. Den Gastraum, der durch den Windfang der Eingangstür zweigeteilt wird, dominiert die große Schank. Der Einrichtung, die schon Jahre überdauert hat, merkt man die pflegliche Behandlung an, die ihr zuteil wird, und ebenso wird auch der Gast behandelt.

Die Chefin kocht Hausmannskost, Wildspezialitäten und, je nach Saison, Schwammerlgerichte oder ähnliches, auch die Fischwochen im «Servitenstüberl» sind sehr beliebt.

Der Wirt stammt aus Straß im Weinviertel, und von dort stammen auch die angebotenen Eigenbauweine.

Durch den Gastraum hindurch gelangt man in den Gastgarten, der, direkt am Servitenplatz gelegen, in dem ruhigen Grätzel um die Servitenkirche einen passenden Rahmen für einen lauen Sommerabend abgibt. Wenn dann auch noch die

D'Landsknecht: beliebter Schauspielertreff

Glocken der Servitenkirche zu läuten beginnen und aus den Lautsprechern «Mei scheanste Weis» erklingt, fühlt man sich vollends wie am Sonntag vormittag auf dem Lande ...

D'Landsknecht

Porzellangasse 13
Telefon 317 43 48
täglich 10 bis 2 Uhr

«Landsknecht Leben lustig' Leben ...», und genau so schaut es in ihrer Schenke auch aus. Das Land wird an allen Ecken und Enden zitiert oder zumindest mit dunklem Holz, rotweißem Karo auf Tischdecken und Lampenschirmchen und einem rustikal verkleideten Zigarettenautomat angedeutet.

Wenn man sich nicht zu sehr auf die Einrichtung oder auf die anderen Gäste konzentriert – zum Beispiel die beiden alten Damen, die bei jedem zweiten Bissen unter den Tisch zu kippen drohen, oder den Herren, der sich, bevor er sich in den Abend und auf sein Schnitzel stürzt, noch schnell einem Pitralonbad unterzogen hat –, kann man hier auch ganz gut und angenehm essen. Und dann sind da noch die Schauspieler vom «Wiener Broadway», die gerne zum «Landsknecht» kommen und immer ein Konterfei von sich in ihren Taschen tragen, das dann im Stüberl für «Feten, Premieren und Präsentationen» an die Wand geheftet wird.

Aber «D'Landsknecht» ist dennoch ein richtiges Gasthaus, das laut Wolfgang Weisgram nicht mit seinen Gästen, sondern in der Hauptsache trotz seiner Gäste lebt und gedeiht, und das augenzwinkernd – was immer das auch heißen mag.

Stomach

Seegasse 26
Telefon 310 20 99
Mi bis Sa 16 bis 24 Uhr,
So 10 bis 22 Uhr,
Mo, Di Ruhetag

Stomach: bekannter Geheimtip

Das «Stomach» ist kein altes Gasthaus, sondern ein gelungenes Beispiel für ein neues Lokal, dem die Tarnung als altes Beisl zu 120 Prozent gelungen ist.

Die Geschichte, wie aus dem Namen Tomasch «Stomach» und aus Herrn Tomaschs ehemaliger Fleischerei das heute vor allem seiner ausgezeichneten Küche, des angenehmen Ambientes und des kleinen, meist überfüllten Gartens im romantischen Hof wegen beliebte In-Lokal wurde, ist hinlänglich bekannt und vermag das jeweilige Gegenüber nur mehr selten zu beeindrucken.

Im «Stomach» kann man sich ruhigen Mutes der Täuschung hingeben, in einem sehr alten Wirtshaus mit sehr moderner Küche zu sitzen, befindet man sich doch in einem der ältesten Häuser der Umgebung. Wie die Möbel und der Kachelofen sind auch viele Originalrezepte und vor allem das Kernöl aus der Steiermark importiert. Zu Carpaccio vom Rindsfilet mit frischem Parmesan (zwar nicht ursprünglich steirisch, aber trotzdem ausgezeichnet), Rahmeierschwammerln mit Servietenknödel, Ziegenfrischkäseterrine mit Pesto und Tomatenscheiben, gefülltem Kürbis mit gehacktem Lamm auf Tomaten-Kernöl-Sauce oder Ragout von Hühnerbrüstchen, Kürbis und Eierschwammerln in Cognacsauce mit Blätterteighaube und ähnlichem mehr – nicht zu vergessen die Süßspeisen wie friaulischer Sauerkirschkuchen mit Zimtrahm oder Apfel-Topfen-Nockerln auf frischer Erdbeersauce – wird österreichischer Wein aus Gols, Weiden, Krems, Neudegg und Tattendorf gereicht. Hinterher gibt's Trebener, die österreichische Variante des Grappa, in Eichenfässern gelagerten Apfelbrand oder Zwetschke, Williamsbirne und steirischen Obstler.

Im «Stomach» sind Tischreservierungen nicht nur empfehlenswert, sondern absolut notwendig.

Löwenhof: Wirtshaus mit Sammelleidenschaft

Löwenhof

Rotenlöwengasse 17
Telefon 317 33 13
Mo bis Fr 10 bis 23 Uhr
(Küche bis 22 Uhr),
Sa, So, Feiertag Ruhetag

In der Rotenlöwengasse trifft man auf eine überraschende Konzentration von Antiquitätenläden, und das ist gut so. Bilden doch die Auslagen dieser Läden für den Gast des «Löwenhofs» die optimale Einstimmung darauf, was ihn im Lokal erwarten wird.

Der «Löwenhof» ist ein Gasthaus für Monarchisten und solche, die es noch werden wollen, bzw. ein Lokal für Leute, die zwar den Jagd-, nicht aber den Sammeltrieb überwunden haben und sich inmitten verschiedenster Altwarensammlungen besonders wohl fühlen.

Und gesammelt wird viel im «Löwenhof», mit offensichtlich nur einer Regel: Nie mehr als zehn Stück einer bestimmten Art. Beispielsweise zehn Nudelwalker, zehn alte, emaillierte Bierwerbungen, zehn Blumenteller, zehn Gugelhupfformen, zehn Steingut-Bierkrüge ...

Die Top-Favorits sind hier aber eindeutig Kaiser Franz Joseph und seine Sissi, die gleich mehrfach in verschiedenen Situationen abgebildet sind. Bleiben nur noch ein Riesenbild (ca. 2 x 3 Meter) mit einer Szene biedermeierlicher nachmittäglicher Vergnügungen oberhalb Wiens und der über dem Stammtisch schwebende Elefantenknochen als Erinnerung daran, daß anläßlich des Ablebens eines Zirkuselefanten 400 Kilogramm Elefantenfleisch (eine Spezialität) zu Elefantengulasch verkocht und auch verspeist wurden.

Schindler: traditioneller Gasthausstandort

Heute hat der «Löwenhof» eine engagierte Küche, in der auf gesunde und bewußte Ernährung ganz besonderen Wert gelegt wird. Der «Löwenhof» war das erste Lokal Wiens, in dem von der Kritischen Tiermedizin kontrolliertes Freilandfleisch angeboten wurde. Als Service für Gesundheitsbewußte gibt es eine kleine Speisekarte mit «herzfreundlichen Speisen» und Angaben über kcal, Fett-, Eiweiß-, Kohlenhydrate- und Cholesteringehalt. In der umfangreichen Karte des «Löwenhofs» scheinen selbstverständlich fleischlose Speisen auf, aber auch alle typischen Wiener Beislgerichte.

Und wer sich gesundheitsbewußt oder traditionell gestärkt hat, ist bereit für die letzte Offenbarung des «Löwenhofs»: das Extrazimmer.

Wer das Extrazimmer nicht gesehen hat, hat den «Löwenhof» nicht gesehen.

Schindler

Spittelauer Platz 1
Telefon 317 21 04
Mo bis Fr 5.30 bis 24 Uhr

Spittelauer Platz 1, das ist schon seit rund hundert Jahren eine sichere Adresse für ein typisches Wiener Gasthaus. Der Name und die Eigentümer haben natürlich im Laufe der Zeit gewechselt, so hieß das heutige «Schindler» einmal «Gasthaus Sommer» und später lange Zeit «Staudigl», eine legendäre Anlaufstelle für Freunde gekochter, gebratener und gebackener Innereien wie Rahmherz, Beuschel, Nierndl, Leber oder Hirn mit Ei. Durch die Jahre und unbeschadet der Namen- und Eigentümerwechsel ist die Grundintention hier aber die gleiche geblieben, nämlich ein klassisches Gasthaus mit dem typischen Angebot der Wiener Beislküche auf sehr verträglichem Preisni-

Zum Reznicek: ein echtes Dorfwirtshaus

veau zu führen. Die Gäste wissen dieses Bemühen zu schätzen. Viele von ihnen sind Pensionisten, Büro- und Bankangestellte, Bahn- und Postbedienstete, die in der Umgebung ihrem Tagwerk nachgehen. Für viele von ihnen beginnt es sehr früh am Morgen oder endet sehr spät in der Nacht. Dem trägt der «Schindler» mit seiner Öffnungszeit von 5.30 bis 24 Uhr Rechnung – das sind gute achtzehnkommafünf Stunden.

Zum Reznicek

Reznicekgasse 10
Telefon 317 91 40
So bis Fr 11 bis 24 Uhr, Sa Ruhetag

Zwischen der abweisenden Glasfassade der Wirtschaftsuni und den grauen Häusern der vom Durchzugsverkehr gequälten Liechtensteinstraße liegt ein kleines, friedliches Dorf, das Lichtental. In seinem Zentrum kämpft ein Wirt tapfer gegen den Einfluß der Schnellebigkeit. Herbert Prockl, ein stattlicher Burgenländer, steht höchstpersönlich in der Küche und bereitet dort traditionelle Wiener Speisen aus frischen Rohstoffen zu. Da hat sich der Gast mitunter ein wenig in Geduld zu üben. Wer jedoch warten kann, bis der Hausherr zweimal klingelt, darf sich auf fabelhafte gastronomische Genüsse freuen. Auch die Getränkeauswahl ist vom Feinsten. Neben offenen Bieren aus heimischen Brauereien finden sich Guinness vom Faß und Weine von so renommierten Winzern wie Stiegelmar aus Gols und Schilling aus Stammersdorf.

Das «Reznicek» ist ein echtes Dorfwirtshaus, wo die sozialen Unterschiede zwischen den Gästen aufgehoben sind, wo sich drinnen nichts ändert, auch wenn ei-

Rudi's Lichtentaler Eck: Beisl für Geübte

nem draußen die Welt auf den Kopf zu fallen droht. Hier kennt und grüßt jeder jeden, hier ergibt sich rasch ein Plauscherl an der Budel, hier werden Hochzeiten gefeiert, Promotionen und Polterabende, und hier, wo sonst, befindet sich der Sitz des «Lichtentaler Geselligkeitsvereins».

«Alsdann, Herr Ober, a klanes Gulasch, a Wieselburger und an schen Gruaß an den Chef.»

Rudi's Lichtentaler Eck

Kronika

Newaldgasse 3
Telefon 317 33 13
Mo bis Fr 6 bis 22 Uhr,
Sa, So 7 bis 13 Uhr

Jeder kennt das Gefühl: Irgend etwas muß sich ändern, irgend etwas muß geschehen. Der berühmte Tapetenwechsel steht an. Und dann wird auf Teufel komm raus umgestellt und ausgemalt, weggeräumt und aufgebaut.

Einer solchen Attacke ist in «Rudi's Lichtentaler Eck» die Schank zum Opfer gefallen. Daß das mit der tatkräftigen Unterstützung eines skrupellosen, verbrecherischen, nur am schnellen Geld interessierten Heimwerker-Ausstattungshauses geschah, ist wahrlich nicht zu übersehen. Aber alles Schlechte hat bekanntlich auch etwas Gutes, in diesem Fall war der Modernisierungsanfall schnell vorüber und vor allem nur begrenzt wirksam.

Bis auf die dem Veränderungswillen geopferte Schank stellt sich «Rudi's Lichtentaler Eck» heute als eines der ganz wenigen ursprünglichen und echten kleinen Beisln dar, die auch die entsprechende Stimmung zu vermitteln vermögen. Ur-

Wickerl: Elefant in der Porzellangasse

sprünglich wie die Einrichtung sind mitunter auch die Gäste.

«Rudi's Lichtentaler Eck» ist ein Lokal für geübte Beislgeher und sorgt bei «absolute beginners» möglicherweise für leichte Irritationen.

Wickerl

Porzellangasse 24a
Telefon 317 74 89
Mo bis Fr 8 bis 24 Uhr, Sa 8 bis 13 Uhr, So Ruhetag

Das «Gasthaus Wickerl» ist der Elefant in der Porzellangasse: gemütlich, riesengroß und völlig unbeeindruckt von der Hektik des Alltags. Es ist daher auch bestens geeignet, am (Alser-)Grund die Funktion des Bezirkswirtshauses zu erfüllen.

Zum «Wickerl» geht man, wenn man etwas erfahren oder Nachrichten in die Gasse bringen will, denn in seiner rauchgeschwängerten Luft ist alles auf Gespräch und Nähe ausgerichtet. Die Eingangstür führt direkt in die Mitte eines großen Raumes, wo man sogleich von jedem gesehen wird und selbst den Überblick hat: eine langgestreckte Schank, daneben ein Stehpult, wo unermüdlich und konditionsstark Karten gespielt wird, und schließlich große Tische, die zum Dazusetzen einladen. Im zweiten Raum gibt es auch einige intimere Nischen, und ganz hinten endlich finden Eigenbrötler ihre selbstgewählte Isolation.

Der Wirt ist meist im Lokal anzutreffen und in dieses ebenso verliebt wie seine zahlreichen Stammgäste. Er garantiert dafür, daß sich Neuerungen nur auf der Speisekarte finden. Hier lassen sich neben den traditionellen Beislgerichten schmackhafte Zugeständnisse an einen kalorienbewußten Zeitgeist und auch eine ausgezeichnete Auswahl an Weinen entdecken.

Setzen Sie sich also einmal hinein in das «Wickerl», mitten zwischen die Leut', nehmen Sie zwei, drei Viertel, und lassen Sie das abblätternde Wandbild von Dürnstein auf sich wirken. Näher kann man Wien kaum sein.

Gastzimmer im Wickerl

Wiener Beisl

Berggasse 24
Telefon 317 92 49
Mo bis Fr 9 bis 23 Uhr,
Sa 10 bis 15 Uhr

Das sympathische alte Lokal hat durch seinen langgezogenen Gastraum mit der leicht gewölbten Decke etwas von einer großen Eß- und Trinkhalle, ist jedoch durchaus gemütlich. Der Halleneindruck täuscht nicht, denn vor einigen Jahren war das heutige «Wiener Beisl» noch eines der größten Wiener Weinhäuser. Die Einrichtung ist größtenteils unverändert und sehr ursprünglich, nur die Schank wurde wenig gefühlvoll umgebaut. Von der Decke hängen mächtige Balken, an denen die Beleuchtungskörper angebracht wurden. Auch von außen gibt sich das «Wiener Beisl» mit dem kleinen Schanigarten, dem alten, eindrucksvollen Faßboden als Türrahmen des ehemaligen Eingangs und den mit Weinlaub verzierten Lampen eindeutig als Gasthaus zu erkennen. Das Beisl hat Platz für viele Gäste. Offensichtlich nehmen nicht wenige ihr Achtel im Stehen, sind doch neben dem Eingang gleich drei Stehtische sozusagen in Reihe geschaltet. Die Karte bietet traditionelle Wiener Küche mit den klassischen Speisen vom Schwein, Rind und Kalb und als Abwechslung ein umfangreiches fleischloses Angebot. Viel literarische und Schauspielprominenz war schon zu Gast, aber nur wenige der Gäste wissen, daß hier auch ein ganz berühmter Nachbar einkehrte, nämlich Sigmund Freud, dessen Wohnung nur einen Katzensprung vom heutigen «Wiener Beisl» entfernt lag.

10., Favoriten

1. Gröger, *Laxenburger Straße 69*
2. Zum Alten Beisl, *Rotenhofgasse 4*
3. Zum Hosentrager, *Antonsplatz, Ecke Neusetzgasse*
4. Buchenbeisl (Toman), *Karmarschgasse 50*
5. Meixner's Gastwirtschaft, *Buchengasse 64*
6. Zum Kärntnerwirt, *Favoritenstraße 215*
7. Leuthner, *Gudrunstraße 166a*
8. Stuppacher, *Columbusgasse 10, Ecke Quellenstraße*
9. Zum Werkelmann, *Laaer Wald 218*

10., FAVORITEN
GÜRTEL
HINTERE SÜDBAHN
JOHANNITERG.
LAXENBURGERSTRASSE
FAVORITENSTR.
SONNWENDGASSE
GUDRUNSTR.
GUDRUNSTR.
QUELLEN
REUMANN-
PLATZ
ROTENHOF GASSE
DAVID GASSE
KAR-
MARSCHG.
NEUSETZG.
SCHROTTERGASSE
ANTONS
PLATZ
FAVORITENSTR.
LAAER
WALD
SUCHEN
WIRT-
PLATZ
TROSTSTR.
1
2
3
4
5
6
7
8
9

Gröger: ein einfaches Wirtshaus

Gröger

Laxenburger Straße 69
Telefon 604 23 75
Mi bis So 9 bis 22 Uhr, Mo, Di Ruhetag

Der «Gröger» – ein altes Wirtshaus, ein Familienbetrieb, unprätentiös, ohne Schnörkel, vor Jahren renoviert, mit eindeutigen und durchaus liebenswerten 50er-Jahre-Spuren.

Im «Gröger» ist alles schlicht und einfach gehalten und insgesamt sehr stimmig, nur die relativ neue Schank paßt wie die berühmte Faust aufs Auge oder wie Bratensauce zum Wiener Schnitzel. Fürs Grätzel unverzichtbar, wird der «Gröger» hauptsächlich seiner Küche wegen besucht. Mit seiner Nüchternheit erinnert der «Gröger» eher an einen Speisesaal als an den Gastraum eines Wirtshauses, und das auch sonntags.

Zum Alten Beisl

Rotenhofgasse 4
Telefon 602 78 79
Di bis Fr 9 bis 23 Uhr, Sa 9 bis 14 Uhr, So, Mo Ruhetag

Das «Alte Beisl» in der Rotenhofgasse macht es einem, vor allem im Sommer, mitunter schwer, sich zu entscheiden – liegt es doch in unmittelbarer Nähe zu Tichys Eissalon.

Dadurch sollte man sich aber nicht öfter als einmal davon abhalten lassen, das «Alte Beisl» zu besuchen.

Herausragend schön ist es zwar nicht, ganz sicher auch noch nie gewesen, aber es ist ein richtiges Gasthaus mit Schanigarten und sogar einem zweiten, überdachten «Garten» im Hof und allem, was sonst noch dazugehört. Viel wichtiger aber ist die bekannt gute und absolut empfehlenswerte Küche des «Alten

Zum Hosentrager: Schank im tiefen Favoriten

Beisls»: z.B. Rahmherz, Nierndln, Leber, alle Wiener Spezialitäten und Hausmannsgerichte, aber auch Internationales und Fleischloses wird geboten.

Im «Alten Beisl» kocht die Chefin, und die Art ihre Küchenführung erfreut sich bereits einiger Bekanntheit, ist sie doch inzwischen auch schon – man höre und staune – dem leibhaftigen Rathausmann ein Begriff.

Zum Hosentrager

Antonsplatz, Ecke Neusetzgasse
Telefon 625 40 75
täglich 9 bis 22 Uhr

Der Antonsplatz im zehnten Bezirk ist ein unvermutet großer und beeindruckender Platz. Ebendort befindet sich das Gasthaus „Zum Hosentrager" – und das entspricht schon eher den Erwartungen.

Das „Hosentrager" ist endlich das, was man sich im 10. Bezirk unter einem Beisl vorgestellt hat: ein altes, klassisch eingerichtetes, etwas schräges Wirtshaus, in dem's sich wohlfeil essen und trinken läßt.

Im „Hosentrager" paßt alles ins Bild: der kleine Schanigarten vor dem Lokal mit der schönsten Schanigartenmöblierung Wiens, der Schankraum mit einem zum Stehtisch umfunktionierten Faß, der anschließende, etwas feinere Speiseraum, optisch leicht abgetrennt und im Ton etwas dunkler als der helle Schankraum, die Gäste, der Wirt, die Modellschiffe auf der beinahe barmäßig verspiegelten Schank, die ausgestopften Fasane an der Wand und der meistgehörte Interpret der Wiener Gasthausszene aus den Lautsprechern: Peter Alexander.

Buchenbeisl: Wiener Beisl mit Fischambitionen

Buchenbeisl

Toman

Karmarschgasse 50
Telefon 604 17 55
Mo bis Fr 8 bis 24 Uhr, Sa, So Ruhetag

Haifischsteak natur und Powidltatschkerln nebeneinander auf der Speisekarte vor dem Gasthaus angeschlagen – das klingt nach «Favoriten-Blues» und wirkt etwas eigenartig. Doch wer sich jetzt denkt: «Eh klar, Favoriten ist ja bekanntlich das Land der Seen und der Fische», denkt was Falsches oder ist ein Schelm, denn tatsächlich ist die Fischerei eine Leidenschaft, die in den Gasträumen des «Buchenbeisls» mit Trophäen und Pokalen eindrücklich dokumentiert ist. Nicht der Jagd nach dem sagenhaften Killerkarpfen in der Alten Donau, sondern ausgiebigeren Jagdausflügen gelten hier die Fischerambitionen.

Davon zeugt das Prachtstück der kleinen Trophäensammlung, ein ausgestopfter Haifisch mit der Aufschrift «Fidschi Inseln, 1981, 78 kg», der noch immer ziemlich verwirrt mit aufgerissenem Maul in die Favoritner Umgebung schaut. Außer dem leibhaftigen Hai beweisen noch einige andere ehemalige Fische, Pokale und Fotos St. Petri Jüngers Glück und Können. Daß dann Fisch auch auf der Speisekarte reichlich vertreten ist, darf niemanden mehr wundern.

Das Gasthaus selbst ist ein gutgehendes Wirtshaus, das mit seiner und für seine Umgebung lebt. Die Räume sind so wie in jedem richtigen Wirtshaus eingerichtet, wobei der zweite Gastraum von der vor ei-

Meixner's Gastwirtschaft: gastronomisches Highlight in Favoriten

nigen Jahren investierten Beislmilliarde zur Restaurierung des Lokals etwas weniger abbekommen hat und so eindeutig noch der glücklichere und schönere ist.

Meixner's Gastwirtschaft

Buchengasse 64
Telefon 604 27 10
Mo bis Fr 11 bis 23 Uhr
(Küche 11.30 bis 22 Uhr)

Ja holla, plötzlich sollen im zehnten Bezirk einige stadtbekannte Feinspitze verschwunden sein? Auf der Suche nach der Buchengasse im ihnen bislang unbekannten Favoriten spurlos verschollen? Ortskunde: vier minus, da rächt sich eben der gastronomische Zentralismus. Sollen sie weitersuchen. Dabei wäre es so einfach: Mit der U1 bis zur Endstelle Reumannplatz, und direkt hinter dem Amalienbad an der Ecke Buchengasse/Herndlgasse ist er schon, der neue Ort höchster kulinarischer Freuden. Aufs erste wirkt das gut besuchte Lokal wie ein normales, sehr bürgerliches Gasthaus. Wer aber genauer hinsieht, merkt sehr schnell, daß hier etwas Außergewöhnliches vor sich geht. Schon an der Schank warten mehr als siebzig edle Schnäpse und Brände auf die Verkostung, und dann erst diese Weinkarte, die so überhaupt nicht in das gängige Favoritenbild paßt. Doch halt, jetzt muß ja erst noch gegessen werden, deshalb sind wir ja schließlich hier, und dabei ist schon manch einer ins endlose, beinahe gesundheitsgefährdende Schwärmen geraten. Zum Beispiel der Küchenkritikpapst Wolfram Siebeck: «Was immer wir probierten, war Anlaß zum Staunen und zum Augenverdrehen. (...) das warm marinierte Lammzüngerl mit Wurzeln ist von ungewöhnlicher Leichtigkeit und Delikatesse (...). Dann aber das Lammbeuscherl! Oder die Medaillons vom Kärntner Almlamm! Das unvergeßliche geröstete Kalbshirn mit Ei!» Die Desserts sind «ein hinreißendes Finale, eine verführerische Demonstration von Leichtigkeit und Geschmackssicherheit» (Wolfram Siebeck: Die Beisln von Wien, München 1995, Seite 222) – und so weiter und so fort. Dabei wird das alles zu außerordentlich günstigen Preisen geboten und mit guter Beratung freundlich serviert. Was für ein himmlisches Beislvergnügen. Jetzt sollte nur noch die Buchengasse 64 gefunden werden. Aber Achtung, Reservierung ist unbedingt notwendig, denn inzwischen ist «Meixner's Gastwirtschaft» weit über Favoriten hinaus, vielleicht sogar bis Wanne-Eickel bekannt.

Zum Kärntnerwirt

Favoritenstraße 215
Telefon 600 29 50
Mo bis Fr 5.30 bis 21 Uhr,
Sa, So 8.30 bis 14 Uhr

Am Ende der Favoritenstraße, kurz vor dem Verteilerkreis Favoriten, der wie eine Zentrifuge (Trennschleuder) die Autos aus der oder in die Stadt schleudert, befindet sich an der stadteinwärtigen Seite der «Kärntnerwirt», ein recht großes Gasthaus mit «klassischer» Einrichtung, in dem alles dran und drin ist: von der Glasvitrine an der Schank mit Manner Schnitten, Bensdorp, Rossbachers-Magenbitter-Fläschchen, Erdnüssen und Kaugummi für den Nachhauseweg bis zur Volksmusik aus den Lautsprechern. Er ist zwar kein herausragendes Lokal, aber ein sehr guter Einstieg nach oder Abschied von Wien und beinahe schon die erste oder letzte Autobahnraststätte auf dem Weg von oder nach Kärnten. Wenn man so will, hat es auch schon ein bißchen was von einem Landgasthaus, das in den 60er Jahren renoviert und eingerichtet wurde und seither in gutem Zustand erhalten und gepflegt wird.

Als Zugeständnis an den Namen hängt quer über die ganze Länge der Schank ein Schild, verziert mit Blumen, Weinlaub, Bierkrügerln und was sonst noch zum Wirtshausleben gehört und mit einem Spruch versehen, dessen tieferer Sinn wahrscheinlich erst nach einem längeren Aufenthalt in Kärnten oder eben im «Kärntnerwirt» zu ergründen ist: «Kärntna-lei-lei loaßn, da ‹Weana› tuat a gern a guat's Tröpferl noaschn.» Daneben und darunter Eierlikör, Scharlachberg, ein altes Emailschild mit einer Werbung für Liesingerbier, das es schon seit langem nicht mehr gibt, und andere Wirtshausdekorationen.

Leuthner

Gudrunstraße 166a
Telefon 604 22 37
Mo bis Fr 8 bis 24 Uhr,
Sa, So 9 bis 22 Uhr

Das Gasthaus – oder Restaurant, wie es sich selbst nennt – «Leuthner» ist ein altes, schönes und auf den ersten Blick einigermaßen «tiefes» Favoritner Lokal, dem man mit Vorsicht und Respekt begegnen muß, und ein Beisl, das mehr als nur ein Wirtshaus ist und in besonderem Maße die Funktionen des nachbarschaftlichen Treffpunktes erfüllt.

Leuthner: typisch Favoriten

Auffällig an der ansonsten einfachen, «klassischen» und wirtshaustypischen Einrichtung ist, daß in einem Teil des Gastraumes ein etwa eineinhalb Meter hohes Podest in der Art eines Hochbettes eingebaut wurde, auf dem gesessen und getrunken wird oder bei Bedarf die Musik, z.B. die drei «Sky lines», zum Tanz aufspielt. Anmerkung eines Gastes: «Da tanzen die oidn Weiba mit de jungen Buam.»

Als Vorbereitung zu diesem Spektakel ist ein durchschnittlich relativ altes Publikum durchschnittlich relativ lustig und überdurchschnittlich heiter: Leute, denen man nicht unbedingt ihre Herkunft, aber doch einigermaßen ihre Vergangenheit ansieht, wie z.B. der älteren, noch immer aufwendig geschminkten Dame mit Perücke und grüner Plastikperlenkette und dem nicht sehr redegewandten, aber umso zielstrebigeren Galan an ihrer Seite. Die Bedienung ist, wie man so sagt, eine Seele von einer Kellnerin, obwohl sie noch ganz und gar diesseitig wirkt. Ein echter Wurlitzer und einige recht blasse Menschen, andere dafür wieder mit roten Gesichtern und an der Schank die Asbach-Uralt- und Rumflaschen komplettieren das Bild vom Favoritner Wirtshaus «vom Grund».

Ab 19 Uhr, mit Beginn der Tanzveranstaltung, wird das Achtel Wein als Musikbeitrag um zwei Schilling teurer. Einige ältere Damen erkundigen sich bereits eine Stunde vor Beginn des musikalischen Abends, wo denn die Tanzfläche eingerichtet sein würde, und sichern sich vorsorglich die besten Startplätze. Zur perfekten Einstimmung auf den Tanzabend drückt einer der Herrschaften doch tatsächlich Nena in den Wurlitzer mit «Wunder geschehen, ich hab's gesehen».

Stuppacher: traditionsbewußt seit über 85 Jahren

Stuppacher

Columbusgasse 10, Ecke Quellenstr.
Telefon 602 51 61
Mo 10 bis 22 Uhr, Di bis Fr 9 bis 22 Uhr, Sa, So Ruhetag

Das «Gasthaus Margarethe Stuppacher» ist seit mehr als 85 Jahren ein Familienbetrieb, ein angenehm ruhiges und helles Lokal mit einer schönen Schank und einfachen Einrichtung, nur gibt's hinter einer Trennwand ein Extrazimmer im wahrsten Sinne des Wortes. Hier ist etwas mit den Farben und Materialien passiert, plötzlich sind die Wände mit dunklem Holz verkleidet, die Tische rotweiß kariert gedeckt, und damit nicht genug, sind darüber noch transparente Nylontischdecken aufgelegt. Schnell wieder raus, an der Theke gibt's dafür Underberg, Brandy und Gin-Fizz.

Das «Stuppacher» ist aber auch ein Lokal für prononcierte Rapidfreunde: An der Wand ein Foto der Rapidmannschaft mit dem jungen Ernst Happel im Team und eine der bedeutendsten Sammlungen von Wimpeln der wichtigsten Rapidspiele, etwa PSV Eindhoven – Rapid 1987, Everton – Rapid 1985 im EC-Finale, Real Madrid – Rapid 1981, ein Meisterwimpel, Fotos und andere Beweise der grünweißen Anhängerschaft. Wer so viele Wimpel sammelt, braucht natürlich auch einen großen Fernsehapparat im Lokal für die Fußballübertragungen, der an gut einsehbarer Stelle steht. Ein weiteres, allerdings ganz anderes Schild bietet Blunzen- und Leberwürste zum Verkauf über die Gasse an.

Das «Stuppacher» ist ein nettes Lokal, dem man die 85 Jahre kaum ansieht, auf jeden Fall weniger als manchem seiner Gäste. Es ist zwar gealtert, hat sich aber immer ein wenig, nie zu viel, der neuen Zeit angepaßt und ist ein Gasthaus geblieben. Lediglich das Extrazimmer ist ein bißchen aus der Spur gelaufen, aber mit 85 Jahren kann sowas schon vorkommen.

Zum Werkelmann: wichtige Adresse im Böhmischen Prater

Zum Werkelmann

Laaer Wald 218
Telefon 68 71 06
Mo bis Fr 15 bis 23 Uhr,
Sa, So, Feiertag 10 bis 23 Uhr

«Anderswo ist man schick und happy. Im Böhmischen Prater ist es ganz einfach eine Lust zu leben (...). Der Böhmische Prater ist beruhigend überschaubar: er hat zwei Ufer und zwei Enden, von denen jedes gleichzeitig ein Anfang ist. Immer dann, wenn der Durst oder Hunger übermächtig zu werden droht, fügt sich mit unausweichlicher Zufälligkeit ein Wirtshaus in die Reihe der Etablissements», schreibt Alfred Komarek. Eines dieser Wirtshäuser ist der «Werkelmann».

Und der «Werkelmann» heißt nicht nur so, es gibt hier tatsächlich einen Werkelmann, den Juniorchef.

Sein Instrument steht im großen Gastraum vor dem Buffet mit Grillhendln, Schinkenfleckerln, warmen und kalten Fleischspeisen, faschierten «Laberln», Gemüseauflauf, Aufstrichen und Salaten. Im großen Gastgarten mit zum Teil überdeckten Lauben, die Bedienung im Dirndl, begehen viele fröhliche Wiener den Sonntagnachmittag und frühen -abend mit Bier und Wein, holen dazu die richtige Verpflegung und fühlen sich mit viel Schmäh, viel bunter Sonntagskleidung und Goldketterln so richtig wohl unter sich.

Wie der Böhmische Prater mit seinen alten Ringelspielen, Schiffschaukeln und dem winzigen Riesenrad ein richtiger Rummelplatz und eine ruhige Alternative zum großen Prater ist, ist auch der «Werkelmann» eine erfrischende Alternative zu Praterinstitutionen wie «Schweizerhaus» oder «Walfisch». Und ein vorzügliches Ziel für einen Sonntagsausflug in ein Wien als «Mischung aus ordinärer Unschuld und ungenierter Lebensfreude, eingehüllt in den Geruch von sonnenheißen Wiesen, Knoblauch und Pitralon».

11., Simmering

1. Pulkautaler Weinhaus, *Simmeringer Hauptstraße 42*
2. Barbanek, *Fuchsröhrenstraße 13*
3. Schwarz (Weber), *Lorystraße 44, Ecke Grillgasse*
4. Stelzenwirt, *Döblerhofstraße 20*
5. Wein- und Bierhaus Schwagerka, *Kopalgasse 5*
6. Hochleutner, *Simmeringer Hauptstraße 391*
7. Fischer, *Krausegasse 21*
8. Zum Schwarzen Adler, *Kaiserebersdorfer Straße 330*
9. Haideröslein, *Simmeringer Haide 432*

11, SIMMERING
RENNWEG
A23
ST. MARX
4
DÖBLERHOFSTRASSE
SIMMERINGER HAUPTSTRASSE
ZIPPERERSTRASSE
FUCHSRÖHRENSTR.
2
1
5
KOPALGASSE
LORYSTRASSE
KRAUSEGASSE
7
3
GRILLGASSE
9
6
8

Pulkautaler Weinhaus: ein klassisches Weinhaus

Pulkautaler Weinhaus

Simmeringer Hauptstraße 42
Telefon 749 17 68
Di bis Fr 8.30 bis 21 Uhr, Sa, So, Feiertag 8.30 bis 13 Uhr, Mo Ruhetag

Bereits am Eingang weisen große alte Tafeln in Weinhausmanier darauf hin, was einen im Inneren des Lokals erwartet, nämlich: «Weine der edelsten Sorten aus den besten Rieden aus eigenen Weingärten und Weinkellereien in Hadres.»

Nicht genug damit, ist das Lokal selbst tatsächlich ein sehr schönes, altes, großes Weinhaus, so wie ein Weinhaus im Idealfall wahrscheinlich sein muß: Ein langgezogener Raum mit einer sehr langen Schank. Entlang der Wand eine Bank. Davor alte Tische und Sessel. Ein Weinfaß als Stehtisch. In den Fenstern Milchglaseinsätze mit Weinlaub- und Weintraubenmustern. Ein großer grüner Kachelofen, ein schönes Extrazimmer samt altem Wandgemälde vom Weinheben und Weintrinken und den langen Nasen, die man davon anscheinend bekommt, und selbstverständlich viel Holz runden den Eindruck ab. Das Ganze wird, versteht sich, bestens gepflegt.

Der Hinweis auf Selbstbedienung gilt nur für «Einheimische», Fremde werden ganz normal bedient.

Vor dem Lokal laden bei entsprechender Temperatur kleine Tischchen zum Open-air-Stehachtel ein, und dort oder auch im Gasthaus selbst bestätigen die Stammgäste dem neuen Gast eins ums andere Mal das, was auch der sich denkt: Das «Pulkautaler Weinhaus» ist ein richtiges Simmeringer Wirtshaus: großzügig, günstig und immer voll, und mehr noch als das ist es ein Weinhaus, wie es nur mehr ganz wenige gibt, in Simmering und auf der ganzen Welt.

Barbanek: legendäre Gansln zu Martini

Barbanek

Fuchsröhrenstraße 13
Telefon 749 21 18
Do bis Mo 9 bis 23 Uhr,
Di, Mi Ruhetag

Das Gasthaus «Barbanek» ist beim ersten Besuch schwer zu finden. Am leichtesten geht es, wenn man von der Simmeringer Hauptstraße in die Zippererstraße einbiegt und dann einfach so lange fährt oder geht, bis man ansteht.

Während man sich dem «Barbanek» nähert, genießt man den schönen Ausblick auf die Simmeringer Gasometer.

Das Gasthaus «Barbanek» findet man aber sogar dann noch nicht besonders leicht, wenn man direkt davor steht. Denn das kleine, geduckte Haus steht, umgeben von einigen Schrebergärten, unter großen Bäumen auf der Bürgerspitalwiese.

Soviel zur Topographie. Wer allerdings einmal hingefunden hat, findet ohnedies immer wieder zum «Barbanek».

Im Inneren ist das Gasthaus «Barbanek» ein klassisches altes Wirtshaus mit viel dunklem Holz, alten Tischen und Sesseln, ohne wesentliche oder störende Veränderungen.

Aber im «Barbanek» ißt man auch noch ausgezeichnet. Bekannt ist das Lokal für seine Gansln, die es um Martini gibt und die vom Bruder des Wirts im Burgenland gezüchtet und von der Chefin so einzigartig zubereitet werden. Die sagenumwobenen Reservierungszeiten für so ein Gansl betragen inzwischen angeblich schon mehr als ein Jahr.

Neben dem Gansl gelten auch die Kaninchen- und Lammgerichte im «Barbanek» als Spezialitäten, und natürlich gibt es auch alle anderen Speisen der traditionellen Wiener Küche.

Schwarz: sichere Anlaufstelle am Wochenende

Schwarz
Weber

Lorystraße 44, Ecke Grillgasse
Telefon 749 22 56
Fr bis Di 8.30 bis 22 Uhr (Küche bis 21 Uhr), Mi, Do Ruhetag

Vor dem Lokal schwarze Tafeln mit dem täglichen Menü und einem Auszug aus der Tageskarte. Im Lokal ein gut besuchter Schankraum mit geblümter Tapete, Spielautomat und Fernseher. Dahinter ein Extrazimmer mit gedeckten Tischen: Der «Schwarz» ist ein stark frequentiertes und lebendiges Gasthaus mit einer traditionellen, guten Küche, umfangreichen Speise- und Tageskarte und Saisonspezialitäten.

Die Einrichtung des Lokals zeigt eine angenehme Mischung aus Altem und Neuem. Auch das Publikum beim «Schwarz» ist bunt gemischt. Bei Regen mischt sich unter die Stammgäste auch mitunter eine Partie Bauarbeiter, die kartenspielend eine «Schlechtwetterschicht» feiert.

Neben der Qualität, der Größe der Portionen und den günstigen Preisen überzeugt als weiterer wichtiger und sehr geschätzter Dienst am Gast beim «Schwarz» die Tatsache, daß er auch am Wochenende geöffnet hat.

Stelzenwirt

Döblerhofstraße 20
Telefon 749 21 63
Mo bis Fr 8 bis 24 Uhr, Sa, So Ruhetag

Das «Gasometergasthaus» «Zum Stelzenwirt» bietet für denjenigen, der direkt an der Gasquelle seine Gasrechnung begleichen möchte, eine gute Gelegenheit, ein Bier zu trinken, und ist mit seiner Aussicht auf die alten Gasbehälter ein Muß für Freunde historischer Industriearchi-

Stelzenwirt: Gasthaus im Gasometerschatten

tektur. Ganz nebenbei ist der «Stelzenwirt» aber auch noch ein sehr schönes altes Gasthaus mit einem großen Extraraum, mit typischer Wirtshausküche und zwei Gastgärten, einer vor dem freistehenden Haus und einer im Hof des Gasthauses, beide mit einer schon fast unwirklichen Aussicht auf zwei Gasbehälter.

Beinahe am interessantesten ist beim «Stelzenwirt» aber die Annäherung an das Lokal. Sie sollte unbedingt über die Eyzinggasse, eine der eigenartigsten Gassen der Stadt, erfolgen. Nähert man sich nämlich durch die Eyzinggasse dem «Stelzenwirt», ist zuallererst der Umriß der Gasometer zu sehen, aber nur für einen kurzen Moment, denn die eigenartige Zickzackführung der Eyzinggasse zwischen den Mauern der anschließenden niedrigen Bebauung auf der einen Seite und der Mauer entlang dem Gelände des Gaswerkes auf der anderen Seite führt immer wieder weg von der eigentlichen Richtung und bietet immer wieder einen anderen Blickwinkel auf die Gasometer. Dieses «Raumerlebnis» ist einen kleinen Umweg unbedingt wert, von der anderen Seite, über die Modecenterstraße mit ihrer modernen Betriebsbebauung, ist die Annäherung nur halb so interessant.

Wein- und Bierhaus Schwagerka

Kopalgasse 5
Telefon 748 50 99
Mo bis Fr 15 bis 22 Uhr, Sa, So Ruhetag

Umgeben von großen Gemeinde- und Genossenschaftsbauten fast aller Bauperioden, hat sich an der Kopalgasse ein altes, eingeschoßiges Häuschen mit einem schönen Garten davor erhalten, das von außen kleiner wirkt, als es innen tatsächlich ist. Das «Wein- und Bierhaus Schwagerka» mit

Wein- und Bierhaus Schwagerka: Simmering pur

seiner alten, aber schönen Einrichtung im kleinen Schankraum wird von den Simmeringern der Umgebung gerne besucht, um den vorangegangenen Tag oder was auch immer am Abend kurz zu besprechen und einige Wahrheiten loszuwerden: «Grinzing is einigschissn, ganz einfach.»

Die Schank im «Schwagerka» ist zwar auch typisch und klassisch, aber offensichtlich wurde vor Jahren, als diese wichtige Anschaffung getätigt wurde, nicht gespart und das etwas teurere und aufwendigere Modell ausgewählt, was sich bis heute bezahlt macht. An der Schank haben locker zwölf Männer Platz, radebrechend, Wein und Bier trinkend. Der an den kleinen Schankraum anschließende Saal für Veranstaltungen und Feiern ist überraschend groß und mit Grünzeug und einem Klavier ausgestattet.

Das «Schwagerka» ist ein funktionierendes gutes Beisl oder Gasthaus, das dem Fremden anfänglich ein wenig mißtrauisch gegenübertritt und ihn genau mustert; der zurückhaltende Charme der Wirtin kann erst nach mehrmaligem Besuch gewonnen werden, und das ist auch gut und üblich so. Man geht nicht einfach so nach Simmering in ein Gasthaus, setzt sich an den erstbesten freien Platz, klopft womöglich noch auf den Tisch und ruft: «I bin a Simmeringer!» Die Lokale hier verlangen eine vorsichtige und angemessene Annäherung der neuen Gäste an das gewachsene Biotop.

Hochleutner

Simmeringer Hauptstraße 391
Telefon 767 62 85
täglich 8 bis 18 Uhr

Drittes Tor, Zentralfriedhof, Eingang und Ausgang zu einer der bekanntesten Ruhestätten Europas. Direkt vis-à-vis davon, getrennt durch die Simmeringer Hauptstraße und die berühmte Straßenbahnli-

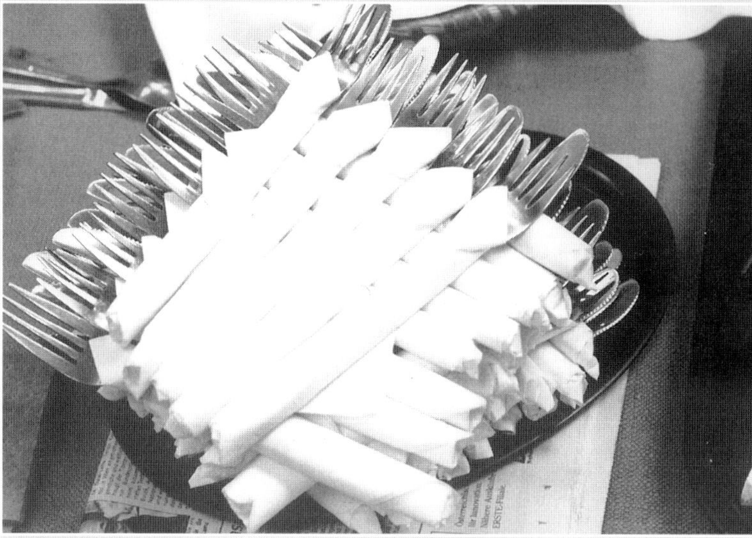

Bekannte Werkzeuge warten auf ihren Einsatz

nie 71, wartet das «Gasthaus Hochleutner», nur einen kleinen Steinwurf entfernt vom gleichnamigen Steinmetzmeister, auf Trauergäste und Besucher des Friedhofs. Für «Veranstaltungen jeder Art» stehen Gasthaus, ein großer Saal und der schöne Gastgarten jederzeit zur Verfügung. Meist handelt es sich jedoch bei den hier abgehaltenen Veranstaltungen und Feierlichkeiten um Trauerfeiern oder einen «Leichenschmaus». Die Gäste, schwarz gekleidet und blaß, lassen den «Leichenschmaus» unter dem Motto: «Diesmal waren noch nicht wir an der Reihe» hin und wieder zu einer recht fröhlichen Angelegenheit werden. Mitunter werden dabei natürlich auch alte Konflikte zu neuem Leben erweckt, und wenn dann in der trauerdurchtränkten Stimmung das eine oder andere Krügerl zuviel seinen Weg in den Rachen gefunden hat, kann es schon vorkommen, daß sich alles etwas dynamischer als vorgesehen entwickelt, aber so sind Familienangelegenheiten eben ... Trost und Sicherheit spendet da das «Hochleutner», das Leben geht weiter, kaum entfernt sich die eine Trauergruppe, nähert sich bereits die nächste. Man darf nun aber nicht glauben, daß hier nur getrauert wird, viele Gäste sind Stammgäste aus der Umgebung, Touristen und Menschen, die sich langsam dem letzten Gang annähern, sich sozusagen schluckweise an den letzten Ruheplatz herantrinken. Die Nähe zum Friedhof und damit zu den ersten und letzten Dingen des Lebens, Essen, Trinken, Sterben, gibt dem Restaurant, dem Personal und den Gästen etwas Abgeklärtes und beinahe Entrücktes, hier herrscht immer eine besondere Stimmung. Die Küche des «Hochleutner» kredenzt dazu «aus unserem burgenländischen Hühnerstall» ein halbes Backhuhn, ein Stück von der Pute und selbstverständlich, als Begleitung auf den letzten Wegen, die ganze

Fischer: klassisch und gut

Palette der Wiener Beislküche vom kleinen Gulasch zum großen Schweinsbraten mit Knödel. Zum Trost der Trauernden wird hier die einzigartige Witwentorte, eine Verwandte der Malakofftorte, angeboten: «San S' a junge Witwe? Jo? Da hamma was für Sie, des müssen S' probiern.» Wenn es schon keine «schöne Leich'» war, so kann es zumindest im Garten oder Saal des «Hochleutner» eine lustige Leich' werden, zu trauern bleibt hinterher noch alle Zeit der Welt.

Fischer

Krausegasse 21
Telefon 749 33 49
Mo bis Fr 7.30 bis 22 Uhr, So 7.30 bis 15 Uhr, Sa Ruhetag

Das «Gasthaus Fischer» ist sehr einfach und schnell zu beschreiben: ein schönes, durch und durch klassisches altes Wirtshaus mit einer entsprechenden Einrichtung, einem richtigen Extrazimmer und einem schönen großen Garten im Hof. Im ersten Gastraum führt quer durch das Zimmer das beeindruckendste Ofenrohr der ganzen Stadt.

Der Chef kocht selbst, am Sonntag zum Beispiel drei verschiedene Variationen vom Schweinslungenbraten, und die Chefin bedient. Daß der «Fischer» gut besucht ist, versteht sich von selbst, mittwochs findet immer ein «Schnitzelessen» und jeden Donnerstag ein Heurigenabend statt.

Der «Fischer» grenzt mit dem Rücken direkt an das «Mautner Markhof'sche Imperium» an. In dieser Umgebung und mit dieser Ausstattung muß ein Wirtshaus einfach gut und ein Tip sein, der nicht ins Auge oder in die Suppe gehen kann.

Schwarzer Adler: griechisch-wienerische Freundschaft

Vor dem Lokal sind auf Schiefertafeln die Tagesspezialitäten angekündigt, darunter eine eigenartig verschlüsselte Warnung: «Achtung, Riesenpußtawürstel mit Brot und Senf».

Der «Fischer» ist eines der angenehmsten Wirtshäuser in Simmering, für Nichtsimmeringer ein Geheimtip, ein richtiges Wiener Gasthaus und vor allem auch samstags und sonntags geöffnet.

Zum Schwarzen Adler

Kaiserebersdorfer Straße 330
Telefon 769 87 76
Di bis So 10 bis 24 Uhr

Ein «Schwarzer Adler» in Kaiserebersdorf in einem sehr alten Haus am ehemaligen Dorfplatz, das klingt geschichtsträchtig, sehr österreichisch und nach Monarchie. Umso mehr überrascht die Speisekarte den Gast, denn da wird eine «gute Mischung aus griechischer und österreichischer Küche» angepriesen. Das Rätsel ist schnell gelöst. Der Inhaber des «Schwarzen Adlers» stammt aus Griechenland und hat, sehr zum Vorteil des Lokals und seiner Gäste, die Küche seiner Heimat der traditionellen Wiener Beislküche zur Seite gestellt. Als Alternative zum Wiener Schnitzel oder Schweinsbraten bietet der «Schwarze Adler» nicht nur Gulasch oder Rindsbraten, sondern auch Lamm- und Grillspezialitäten und griechische Fischgerichte an. Am typischen Wiener Gasthausflair hat das nichts geändert. Der «Schwarze Adler» ist noch immer *das* Wirtshaus in Kaiserebersdorf und mit seinen großzügigen Räumlichkeiten und dem wunderbaren großen Gastgarten ein beliebter und bestens geeigneter Austragungsort für Feierlichkeiten aller Art.

Haideröslein: Schutzhaus in der Simmeringer Haide

Haideröslein

Simmeringer Haide 432
Telefon 769 71 70
Mi bis Sa 9 bis 22.30 Uhr, So, Feiertag 9 bis 20.30 Uhr, Mo, Di Ruhetag

Die Schreibweise des «Haideröslein», Haide mit «ai», ist ein erster sanfter Hinweis darauf, daß es sich hier um die Simmeringer Haide handelt. Was der Name verspricht, hält das Gasthaus dann auch, ein Gasthaus, das zur seltenen Kategorie der Schutzhäuser gehört und inmitten einer großen Kleingartenanlage gelegen ist. Automatisch fragt sich der unvoreingenommene Gast, wer hier wohl wen schützt – ob vielleicht das Schutzhaus den Kleingärtner vor plötzlich einbrechenden Unwettern schützt oder ob das Schutzhaus dem wandernden Ortsunkundigen Schutz und Rast gewährt. Wahrscheinlich trifft beides zu. Im «Haideröslein» ist aber noch etwas anderes der Fall. Es ist, wie ein Schild eindrucksvoll belegt, auch der Sitz und Schutzraum des «Jagdclubs Steinadler XI», wobei sich die Zahl elf eher auf den Bezirk (Simmering ist der elfte Wiener Gemeindebezirk) als auf die Zahl der bislang erlegten stolzen Herrscher der Lüfte beziehen dürfte. Was man in Simmering erwartet, wird einem im «Haideröslein» oder in dessen großem Gastgarten auch geboten, zum Beispiel Cola-Rot im Krügerlglas oder aber eine überraschend feine Haussulz in Essig und Öl mit einem Berg Zwiebeln dabei. Die Simmeringer sind ein sehr gerader und klarer Menschenschlag, da wird nicht lange herumgefackelt; was Sache ist, wird ohne ein Wort zuviel gesagt, dann kann darüber gesprochen werden, bei Bier und Wein. Ganz in dieser Tradition steht auch ein Aufkleber an einer Wand zu den Toiletten: «Mir reicht's» ist da zu lesen, schlicht und einfach und oft einfach richtig.

Kalbsbeuschel mit Obers

Zutaten für 4 Portionen
60 dag Kalbslunge
Wurzelwerk, bestehend aus:
1 Zwiebel
1 Karotte
2 Petersilienwurzeln
5 dag Sellerie
1 Stange Lauch

Schale einer 1/4 Zitrone
(ungespritzt)
2 mittlere Essiggurken
1 TL Kapern
1 TL Sardellen
1 Knoblauchzehe
Petersilie
1 TL Senf
1 TL Essig oder 1/16 l Wein
3 TL Essiggurkenwasser
Thymian
1 Lorbeerblatt
Salz
Pfefferkörner
1/4 l Obers oder
5 dag Mehl und
10 dag Fett (am besten Butter)

Kalbslunge gut waschen und mit der Hälfte vom Wurzelwerk, Salz, Pfefferkörnern und Lorbeerblatt in Wasser weich kochen. Rest vom Wurzelwerk fein schneiden und in Salzwasser kernig weich kochen.
Beuschel abseihen, dabei gut einen halben Liter vom Kochwasser auffangen und für später bereithalten. Beuschel auskühlen lassen und in feine Streifen schneiden. Essiggurken, Schale von 1/4 Zitrone, Kapern, Sardellen, Petersilie und Knoblauchzehe fein hacken.
Obers mit den soeben kleingehackten Geschmackszutaten aufkochen und bei mäßiger Hitze ca. 5 Minuten einkochen. Will man auf das Obers verzichten und das Beuschel nach klassischer Art zubereiten, so ersetze man das eingekochte Obers durch eine lichte Einbrenn aus ca. 10 dag Butter oder Margarine und ca. 5 dag Mehl. Rest der Zubereitung wie oben.
Als Beilage gehören zum Beuschel Semmelknödel.

Arbeitszeit: ca. 1 Stunde.

Rezept von Werner Pusswald

Entnommen aus «Gusto»

12., Meidling

1. Weidinger, *Klährgasse 3*
2. Stelzer, *Pohlgasse 21*
3. Pauser, *Koflergasse 26, Ecke Malfattigasse*
4. Wunsch, *Ehrenfelsgasse 4*
5. Zum goldenen Stern, *Breitenfurter Straße 94*

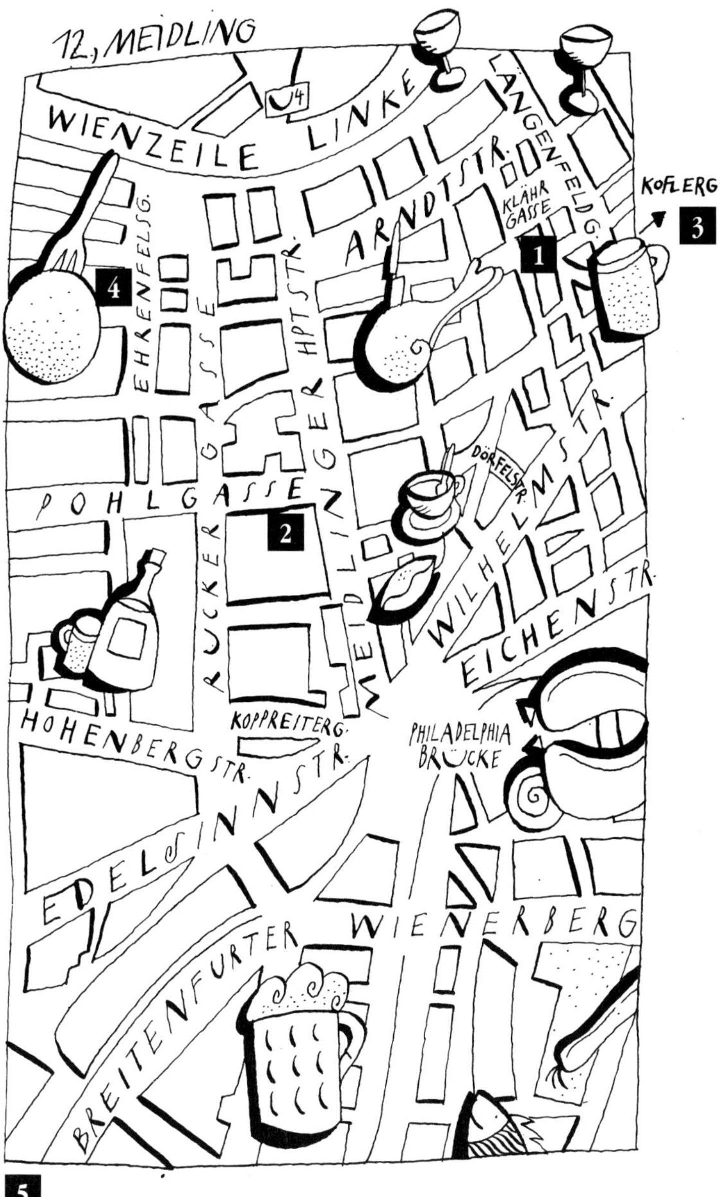
12., MEIDLING
WIENZEILE LINKE
U4
LÄNGENFELDG.
ARNDTSTR.
KLÄHR GASSE
KOFLERG.
3
1
4
EHRENFELSG.
RUCKERGASSE
MEIDLINGER HPTSTR.
DÖRFELSTR.
WILHELMSTR.
POHLGASSE
2
EICHENSTR.
HOHENBERGSTR.
KOPPREITERG.
PHILADELPHIA BRÜCKE
EDELSINNSTR.
WIENERBERG
BREITENFURTER

5

Weidinger: waidgerechtes Knusperhäuschen

Weidinger

Klährgasse 3
Telefon 815 44 66
Mo bis Fr 9 bis 24 Uhr

Das kleine, von außen recht gut getarnte Lokal ist schon aufgrund seiner durchgehend rustikalen Ausstattung, der alten, aber stilgerechten Einrichtung, einen Besuch wert. In die Lehnen der Sessel sind Herzen geschnitten, von der Decke hängen alte, schwere «Holzluster», und überhaupt wurde hier sehr viel Holz für die Einrichtung verwendet.

An den Wänden – wie könnte es in diesem kleinen Lokal anders sein – das ganze kleine Waldgetier, entweder ausgestopft oder nur mit seinem Kopfschmuck vertreten.

Insgesamt wirkt der «Weidinger» wie ein waidgerechtes Knusperhäuschen aus einer alpineren Gegend, als es der 12. Bezirk eigentlich ist. Trotzdem zählt er zu den nur mehr erstaunlich wenigen alten Wirtshäusern, die in Meidling übriggeblieben sind.

Stelzer

Pohlgasse 21
Telefon 813 34 54
Do bis Mo 9 bis 24 Uhr, Di, Mi Ruhetag

Der «Stelzer» ist, obwohl er sich Restaurant nennt, eines der wenigen echten Gasthäuser in Meidling mit einer langen Tradition und Geschichte.

Dementsprechend sind auch die Räume des Lokals ausgestattet. Zwar wurde der erste der drei Räume mit viel Geld und noch mehr dunklem Holz komplett renoviert, aber in den beiden anderen

Stelzer: «Servas, die Madln, grüß euch, die Buam»

Räumen ist die alte Wirtshauswelt noch in Ordnung, und diese Räume führen auch vor, was unter einem gutbürgerlichen Speiselokal zu verstehen ist. Was das Essen und die Getränke anbelangt, weiß man im «Stelzer» sehr genau, was man der Erwartung seiner Gäste schuldig ist. Im Schankraum zeugt die über die ganze Lokalbreite bemalte Wand von der Tatsache, daß Leopold Stelzer original Gumpoldskirchner Weine vom Weinhauer Josefine (!) Wawra ausschenkt.

Und wer hartnäckig genug ist, erfährt die herrliche Wahrheit: Hier war es also, hier hat er sein Glas Wein zu sich genommen, gegessen, sicher auch gescherzt in seiner Herrenrunde und wohl mehr als nur einmal in seiner unverkennbaren und einmaligen Art sein berühmtes, sein berüchtigtes «Servas, die Madln, grüß euch, die Buam» in den Raum geschmettert. Hier also hatte Heinz Conrads, nicht nur unseren Großmüttern in unauslöschlicher Erinnerung, sein Stammlokal.

Pauser

Koflergasse 26, Ecke Malfattigasse
Telefon 813 32 07
Mo, Di, Do, Fr 11 bis 24 Uhr, Sa, So, Feiertag 9 bis 24 Uhr, Mi Ruhetag

Das «Gasthaus Pauser» ist ein alter Familienbetrieb und ein typisches schlichtes, aber angenehmes Wirtshaus, an dem im Laufe der Zeit immer wieder Veränderungen vorgenommen wurden, jedoch nie zu Lasten des Lokals. Eine Besonderheit beim «Pauser» ist der schattige Hof-

Pauser: ein Gasthaus für jung und alt

garten; beinahe noch wichtiger ist, daß der «Pauser» eine der wenigen auch sonntags geöffneten Anlaufstellen in Meidling ist.

Das Gasthaus besteht neben dem Hofgarten aus einem großen Gastzimmer und zwei Extraräumen, die bei Bedarf bis zu 80 Personen für Feiern und Veranstaltungen Platz bieten können. Hier trifft sich, wie es so heißt, jung und alt bei Bier und Wein im Schlagschatten der Wiener Küche und unter Aufsicht des Wirtes. Ein etwa 75jähriger, mit Stock und Hörapparat, betritt das Lokal und wird vom 30jährigen Kellner fröhlich mit «Servas Charlie!» begrüßt. Der so Angesprochene, einem Schneider nicht unähnlich, bestellt ein Wurstbrot und drei Achtel Wein, gespritzt, allerdings nicht hintereinander, sondern – Motto: «Drei auf einem Schlag» – nebeneinander.

Wunsch

Ehrenfelsgasse 4
Telefon 815 62 35
Mo 9 bis 14 Uhr, Mi bis Fr 9 bis 24 Uhr,
Sa, So 9 bis 14 und 17 bis 24 Uhr,
Di Ruhetag

Das Gasthaus «Wunsch» ist eines der wenigen richtigen Gasthäuser in Meidling, die noch in ihrer ursprünglichen Form erhalten geblieben sind.

Seit Jahrzehnten im Besitz der Familie, muß man es mit seiner alten und gepflegten Einrichtung, der großen Schank, seinen Wirtshausmöbeln, Fenstern mit Milchglaseinsätzen sogar als ein besonders schönes Lokal bezeichnen.

Und auch der Wirt entspricht in Statur, Temperament und Empathie dem Bild des Wirtes schlechthin, mit leicht gerötetem Gesicht immer den Wünschen seiner Gäste auf der Spur und mit einer klassi-

Zufriedene Gäste im Gasthaus Wunsch

schen Wirtshausküche zur Stelle. Beim «Wunsch» hat man sofort das Gefühl, in einem echten Gasthaus gelandet zu sein. Wie zur Bestätigung kommt aus den Lautsprechern auch noch die Art von Musik, die man sich in einem Gasthaus erwartet.

Zum goldenen Stern: urwienerisches Original

Zum goldenen Stern

Breitenfurter Straße 94
Telefon 804 13 82
Mo bis Fr 8 bis 22 Uhr

Vis-à-vis der Bar «Cleopatra», einem altgedienten, einschlägigen Nachtlokal, hat an der Breitenfurter Straße eines der besten und feinsten netten, kleinen Wiener Beisln und Gasthäuser des zwölften Bezirks überlebt. Ein Wirtshaus, wie man es selten findet. Außer der Schank und dem kleinen Stück des davor befindlichen Fußbodens – beide nachhaltig «umgestaltet» – ist hier alles eingerichtet, wie dem Handbuch «Goldene Originale der Wiener Beisl- und Gasthauskultur» entnommen: die schönen Holztische und Sessel – da gehören auch die in die Sessellehnen geschnittenen Herzerln dazu –, der eigenwillige Holzluster, der Riemenboden, die Vorhänge und die kleine Sammlung alter Bierkrüge. Ein echter Herrgottswinkel, wo sich zum Kruzifix noch eine Madonna mit dem Kinde einfindet, die den Eindruck des Privaten im ganz und gar öffentlichen Gasthaus verstärken. Eine braune Holztüre mit Fensterchen und Vorhang, wie wir es sonst nur noch von alten Fotos kennen, trennt die Küche vom Schankraum. Vom geräumigen Gastzimmer aus gelangt man in ein Extrastüberl und auf dem Weg zu den Toiletten in den kleinen Hofgarten. Dort ruhen unter einem leichten Flugdach die mit rotweißem Karo gedeckten Tische auf strammen, unverrückbaren Betonbeinen. Ganz so, als wäre die Zeit ein bißchen stehengeblieben, tritt das kleine Wirtshaus dem Gast gegenüber und bietet dem Zeitreisenden im ersten Stock des alten Eckhauses auch noch die Möglichkeit, an diesem besonderen Ort zu nächtigen.

Der «Goldene Stern» hat nichts von fremden Galaxien an sich, sondern ist ein urwienerisches Gasthaus mit einem zwar nicht sehr originellen, aber selten treffenden Namen und sollte unter Denkmalschutz gestellt werden, wenn es dereinst daran geht, die letzten Beisln zu bewahren.

Schweinskoteletts mit gebratenem Erdäpfelsterz und Krautsalat

Zutaten für 4 Portionen	*Für den Erdäpfelsterz:*
4 Schweinskoteletts	*80 dag Erdäpfel*
Salz, Pfeffer	*3 EL Mehl*
Knoblauch, Oregano	*Butterschmalz*
Thymian, Salbei	
Lavendelblüten	*Für den Krautsalat:*
Öl, Butter	*1/2 kg Weißkraut*
Schlagobers	*Salz, Pfeffer*
Wein, Wasser	*Thymian*

Für dem Erdäpfelsterz Erdäpfel waschen, schälen, vierteln und in Salzwasser weich kochen (die Erdäpfel sollen gerade mit Wasser bedeckt sein). Geschirr vom Feuer nehmen. Die Hälfte des Wassers abgießen, Mehl auf die Erdäpfel streuen, mit einem Kochlöffelstiel Löcher in die Masse stechen, Erdäpfel abkühlen lassen. Erdäpfel zerstampfen, Masse auf eine Arbeitsfläche geben, zu einem glatten Teig verkneten und zu einem dicken Strang rollen. Teig in Scheiben schneiden, Butterschmalz erhitzen. Die Scheiben vom Erdäpfelsterz in Butterschmalz auf beiden Seiten goldbraun braten.

Für den Salat Kraut putzen, Strunk ausschneiden und Kraut feinst schneiden. In wenig Wasser bißfest dünsten, abseihen, salzen und pfeffern, mit Essig und Öl marinieren. Vor dem Servieren mit frischem Thymian vermischen.

Schweinskoteletts klopfen, Ränder einschneiden, mit Salz, Pfeffer, Knoblauch, Oregano, Thymian, Salbei und wenig Lavendelblüten würzen. Auf beiden Seiten in Öl braten. Koteletts aus der Pfanne heben. Bratfett abgießen. Ein Stück Butter zugeben, mit ein wenig Schlagobers, Wein und Wasser aufgießen und den Bratensatz vom Boden der Pfanne lösen. Schweinskoteletts mit Erdäpfelsterz, Bratensauce und Krautsalat servieren.

Rezept von Edeltraud Jamek
Restaurant «Jamek», Joching/Wachau

Entnommen aus dem «Jahrbuch der großen Küche» (Verlag Orac)

13., Hietzing

1. Maxing Stüberl, *Maxingstraße 7*
2. Schlusche, *Speisinger Straße 2*
3. Zur schönen Aussicht, *Gemeindeberggasse 71*
4. Lindwurm, *Geblengasse 44*
5. Am Hirschg'stemm, *Lainzer Tiergarten*
6. Zum Stephan, *Aubofstraße 224*

13., HIETZING
5
6
4
3
1
2
LAINZER TIERGARTEN „HIRSCHEN-GSTEMM"
GHELENGASSE
GEMEINDEBERGGASSE
WLASSAKSTR.
JAGDSCHLOSSGASSE
VEITINGERGASSE
WOLKERSBERGEN
SPOHRSTR.
LAINZER STRASSE
SPEISINGER STR.

Maxing Stüberl: «Viennese Tavern Schmankerln»

Maxing Stüberl

Maxingstraße 7
Telefon 877 55 81
Mo bis Sa 11 bis 2 Uhr,
Mai bis September So nur nach Voranmeldung geöffnet

«Entdecken Sie bei Ihrem Schloßbesuch die original Wiener Beisl-Schmankerln im 200 Jahre alten Maxing Stüberl. Discover at your visit to Schönbrunn the original ‹Viennese Tavern Schmankerln› in the 200 years old Maxing Stüberl» steht auf kleinen Plakaten vor dem Lokal und auf vierfarbigen Informationsblättern im Lokal zu lesen. «The Maxing Stüberl because of it's original Viennese atmosphere became the regular tavern for the Austrian waltz king Johann Strauß and world famous painter Egon Schiele and Viennese comedian Hans Moser.» Johann Strauß, Egon Schiele und Hans Moser sind inzwischen schon längst Stammgäste in einem anderen himmlischen Lokal, die «Viennese Tavern Schmankerln» aber erfreuen sich nach wie vor allergrößter Beliebtheit bei ausländischen und einheimischen Gästen. Da man im «Maxing Stüberl» weiß, was sich die p.t. Gästeschar von einem Wiener Beisl, zumal in unmittelbarer Umgebung des «world famous» Schloß Schönbrunn, erwartet, wird hier Wiener Musik vom Band ab- oder live aufgespielt. Zu den Spezialitäten des Hauses zählen Backhendl, Tafelspitz mit Rösti (grated potatoes), Spanferkel (young porkling) und Palatschinken. Daneben gibt es aber immer auch köstliche Tagesspezialitäten, die nicht auf der Karte stehen, sondern vom Koch oder vom Chef des Hauses persönlich vorgetragen werden wie Rindsbraten, Spanferkel mit Kraut und Erdäpfelknödel, Stelze für zwei Personen oder frische Forelle mit Bratkartoffeln. Ob es nun Fisch, Schwein oder Rind wird, beim «Maxing Stüberl» kann man sich immer auf eine besondere und umfangreiche Gaumenfreude vorbereiten. Wer allerdings nach soviel Gasthausbehaglichkeit, beschwingt von den Hausspezialitäten und der Musik, das Lokal zu schwungvoll verläßt, läuft Gefahr, weit eher als erwartet den ehemaligen Stammgästen Gesellschaft zu leisten. Direkt vor dem «Maxing Stüberl» führt die namengebende vielbefahrene Maxingstraße vorbei, eine Fährnis, die vor dem letzten Reiseachterl bedacht werden sollte.

Schlusche

Speisinger Straße 2
Telefon 804 53 94
Mi bis So 9 bis 22 Uhr (Küche 11 bis 14 und 18 bis 21 Uhr)

«Also zum Schlusche kannst du mit deiner Mutter zum Muttertag gehen», sagte mir ein in Hietzing aufgewachsener Freund, auf das Beisl neben der Verbindungsbahn in Speising angesprochen. Diese Aussage läßt nun drei Interpretationen zu:

Erstens: Dort wird so gekocht, daß auch die dritten Zähne kein Problem beim Verzehr der Speisen haben.

Zweitens: Das Beisl wird von der älteren Generation frequentiert und geschätzt.

Drittens: Auf der Speisekarte werden Sachen angeboten, mit denen die zum Ausgeführtwerden verurteilte Mutter etwas anzufangen weiß.

Es sei vorweggenommen: Alle drei Interpretationen treffen zu. Das Lokal, das auch über einen schönen Garten verfügt, teilt sich in einen Schankraum mit altem Gußeisenofen, in ein Gastzimmer mit groben Wirtshaustischen und in einen großen Speisesaal mit weiß gedeckten Tischen. An den Speisesaal schließt noch ein Extrazimmer an.

Zuallererst überrascht, daß es kein offenes Bier gibt. Aber ein Hirter-Flaschenbier ist auch nicht zu verachten. Die täglich wechselnde Speisekarte bietet von Nierndln über Hirn bis Leber viele Speisen mit Innereien. Wer ohne dieses Angebot auskommen will, hat neben Backhuhn, Putenfilet und Schweinskoteletts die bescheidene Wahl zwischen Kalbsfilet und Zwiebelrostbraten: solide Wiener Küche zu soliden Hietzinger Preisen.

Die Bedienung ist rasch, unaufdringlich und freundlich. Der Wirt kümmert sich persönlich ums Abkassieren und um seine Stammgäste.

Beim Verlassen des Lokals fällt Ihr Auge sicher auf das schöne altmodische Schild an der Tür mit der Aufschrift «Ziehen». Lassen Sie sich nicht täuschen. Sie müssen drücken, wenn Sie Ihrer Mutter anläßlich ihres Festtages die Tür aufhalten wollen.

Zur schönen Aussicht

Gemeindeberggasse 71
Telefon 804 10 87
Mi bis Sa 9.30 bis 23 Uhr,
So 9.30 bis 18 Uhr

Vis-à-vis dem St. Veiter Friedhof, auf dem – neben dem Numismatiker Ignaz Spöttl und dem Afrikaforscher Friedrich Tider – Egon und Edith Schiele begraben liegen, steht das Gasthaus «Zur schönen Aussicht».

Der Name des Lokals täuscht ein wenig, da sich zwar überall in der Umgebung ein wunderbarer Ausblick über die Stadt bietet,

Zur schönen Aussicht: «Nomen est omen»

aber ausgerechnet vom Lokal aus die Aussicht als dürftig bezeichnet werden muß, es sei denn, man ist in entsprechender Begleitung unterwegs. Und außerdem heißt das Gasthaus nicht «mit», sondern «zur» schönen Aussicht, und die bietet sich auf dem Weg zum und vom Lokal unwillkürlich.

Im Hof des Hauses findet man einen angenehmen Gastgarten. Im Wirtshaus selbst trifft ein außerordentlich netter und ursprünglich eingerichteter Gastraum mit seiner alten, rustikalen Holzausstattung sofort auf den Gemütlichkeitsknopf. Er macht einen glauben, man sitze sicher in einem Schutzhaus in den Schweizer Alpen und vor dem Fenster tobe ein Schneesturm. Stimmt aber nicht, denn vor den Fenstern, anschließend an den alten Gastraum, wurde die ehemalige Terrasse umgebaut. Sie dient heute als ganz normales, wenig aufregendes Gastzimmer mit ausflugs- und aussichtsmäßig großen Fenstern ringsum.

Lindwurm

Gehlengasse 44

Sa bis Do 10 bis 23 Uhr

Die Zeiten, in denen man der Körperertüchtigung wegen einen Hietzinger Hügel erklomm, sind längst vorbei. Zum Bergsteigen fährt man heute nach Patagonien oder zumindest ins Engadin, und wenn schon Hietzing, dann höchstens mit dem Mountainbike einmal schnell rund um den Lainzer Tiergarten. Da er seiner Berechtigung, nämlich die hungrigen Bergsteiger zu laben, aus diesen Gründen vollkommen enthoben ist, ist es an sich ein Wunder, daß es den «Lindwurm» noch gibt. Ein Wunder und ein Glück, denn selten findet man auf einem Hügel am Rande Wiens derart große und zugleich köstliche Wiener Schnitzel vom Schwein, und selten kann man beim Verzehr eines solchen derart ungestört auf eine schöne, romantische Lagerwiese sehen, die wochentags zu Mittag höchstens

Lindwurm: vollkommen ungefährlich

von dem einen oder anderen Liebespärchen oder von ein paar spielenden Kindern benützt wird.

Der Baustil des «Lindwurm» erinnert tatsächlich an eine Berghütte, doch auch die Sonne des Wiener Beckens reichte anscheinend, um das Holz der Fassade brüchig werden und die alten Soft-Drink-Blechschilder an den Wänden ausbleichen zu lassen.

Am Hirschg'stemm

Lainzer Tiergarten
Telefon 0663/299 20 80
Öffnungszeiten wetter- und saisonbedingt April bis Oktober

Endlich ein Beisl in Wien, denken Sie sich, zu dem Sie nicht mit dem Auto fahren können, eines mitten im Lainzer Tiergarten. Wenn Sie vom Lainzer Tor losmarschieren, sind Sie bei gemütlichem Gehtempo nach etwa einer Stunde am «Hirschg'stemm» und stoßen vor dem in Schönbrunner Gelb gehaltenen Wirtshaus auf – einen Haufen Autos. Der Wirt und das am Wochenende zahlreich vertretene Personal verzichten auf den Fußmarsch, denn bei schönem Wetter laufen sie sich ohnehin die Füße wund. Dann ist das von vier Riesengeweihen dominierte Wirtszimmer trotz seiner stimmigen dunklen Holzdecke leer, und alles drängt auf die sonnige Terrasse und in den riesigen Garten. Vorerst wundern Sie sich, warum die 25 fein säuberlich mit Schildern numerierten Heurigentische eingezäunt sind. Vor den am «Hirschg'stemm» vorbeihuschenden Rehen muß der Gast wohl kaum geschützt werden. Spätestens wenn die Kinder vom benachbarten Kinderspielplatz in heller Aufregung zurück zu ihren Eltern gestürzt kommen, um von den Wildschweinen draußen vor der Tür zu berichten, geht Ihnen ein Licht auf. Wenn's ums Essen geht, legen Wild-

Am Hirschg'stemm: beliebtes Ausflugslokal

schweine ihre Schüchternheit ab, und Sie beginnen den Zaun zu schätzen. Oder wollen Sie Aug' in Aug' mit einem zentnerschweren Keiler speisen?

Da ziehen Sie es wahrscheinlich vor, das Wildschwein in Form eines Bratens oder eines Gulaschs auf der Speisekarte zu finden. Aber Speisekarte gibt es nicht. Das Speisenangebot ist – wiederum fein säuberlich – auf große schwarze Tafeln geschrieben, die an den zwei riesigen Weidenbäumen des Gartens hängen.

Schnelligkeit geht hier vor. Die Qualität ist Wiener Durchschnitt. Streifen Sie auf dem Heimweg, sofern es Herbst ist, durch die Wälder, und Sie werden vielleicht über Parasole stolpern. Mit denen können Sie dann abends das Gourmetessen nachholen.

Zum Stephan

Auhofstraße 224
Telefon 877 24 02
Mi bis So 10 bis 22 Uhr

Hier in Hacking, zwischen Ober St. Veit und Nikolaiberg, an einem der vielen Enden der Stadt, befindet sich mit dem «Gasthaus Stephan» ein wichtiger Stützpunkt der Wiener Gastlichkeit. Bestückt mit einer Reihe beislnotwendiger, meist zweckfreier Gegenstände, dekoriert mit einigen Mitbringseln von diversen Jagdausflügen, vielleicht sogar aus dem nahe gelegenen Lainzer Tiergarten, umfangen Schank- und Gastraum den neuen Gast hier auf der Stelle mit der angenehmsten Gasthausstimmung. Mit der Einrichtung und Atmosphäre des «Stephan» ist das jedoch noch längst nicht erklärt. Fast ebenso wichtig, für manche wichtiger, ist die hervorragende Karte und das Angebot aus Küche und Keller. Als besondere Spezialität gibt es hier nämlich neben der bekannten Wiener Gasthausküche noch ein interessantes Angebot österreichischer Käsesorten, eine bemerkenswerte Weinkarte und zum Abschluß eine umfangrei-

Zum Stephan: Hang zum Spezialistentum

che Auswahl an feinen Schnäpsen. Gute Kühe, Ziegen und Schafe aus allen Ecken Österreichs gaben ihre Milch brav den besten Käsern, die daraus die feinsten Käse fabrizierten, welche wiederum jetzt im «Gasthaus Stephan» zum Verzehre locken. Nicht viel anders haben auch der Birnen- und Marillen-, der Apfel- und Zwetschkenbaum ihre Früchte den begabtesten Schnapsbrennern anvertraut, die sie in edle Brände verwandelten, welche sich wiederum nun gemeinsam mit dem, was sich an feinen Weinen erzeugen läßt, auf der überraschenden Karte des «Stephan» präsentieren. Die angebotene Käsepalette reicht vom Ziegen-Edelschimmelkäse bis zu der aus Magertopfen hergestellten Vorarlberger Käsespezialität, dem «Surakäs». Damit dürfte das «Gasthaus Stephan» auch die einzige derartige Abgabestelle für Surakäs jenseits des Arlbergs sein. Wer indes aus Unachtsamkeit oder Unkenntnis den Fauxpas begeht, zur ausgewählten Käsespezialität ein Cola oder Soda-Zitron zu ordern, wird von der freundlichen und kompetenten Bedienung des «Stephan» umgehend, aber bestimmt darauf hingewiesen, daß eine ganze Reihe anderer Getränke weit besser koveniert. Bei soviel Fürsorge um den Gast ist es kein Wunder, daß das «Stephan» auch sonntags geöffnet hat, was ihm tiefe Dankbarkeit und Treue der Gäste und dereinst einen sicheren Platz im Beislhimmel garantiert. Nur etwas irritiert beim «Stephan», und das ist der Name: «Gasthaus Cafe zum Stephan» steht da in großen Lettern auf die Fassade geschrieben. Was natürlich ein grober Unfug ist, denn das «Stephan» ist ein Gasthaus reinsten Wassers und nie und nimmer ein Café, zumindest aus der Sicht der Gäste.

14., Penzing

1. Zur Alten Schmiede (Kargl), *Kendlerstraße 38*
2. Zum goldenen Hirschen, *Cumberlandstraße 30*
3. Kirschenhofer, *Bahnstraße 32*
4. Prilisauer, *Linzer Straße 423*
5. Hadikstüberl, *Hadikgasse 100*
6. Peschta, *Bahnhofstraße 28*
7. Tränkerwirt (Gasthaus am Sonnenweg), *Sonnenweg 74*

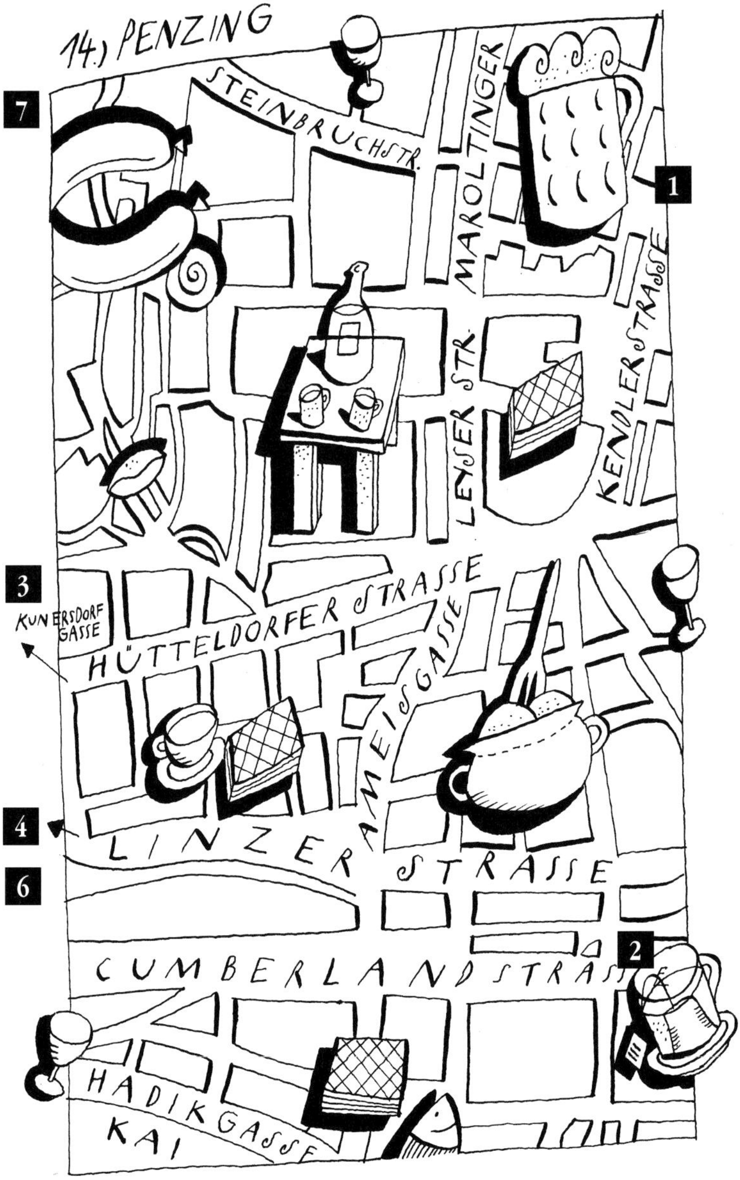
14.) PENZING
STEINBRUCHSTR.
MAROLTINGER
KENDLERSTRASSE
LEYSER STR.
HÜTTELDORFER STRASSE
KUNERSDORF GASSE
AMEISGASSE
LINZER STRASSE
CUMBERLANDSTRASSE
HADIKGASSE
KAI
7
1
3
4
6
2

Zur Alten Schmiede: «Ein froher Gast ist niemals Last»

Zur Alten Schmiede

Kargl

Kendlerstraße 38
Telefon 985 69 82
Mo bis Fr 8 bis 20 Uhr, Sa, So Ruhetag

Das alte Gasthaus in einem eingeschoßigen typischen Vorstadthaus mit einer langen Geschichte war früher tatsächlich einmal eine Schmiede.

Schon vor Jahren, als sich auf dem nahe gelegenen heutigen ÖAMTC-Gelände noch ein großer Festplatz befand, auf dem Größen wie Biron und Knapp, Wondra und Zwickl, Leila Negra, Peter Alexander und Dieta Zusa, besser bekannt als Lolita, auftraten, war die «Alte Schmiede» ein beliebtes Lokal.

Soweit hat sich nichts verändert, auch nicht an der angenehmen Gasthausatmosphäre und den vielen Stammgästen. Ein bißchen älter sind sie höchstens geworden.

Die Wände des Lokals sind ein wenig saunaartig mit hellem Holz vertäfelt und mit Versicherungen wie «Ein froher Gast ist niemals Last» versehen.

Die Küche bietet typische Hausmannskost wie Augsburger, Krenfleisch, Blunzen, Bauernschmaus, natürlich Schnitzel, ein richtiges Wirtshausgulasch und ein prima Beuschel mit Knödel. Alle Speisen sind im Gasthaus auf schwarzen Tafeln angeschrieben.

Zum goldenen Hirschen

Cumberlandstraße 30
Telefon 894 27 15
Mo bis Fr 10 bis 23 Uhr, So 8 bis 15 Uhr, Sa Ruhetag

Dem aufmerksamen Beobachter entgeht sicher nicht, daß das Gasthaus «Zum goldenen Hirschen» von außen viel größer zu sein scheint als jetzt, da man den klei-

Zum goldenen Hirschen: Rittersaal und großer Naturgarten

nen und auffällig uninteressanten Schankraum durchquert hat und im Speisesaal sitzt. Dessen Ausmaße sind zwar auch nicht gerade bescheiden – die an der Wand entlang verlaufende Holzbank läßt auf feuerwehrballmäßige Nutzung schließen –, aber alles kann das noch nicht gewesen sein. Und man wird eine absolut entzückende Pergola nach hinten hinaus vorfinden, die nur leider mit Kleintierkäfigen verstellt ist (regelmäßige Kleintierschau!), einen idyllischen und wunderschön morbiden Hof mit Gastgarten und Blick auf die Bahnstation Penzing und vielleicht sogar den düsteren Rittersaal samt Rüstungen, Ahnengalerien und Hellebarden, der aber offensichtlich nur zu ganz besonderen Gelegenheiten geöffnet wird.

Gekocht wird im «Goldenen Hirschen» trotz Rittersaal extrem bürgerlich, die Portionen sind, der Entfernung vom Zentrum entsprechend, recht groß, und die «Wiener Garnierung», das Salatblatt mit drapierten Paprikastreiferln, feiert hier ihre Urständ'.

Kirschenhofer: «Fortan sollst du Kirschenhofer heißen»

Kirschenhofer

Bahnstraße 32
Telefon 979 12 15
Fr bis Di 9 bis 22 Uhr, Mi, Do Ruhetag

Der «Kirschenhofer» ist von seiner Lage her eine klassische «Bahnhofsrestauration», denn er befindet sich vis-à-vis dem Bahnhof mit dem schönen Namen Hadersdorf-Weidlingau. Daß der Bahnhof nur ein mächtiges langes Flugdach auf alten gußeisernen Trägern ist, tut der Geschichte keinen Abbruch.

Ein Name wie Hadersdorf-Weidlingau, den man sich förmlich auf der Zunge zergehen lassen kann, ruft selbstverständlich die unterschiedlichsten Interpretationsversuche hervor, wie es zu einer derart poetischen Namengebung kommen konnte. Eine bereits vor Jahren kolportierte Geschichte trägt zwar schon einen kleinen Bart, scheint aber immer noch der glaubwürdigste Erklärungsversuch zu sein. Und zwar, laut Dagobert K.: «Ein Ritter und sein Knappe hielten auf einem ihrer Erkundungszüge eine kurze Rast. Als die Reise weitergehen soll, fragt der Ritter seinen Knappen: ‹Knappe, wo ist mein Schwert?› Der antwortet wahrheitsgetreu: ‹Da leihnt's›, worauf wiederum der Ritter sagt: ‹So soll dieser Ort fortan Lainz heißen.› Einige Zeit und einige Kilometer später, nach der zweiten Rast, wiederholt sich das Frage-Antwort-Spiel, wiederum antwortet der Knappe wahrheitsgetreu: ‹Da leihnt's›, worauf der Ritter spricht: ‹So soll dieser Ort fortan Hadersdorf-Weidlingau heißen.›»

Da die beiden ihre Rast an einer sehr angenehmen Stelle bei offenem Budweiser und einem schon damals legendären faschierten Braten hielten und sich auch sonst recht wohl fühlten, die Pferde in der nahe gelegenen Garage eingestellt hatten und sich auf den Weg zur Schnellbahn machten, rief der Ritter zum Abschied: «Fortan sollst du Kirschenhofer heißen.»

Endstation Prilisauer

Seit der Zeit befindet sich an dieser Stelle ein sehr angenehmes und schönes Gasthaus mit einem klassischen Schankraum, untrügerisch mit einigen Elementen aus den fünfziger Jahren versehen, einem modernen Speiseraum, einem kleinen Gastgarten und einer ausgezeichneten Wiener Küche mit saisonbedingten Spezialitäten auf dem Speiseplan. Kurz: ein gutes Ausflugsziel in einer interessanten Gegend.

Prilisauer

Linzer Straße 423
Telefon 979 32 28
Di 16 bis 23 Uhr, Mi bis Sa 9 bis 23 Uhr, So 9 bis 16 Uhr, Mo Ruhetag

Das Gasthaus «Prilisauer», an der Wendestelle des 49ers gelegen, stammt aus einer anderen Zeit, aus einer Zeit nämlich, als Hütteldorf gerade besiedelt wurde und als man den Sonntag damit zubrachte, mit der Bim bis zur Endstation zu fahren und dort dann der ultimativen Labung entgegenzuwandern. Doch Hütteldorfer Ausflugsrestaurants wie den «Sanften Heinrich» oder den «Schweinernen Frack» gibt es längst nicht mehr. Den «Prilisauer» hingegen schon noch, obwohl er anscheinend versucht, diese Identität und Geschichte zu verbergen, so gut es nur irgendwie geht. Das einstmals entzückende Salettl etwa wurde zu einem Musterbeispiel angewandter Alufenstertechnik, die Fassade des kleinen, gelben, alten Hauses ziert Thermoputz sowie ein Marmorportal. Im Inneren beließ man zwar die Bauernstubeneinrichtung, der Patina gab man aber von vornherein erst gar keine Chance.

Zu «Prilisauer»-Stammkunden zählen Menschen, die sich am Sonntag noch anders anziehen als die restliche Woche über und die außerdem schon damals zum «Prilisauer» gingen, als er noch lange nicht der

Schankraum beim Prilisauer

einzige, sondern ihnen einfach der liebste war. Heute ist hier schon mal ein «Freizeitanzug» genannter Trainingsanzug zu entdecken, und die Karte weist Posten wie Mozzarella oder überbackene Zucchini auf. Definieren tut sich der «Prilisauer» jedoch immer noch durch seine Wildspezialitäten, seine Wiener Küche und seinen Gastgarten samt tiefem Kies, Kastanienbäumen und rotweiß karierten Tischtüchern.

Hadikstüberl

Hadikgasse 100
Telefon 894 63 21
Mo bis Fr 11 bis 23 Uhr,
Sa 10 bis 14.30 Uhr
«Trink ihn aus den Trank der Labe
und vergiß den großen Schmerz
wundervollste Bacchus Gabe
Balsam für's zerrissen Herz»

Aber nicht nur fürs zerrissene Herz bietet das «Hadikstüberl» Balsam, wie der an die Wand gemalte Sinnspruch glaubhaft belegt. Balsam ist das ganze kleine Lokal für denjenigen, der die Wiener Beislkultur schon vom Aussterben bedroht und am Ende sieht. Das «Hadikstüberl» ist ganz einfach ein vorzügliches Gasthaus, wie man es sich typischer und besser kaum vorstellen mag. Ausgestattet wie ein Beisl mit viel Holz, ein wenig Schmiedeeisen, einem kleinen Garten an der Hadikgasse, mit saurer Wurst und Preßkopf oder Wurstbrot am Nachmittag, mit Wiener Schmankerlküche während der übrigen Zeit und mit angenehmen Wirtsleuten, bietet das «Hadikstüberl» die reine Gasthausfreude mit absoluter Stammbeislqualität. Hin und wieder fragte sich der deutsche Gast, wenn er ein Lokal wie eben das «Hadikstüberl» besuchte, weshalb der Herr in seiner Einäugigkeit gerade den Wienern das Beisl geschenkt hat, wo sie doch mit Heurigen und Kaffeehäusern bereits mehr als gut versorgt waren und

Hadikstüberl: Gasthaus mit Stammbeislqualität

es (gastronomisch) weit besser getroffen hatten als die meisten anderen Städte. Ob denn die Wiener auch wirklich zu schätzen wüßten, was sie an diesem und ähnlichen Lokalen hätten? «Natürlich wissen wir es», sagten diese und bestellten dem ängstlichen Beislfreund noch ein Krügerl Bier, bevor er sich via Westausfahrt auf die Autobahn und nach Hause, ins beisllose Heimatland begab.

Peschta

Bahnhofstraße 28
Telefon 914 42 47
Mo bis Fr 8.30 bis 24 Uhr

Für ein richtiges Gasthaus gibt es drei klassische Standorte: neben einer Kirche, in der Nähe eines Bahnhofs oder vor einem Fußballstadion. Beim Gasthaus «Peschta», in unmittelbarer Umgebung des Bahnhofs Hütteldorf und des Gerhard-Hanappi-Stadions, treffen gleich zwei von drei möglichen Standortvorteilen zusammen. Um in der Fußballersprache zu bleiben, liegt das «Peschta» also 2:1 in Führung. Da ist es auch kein Wunder, daß das, was von außen aussieht wie ein richtiges Gasthaus, sich im Inneren auch als solches entpuppt. Ein bekanntes und vertrauenerweckendes Schild weist auf Bier vom Faß jener Brauerei hin, die ihre Produkte traditionellerweise in Grün und Weiß anpreist, den Farben der im Hanappi-Stadion beheimateten Rapid. Die Speisekarte spielt alle Stückerln des typischen Wiener Gasthauses, und die Atmosphäre im «Peschta», bietet jene Ruhe und Ausgeglichenheit, die im Stadion nur an spielfreien Tagen zu finden ist. Fußball ist hier aber keinesfalls das einzige Thema, auch andere Sportarten werden diskutiert. Zum Beispiel Lotto: «Do moach i liaba an 4er ois an 5er.» «Jo, host recht, beim 5er ärgert ma seh mehr.» Nach dieser Logik wäre nicht zu spielen der ge-

Peschta: Gasthaus Rapid

ringste Ärger, was hin und wieder auch im Fußball stimmt. «Für alle, die sich mehr erwarten» ist einer Werbung vor dem Stadion zu entnehmen und kann ohne weiteres auch auf das «Peschta» übertragen werden.

Tränkerwirt

Gasthaus am Sonnenweg

Sonnenweg 74
Telefon 979 33 20
Fr bis Di 6 bis 24 Uhr (Küche 11 bis 14.30 und 17 bis 22 Uhr)

Inmitten der ehemaligen Kleingartensiedlungen am Wolfsberg, im «Wilden Westen Wiens», steht am Sonnenweg das «Gasthaus Tränkerwirt», ein nettes, kleines und fast schon intimes Wirtshaus mit viel Geschichte. Wie der «Tränkerwirt» zu seinem Namen kam und seit wann hier schon Speis und Trank ausgegeben werden darf, um den müden Wanderer und Bergsteiger zu laben, ist einem kaiserlichen Edikt zu entnehmen, das als Präambel der Speisekarte vorangestellt ist. Außer diesem kurzen historischen Exkurs bietet die Karte natürlich auch noch einiges Kulinarisches, wie Leberknödelsuppe (heiß und gut gewürzt), Geflügelsuppe (gut und gut gewürzt), Schnitzerl mit Bratkartoffeln und Salat oder auch gebratene Ente und Fasan mit Blaukraut und Waldviertler Knödeln. Für besondere Dienste zum Wohl der Gäste hat der «Tränkerwirt» auch schon einen ersten Platz in einem von steirischen Brauhäusern initiierten «Gasthaus Grand Prix» erlangt. Die diesbezügliche Urkunde verschweigt aller-

Tränkerwirt: Berggasthaus mit Bergschmäh

dings, in welchen Disziplinen. Klein wie das Gasthaus selbst ist auch der davor gelegene Schanigarten, der eigentlich kein Garten, sondern mehr eine kleine Terrasse ist. Weil aber alles so kleinteilig ist, sind auch die Straßen eher schmal. Man kommt zum Wirt am Berg also am besten zu Fuß oder mit dem eigens angeschafften Kleinwagen, da es sonst immer wieder lange Diskussionen mit anderen Autofahrern gibt, wer gerade der Berg- und wer der Talfahrende ist. In einem sehr nützlichen und bekannten Wiener Stadtmagazin («Falters Best of Vienna», Vol. 1/96) steht zum «Tränkerwirt» unter anderem Folgendes zu lesen: «Hier regiert noch ein lebendiger, unverwässerter Bergschmäh, und die Hausmannskost ist so, wie man sie sich in einem Berggasthaus nicht besser wünschen könnte.» Das mit der Hausmannskost stimmt und das mit dem Bergschmäh, dem unverwässerten, auch. Der kann dann allerdings auch so unverwässert daherkommen, daß manch Talbewohner gebirgsmäßig staunt. O-Ton Gast 1: «Wo is er denn scho wida?» Antwort Gast 2: «Der fiahrt seine Oide no ham.» Kommentar Gast 3: «Soll er s' gscheita in Wienfluß einekipp'n.» Eine Besonderheit beim «Tränkerwirt» ist auch die Umgebung und hier vor allem die kreisförmig um den Wolfsberg herum angelegten Wege. Da mündet der Sonnenweg in den Jupiterweg, der zum Saturnweg führt, von wo der Wanderer dann aus dem letzten Saturnring rausgeschleudert wird, hinein in die Knödelhüttenstraße, die ihn wieder zurück geleitet ins Tal und in die Stadt.

15., Rudolfsheim-Fünfhaus

1. Fischer's Beisl, *Mariahilfer Gürtel 15*
2. Lunzer, *Sechshauser Straße 30*
3. Quell, *Reindorfgasse 19*
4. Zum Goldenen Krug, *Märzstraße 68*
5. Heidinger, *Märzstraße 77*
6. Schutzhaus «Zukunft», *Schmelz, verlängerte Kannegasse*
7. Maria vom Siege, *Dingelstedtgasse 3*

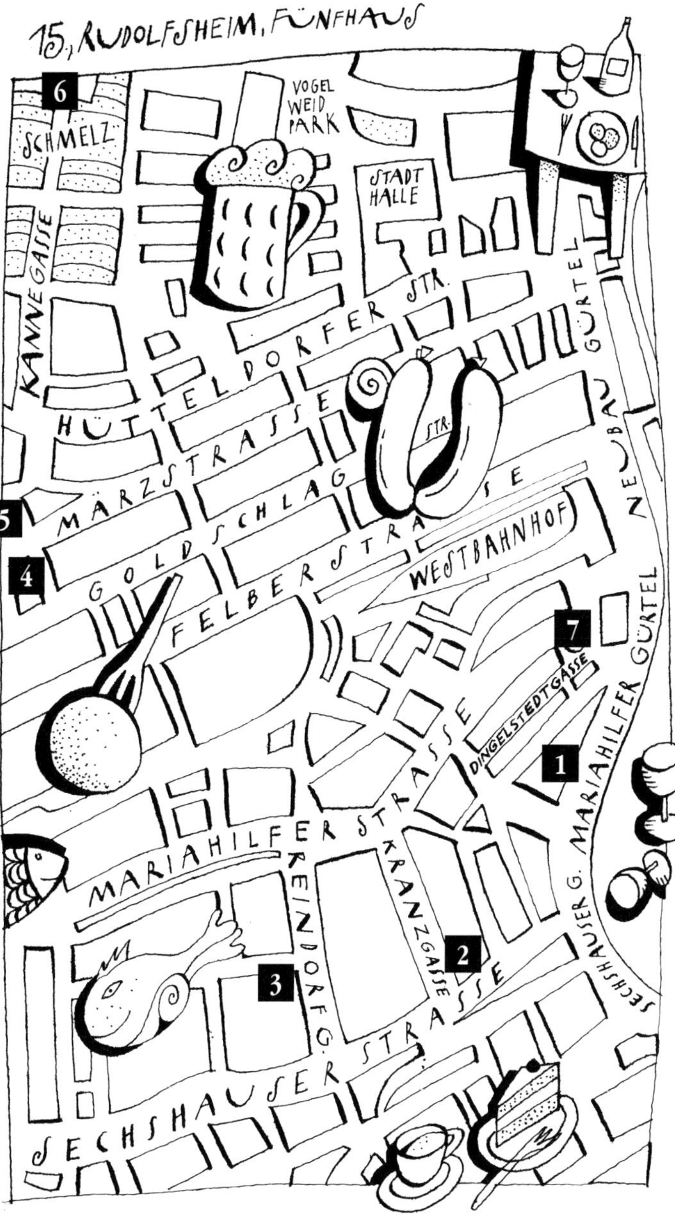

15., RUDOLFSHEIM, FÜNFHAUS
6
SCHMELZ
VOGEL WEID PARK
STADT HALLE
KANNEGASSE
HÜTTELDORFER STR.
MÄRZSTRASSE
GOLDSCHLAGSTRASSE
STR.
5
4
FELBERSTRASSE
WESTBAHNHOF
NEUBAU GÜRTEL
7
DINGELSTEDTGASSE
MARIAHILFER GÜRTEL
1
MARIAHILFER STRASSE
REINDORFG.
KRANZGASSE
2
3
SECHSHAUSER STRASSE
SECHSHAUSER G.

Fischer's Beisl: klassisches Gasthaus am Gürtel

Fischer's Beisl

Mariahilfer Gürtel 15
Telefon 893 43 81
Mo bis Fr 9 bis 15 und 17 bis 24 Uhr,
Sa, So Ruhetag

Dort, wo man es am wenigsten vermutet, nämlich am Gürtel, liegt eines der besten Gasthäuser oder Beisln des fünfzehnten Bezirks.

Seit 1936 in Familienbesitz, wird hier mit Geschichte und Tradition des Lokals behutsam umgegangen. Die Einrichtung und Ausstattung hat wohl nicht sehr viele – und wenn, dann sehr vorsichtig vorgenommene – Veränderungen erfahren, und das ist gut so, macht sie doch einen wichtigen Teil der Atmosphäre des «Fischer» aus. Da dürfen auch die Geweihe, Kuchenformen und Krüge, die Kuckucksuhr an der Wand und der Herrgottswinkel nicht fehlen.

Prägend für die Atmosphäre im «Fischer» ist auch der Wirt, Herr Fischer selbst. Er trägt jedem Gast die mit Kreide auf eine Tafel geschriebene Tageskarte an den Tisch und berät ihn natürlich auch fachgerecht über das Davor, das Dazu und das Danach.

Zum Beispiel gebackene Steinpilze oder geröstete Eierschwammerln, Tiroler Gröstel, Hirtenspieß oder Pariser Schnitzel und zum Drüberstreuen hinterher einen warmen Apfelstrudel oder einfach das Tagesmenü, dazu Kapsreiter oder Murauer vom Faß oder einen der Eigenbauweine. Auf gepflegtes Bier und Weinkultur wird hier besonderer Wert gelegt.

Die Eigenbau-Weinspezialitäten stammen aus Hohenruppersdorf und Martinsdorf im Weinviertel und lagern zum Teil im großen Weinkeller des Lokals. Als

Fischer's Beisl: Vertrauen verbindet

kleine Speise für zwischendurch steht, in heute kaum mehr anzutreffender alter Wirtshausmanier, ein Teller mit frisch gemachten Fleischlaberln auf der Schank, an dem man nicht vorbeigehen sollte. Und sehr viel Wert legt der Herr Fischer auch auf die Feststellung, daß bei ihm ein gemischtes, vor allem aber sehr gutes Publikum, zumeist Stammgäste, verkehrt.

Lunzer: Vorstadtbeisl mit speziellem Angebot

Lunzer

Sechshauser Straße 30,
Ecke Kranzgasse
Telefon 893 68 04
Mi bis Sa 9 bis 24 Uhr, So 9 bis 22 Uhr
(Küche bis 21 Uhr)

Es gibt sie also doch noch in Fünfhaus, die alten Vorstadtbeisln. Das Gasthaus «Lunzer» etwa in der Sechshauser Straße, das vom jetzigen Besitzer zwar erst seit einigen Jahren geführt wird, aber noch eindeutig in der Tradition des rund hundert Jahre alten Lokals steht. Der hohe, fast hallenartige Gastraum, in einen Schank- und einen Speiseraum unterteilt, strahlt die angenehme Atmosphäre eines alten, gut erhaltenen Wirtshauses mit holzvertäfelten Wänden, Gasthausmöblierung und einer schönen Schank aus. Auch in der Küche wird auf Qualität geachtet, neben täglich zwei Menüs sind alle typischen Gerichte vom Schwein, Rind, Kalb und Fisch auf der Speisekarte vertreten, ergänzt durch die Tagesspezialitäten, nicht zu vergessen die hausgemachten Mehlspeisen. Als Besonderheit gibt es ganzjährig Ganslbraten, Ganslsuppe und Gansleber und in den Wintermonaten aus der Hausschlachtung Blut- und Leberwürste und alles, was sonst noch auf die Schlachtplatte gehört. Der einmalige Ganslbraten und die köstlichen Germknödel haben dem «Lunzer» inzwischen zu weit über Fünfhaus hinausgehender, ja gar bis Wattenscheid reichender Berühmtheit und Beliebtheit verholfen. Der aus dem Burgenland stammende Wirt hält auch die Pflege seiner Weine hoch und schenkt neben den gängigen Tischweinen auch Welschriesling, Rheinriesling, Blauen Zweigelt, St. Laurent Barrique und die Weine des «Pannonischen Reigens» achtelweise aus der Bouteille aus.

Quell: wichtigstes Gasthaus in Rudolfsheim-Fünfhaus

Quell

Reindorfgasse 19
Telefon 893 24 07
Mo bis Fr 11 bis
24 Uhr, Sa, So, Feiertag Ruhetag

Beim «Quell» in der Reindorfgasse stimmt einfach alles: die beiden kleinen Schanigärten, die hohen Räume, der alte Holzboden, die Einrichtung, das Extrazimmer und Bauernstüberl, die Schank, die Tische und Sessel, das alte Klavier, der Herrgottswinkel, der Wirt und die Küche mit dem besten Wirtshausgulasch.

Gut besucht von vielen jungen und nicht mehr ganz so jungen Menschen, ist der «Quell» einer der wenigen wichtigen Treffpunkte im fünfzehnten Bezirk und eines der ganz wichtigen Lokale, wenn man von typischen und traditionellen Altwiener Gasthäusern spricht.

Zum Goldenen Krug

Märzstraße 68,
Ecke Huglgasse 22
Telefon 985 51 72
Mo bis Fr 9 bis 23 Uhr,
Sa 9 bis 14 Uhr,
So Ruhetag

Wirt Leopold Quell

Der «Goldene Krug» ist das, was man im fünfzehnten Bezirk anzutreffen hofft: ein gutes altes und funktionierendes Wirtshaus. Die klassische Einrichtung, die kartenspielenden oder sich laut unterhaltenden Gäste, kurz: die ganze Atmosphäre im «Goldenen Krug» legt die Vermutung nahe, daß das beim Eingang stehende alte Klavier entweder von jemandem vergessen oder von Möbelpackern gegen ein Gulasch und ein Bier in Zahlung gegeben wurde.

Hier wurde mit besonderer Sorgfalt und Liebe darauf geachtet, ein altes Lokal in seinem ursprünglichen Zustand zu erhalten und nur die notwendigsten renovatorischen Veränderungen vorzunehmen. Verantwortlich dafür ist der mit «kontemplativ» sehr treffend charakterisierte Wirt Leopold Quell.

Natürlich muß an soviel «Stimmigkeit» etwas falsch sein, denkt sich der voreingenommene Gast mit kritischem Blick, und tatsächlich, da hätten wir's: Ein großer Farbfernseher an zentraler Stelle, von der Schank gut einsehbar! War aber doch wieder nichts, denn selbst der Fernseher gehört hierher wie das Bier auf den Tisch.

Der «Goldene Krug» ist ein Arbeiterlokal, wie man es sich vorstellt, zu dessen Gästen aber natürlich auch die Kunden und das Personal des in unmittelbarer Nähe gelegenen Kaiserin-Elisabeth-Spitals zählen.

Lustigerweise ist hier sogar der «Ola»-Automat mit Schloß und Kette gesichert, als hätte schon wer versucht, den ganzen Apparat mitzunehmen.

Eine weitere Kuriosität ist der in einem großen Käfig im Schankraum sitzende Papagei, der je nach Tagesverfassung mit der Chefin spricht oder auch nicht.

Zum Goldenen Krug: Fünfhauser Arbeiterlokal

Heidinger

Märzstraße 77
Telefon 985 80 39
Mo und Do bis Sa 9 bis 22 Uhr, Di 9 bis 14 Uhr, So 8 bis 22 Uhr

Die Wiener Gründerzeit, der große Bauboom in der zweiten Hälfte des 19. Jahrhunderts, hat die Stadt gründlich verändert und ihr ihren Stempel aufgedrückt. Die rasterförmige Blockrandbebauung kennzeichnet bis heute weite Teile der außerhalb des Gürtels gelegenen Bezirke. Die Bebauungsstruktur ist geblieben. Die damalige Infrastruktur hingegen läßt sich heute oft nur mehr erahnen. Mit einiger Sicherheit kann man aber davon ausgehen, daß an beinahe jeder Ecke der großen Baublocks ein Wirtshaus oder Kaffeehaus bestand. So auch in Wien-Fünfhaus. Die Kopie eines alten Fotos an der Wand im «Gasthaus Heidinger» zeugt davon, daß da, wo heute der Herr Heidinger sein Weinhaus betreibt, schon in der Frühzeit der Fotografie ein Gasthaus stand. So wie das «Heidinger» heute aussieht, sieht es schon lange aus, und ginge es nach den Freunden der Wiener Beisln und Gasthäuser, sollte er noch lange so erhalten bleiben. Hier stimmt einfach alles. So sehen alte und gute Wirtshäuser aus. Wo alles typisch ist, ist es selbstverständlich auch die Speisekarte mit Wiener Schnitzel, Cordon bleu, Gselchtem mit Kraut und Knödel, Gulasch und Würstel mit Saft oder Marillen- und Zwetschkenknödeln, dazu ein Krügerl vom Faß oder ein Achterl Hauswein. Ganz und gar untypisch aber ist die große Auswahl an Hausschnäpsen. Sie reicht vom Ringlotten-, Zwetschken-, Trester-, Birnen-, Kricherl- und Kirsch- bis zum Hollerschnaps.

«Zukunft auf der Schmelz»

Das Schutzhaus selbst steht da wie ein Riesenschrebergartenhaus mit großen Gasträumen und ebensolchen Sälen. Die klare Form und Struktur des Schrebergartens spiegelt sich auch in der Anlage des Gastgartens wieder. In einem Raster von 13 mal 13 Reihen bieten betonierte Bank- und Tischbeine Platz und Auflagefläche für etwa 1000 Besucher.

Da wird im Schatten alter Kastanien nichts verrückt und auch nichts verschoben.

Im Schutzhaus gibt's Gegrilltes und Gebratenes, Gekochtes und Gebackenes und dazu Bier, Wein oder die heute beliebten «Wann's-des-net-gibt-geh-i-wieder-ham»-Kracherlnachfolger. Das Schutzhaus «Zukunft» ist eine schützende Insel im Sommer der Großstadt und bietet an den Wochenenden von Mai bis September als besondere Attraktion die sehr beliebten Evergreen-, Volksmusik- und Tanzveranstaltungen, z.B. jeden Sonntag «Fünf-Uhr-Tee» mit den «Rockies».

Die «Zukunft» ist aber auch ein sehr beliebter Veranstaltungsort, nicht nur für die jährliche Ausstellung des Kleintierzuchtvereins, sondern auch für Plattenpräsentationen und auch für einige legendäre Feste erklärter Nichtschrebergärtner.

Schutzhaus «Zukunft»

Schmelz, verlängerte Kannegasse
bzw. Guntherstraße
Telefon 982 01 27
Di bis So 10 bis 22 Uhr, Mo Ruhetag

Das waren noch Zeiten, als man der Zukunft eigene große Schutzhäuser baute, und das mitten in einer Schrebergartensiedlung.

Die Zukunft ist heute, das wissen wir inzwischen, nicht mehr das, was sie früher einmal hätte werden sollen, aber die Schrebergärten haben Bestand, und wenn's nach ihren Besitzern geht, auch weit über die nächsten hundert Jahre hinaus.

Maria vom Siege: typisches Wiener Beisl

Maria vom Siege

Dingelstedtgasse 3
Telefon 893 42 39
Mo bis Fr 9 bis 23 Uhr,
Sa, So, Feiertag Ruhetag

Das Gasthaus «Maria vom Siege» befindet sich gleich um die Ecke der gleichnamigen großen Kirche am Mariahilfer Gürtel, auf der schon seit Jahren ein Transparent mit einer geheimnisvollen Grußbotschaft prangt, die den aufmerksamen Stadtbenützer immer wieder aufs neue verwundert: «Es gibt einen der Dich liebt Jesus». Beinahe ebenso geheimnisvoll ist die Herkunft des Namens «Maria vom Siege» bzw. wer hier von wem besiegt wurde.

Auf dem Land wäre ein Gasthaus mit einem derart schönen Namen und in dieser Lage ein klassisches Wirtshaus zur «St. Nebenskirche», hier in der Stadt schaut alles etwas anders aus, und so ist in der Umgebung der Kirche «Maria vom Siege» neben einem der schönsten Gasthäuser der Stadt auch der verkehrsstarke Gürtel mit seinen bekannten nächtlichen Einrichtungen, Peep-Shows, Diskos etc. angesiedelt, alles Einrichtungen, die das Gasthaus «Maria vom Siege» nicht bieten kann – obwohl das «Bauernstüberl», das Extrazimmer des Lokals, mit angedrehtem Fernseher schon wie ein kleines Kino wirken kann.

Das Gasthaus «Maria vom Siege» mit Schankraum, Speisezimmer und ebenjenem kleinen Bauernstüberl ist sicher eines der typischsten Wirtshäuser in dieser Gegend und recht gut erhalten. Die Einrichtung könnte so, wie sie hier ist, ohne weiteres in einem Film über klassische Wiener Gasthäuser mitspielen. Es bleibt nur zu hoffen, daß die «Maria vom Siege» auch eine Schutzpatronin der Wirte ist, die der Verdrängung dieses alten Gasthauses durch eine neue Nutzung siegreich entgegenwirkt.

16., Ottakring

1. Zum Goldenen Pelikan (Sittl's Weinhaus), *Lerchenfelder Gürtel 51*
2. Blunzenstricker, *Ottakringer Straße 71*
3. Zur Brezn (Marktwirt), *Brunnengasse 38*
4. Zum Waldviertler, *Kirchstetterngasse 37*
5. Zum Eisernen Mann (Marik), *Hasnerstraße 56*
6. Stöbereck, Paletzgasse 26, *Ecke Lienfeldergasse*
7. Gelbmann, *Wilhelminenstraße 62*
8. Zum Bierfinken, *Friedrich-Kaiser-Gasse 69*
9. Zum guten Tropfen, *Wilhelminenstraße 1*
10. Zum Wiener, *Albrechtskreithgasse 22*
11. Villa Aurora (Predigtstuhl), *Wilhelminenstraße 237*

16., OTTAKRING
RANKGASSE
WILHELMINENSTR.
PALETZG.
ALBRECHTSKREITHG.
WATTGASSE
WATTG.
KOPP-STRASSE
FRIEDRICH-KAISERGASSE
KIRCHSTETTERNG.
PALLFFYG.
LERCHENFELDER GÜRTEL
HERNALSER GÜRTEL
1
2
3
4
5
6
7
8
9
10
11

Zum Goldenen Pelikan: Stammbeisl der Atlantikschwimmer

Zum Goldenen Pelikan

Sittl's Weinhaus

Lerchenfelder Gürtel 51
Telefon 405 02 05
Do bis Di 9.30 bis 22.30 Uhr,
Mi Ruhetag

Im «Weinhaus Sittl» sitzen und stehen die wohl blassesten Menschen der Stadt und trinken ihr Achtel. Es kann schon passieren, daß einer, von der Müdigkeit übermannt, am Tisch kurz einnickt und vom Ober, wahrscheinlich Donald Sutherlands älterer Bruder, vorsichtig wieder geweckt wird.

Alle sprechen über irgend etwas, zum Beispiel über den Atlantik, und finden dafür an der langen alten Schank genügend Platz. Falls es aber doch zu eng werden sollte, stehen noch einige uralte Stehtische bereit, wie sie sonst kaum mehr zu sehen sind.

Der große Gastraum des Ecklokals hat eine leicht gewölbte Decke und eine sehenswerte Einrichtung, die zum Teil so wirkt, als stamme sie noch aus der Zeit, als Franz de Paula Gaheis in seinen «Wanderungen und Spazierfahrten in die Gegenden um Wien» Neulerchenfeld als des «Heiligen Römischen Reiches größtes Wirtshaus» bezeichnete. Das war 1804.

Im Hof des Wirtshauses befindet sich ein schöner Gastgarten und dahinter, im ehemaligen Salettl, das «Pelikanstüberl» genannte Extrazimmer. Das gelbgrün beleuchtete Hinweisschild zu Pelikanstüberl und Gastgarten wirkt besonders magisch und hat schon so manchen am Sonntagmorgen zum ausgiebigen Frühschoppen in den Gastgarten gezogen. Ungeübte Beislgeher sollten sich vorsehen.

Blunzenstricker: die Vielfalt der Blunze

Blunzenstricker

Ottakringer Straße 71
Telefon 485 78 49
Mo bis Sa 11 bis 2 Uhr

Der Name «Blunzenstricker» beinhaltet durchaus unterschiedliche Versprechen. Der unbedarfte Gast denkt hier zunächst natürlich an Blutwurst – und ein Blick auf die Speisekarte bestätigt die Annahme. Die «Blunzen» spielt hier die tragende Mehrfachhauptrolle, umgeben von anderen beliebt-berüchtigten Haupt- und Nebendarstellern der Wiener Küche. Obwohl die sehr üppig portionierten Speisen kaum auf nachfolgendes bezirksüberschreitendes Interesse stoßen dürften, ist ihr Fettgehalt in den letzten Jahren so weit herabgesetzt worden, daß man nach dem Verzehr einer «Blunzen» (theoretisch) noch zu einem Bezirkswechsel imstande ist. Im Stück betrachtet, bedeutet der Begriff «Blunzenstricker» soviel wie «ungeschickter Mensch». Läßt man den Koch noch einmal ungeschoren davonkommen, kommt diese Bezeichnung nur mehr für den Ausstatter in Frage. Mit seiner Endlostheke und den schummrigen Fluchten ist das Lokal eine eigenartige Mischung aus Saloon und edel verkommenem Vorstadtlokal. Als Deckenschmuck bewundert man neben vergilbten Zeitungen funktionslose Holztüren; die Wände sind mit alten Filmprogrammen und Vinylscheiben tapeziert; und ein Spielautomat gehört ebenso zur atmosphäreprägenden Gerätestaffel wie mehrere formidable Antiquitäten aus Küche und Keller.

«Blunzen» heißt schließlich soviel wie «egal sein». Wer im «Blunzenstricker» nach einer frühabendlichen Stunde der Verlorenheit zusieht, wie diese Skurrilitätenhalle nach Geschäftsschluß schlagartig zum lebendigen Beisl wird, und obendrein noch vom ausnehmend freundlichen Personal das Gefühl vermittelt bekommt, als Freund unter Freunden willkommen zu sein, dem ist es mit Sicherheit «Blunzen», was die Gaststätte bei nüchterner Betrachtung hergibt.

Zur Brezn

Marktwirt

Brunnengasse 38
Telefon 406 81 62
Mo bis Sa 7 bis 24 Uhr

Im Wiener Volksmund ist mit einer Brezn, die man *reißt,* fast häufiger der Sturz mit dem Fahrrad oder neuerdings auch mit Inline-Skates gemeint als das gleichnamige Gebäck, das sich so wunderbar zum Bier essen läßt (die Brezn, die man *beißt*). Nomen est omen, dank einer wunderbaren Fügung war der Gasthof «Zur Brezn» am Brunnenmarkt im Jahre 1899 auch der Gründungsort des Verbands der Arbeiterradfahrvereine Österreichs, des heutigen ARBÖ. Zu dieser Zeit war auch noch der fahrradmäßige Breznriß ein weitverbreitetes Phänomen und ein erstaunliches Gaudium für jene, die schon immer wußten, daß die Sache mit den Fahrrädern ganz sicher keine Zukunft haben würde. Ungleich einfacher als bei Henne und Ei ist bei Fahrrad und Brezn die Frage zu beantworten, wer zuerst da war. Es war ganz eindeutig das Fahrrad, und erst dann kam die erste Brezn. Schon schwieriger hingegen ist es mit der Frage, ob zuerst das Gasthaus «Zur Brezn» diesen wunderbaren Namen trug oder ob sich erst einige Arbeiterradfahrvereinsmitglieder mit Brezn und Stern vor dem Gründungslokal ihrer Standesvertretung einbremsen mußten, um dem Gasthaus zu diesem Namen zu verhelfen. Sei es, wie es sei, diese Frage versucht der Gast wohl am besten selbst zu klären, denn immerhin sind Gasthäuser, und erst recht Beisln, Orte der spontanen Kommunikation. Kommuniziert wird, so es das Wetter zuläßt, am angenehmsten im großen Schanigarten. Nur durch einen ranchmäßigen Holzzaun vom Treiben am Brunnenmarkt getrennt, erholt man sich hier bei Bier, Spritzwein oder Sturm vom Einkauf am Markt, bereitet sich auf selbigen vor oder ist froh, daß ihn schon wer erledigt hat. Als Alternative locken im ganz und gar reizlosen Gastraum zwei Spielautomaten mit der Versuchung, das Haushaltsgeld vielleicht zu verdoppeln. Auch wenn man nicht zum Essen in die «Brezn» kommt, wird man hier getränkemäßig und atmosphärisch sicher beisltypisch versorgt und bekommt auch etwas von dem Marktbeisln eigentümlichen Fluidum und Zartsinn mit. Frage: «Dearf i mi zu diar setz'n?» Antwort: «Na danke, mir geht's guat.»

Zum Waldviertler

Kirchstetterngasse 37
Telefon 494 42 95
Mo bis Sa 8 bis 24 Uhr, So Ruhetag

Schon seit 1879 gibt es an der Adresse des heutigen Gasthauses «Zum Waldviertler» ein Wirtshaus. Einer der Besitzer des Lokals war ein Onkel Josef Weinhebers. Auch Josef Weinheber selbst wohnte hier eine Zeitlang und half mitunter in der Gastwirtschaft seines Onkels aus.

Diese lange Geschichte ist der Einrichtung des Lokals nicht mehr anzusehen.

Zum Waldviertler: Wo schon Josef Weinheber Wein hob

Der «Waldviertler» wurde vor Jahren im Rahmen der alten Struktur von Grund auf erneuert und strahlt heute eine nette, fast wohnzimmerartige Atmosphäre aus, wäre da nicht die große Schank, an der sich das Ottakringer Wirtshausleben wie eh und je abspielt.

Da kommt einer rein, bestellt ein Achtel oder ein Seidel, spricht kurz mit dem einen oder anderen Gast, schaut, wer noch da ist, erkennt wen, der schon lange nicht mehr hier war: «Du woarst doch beim Trünkel früher» – und geht auch schon wieder – zur Arbeit, einkaufen oder nach Hause.

Die Küche des «Waldviertler» bietet außer der üblichen Hausmannskost natürlich Waldviertler Spezialitäten und deftige Mehlspeisen.

Neben Gastraum, großem Extrazimmer und -stüberl ist dem «Waldviertler» ein weiterer, espressoartiger Gastraum angegliedert. Nach einem Kaffeehaus waren hier hintereinander ein Kohlenhändler, ein Geflügelhändler und ein Fleischhauer einquartiert.

Es genügt aber vollkommen, sich bei einem Besuch des «Waldviertler» auf die Räume des alten Gasthauses zu beschränken.

Zum Eisernen Mann

Marik

Hasnerstraße 56
Telefon 493 17 87
Mo bis Fr 9 bis 22 Uhr, Sa, So, Feiertag Ruhetag

Der «Eiserne Mann» ist das älteste Gasthaus in Ottakring und seit mehr als 80 Jahren im Besitz der Familie Marik.

Ein besonders schönes Wirtshaus kann man den «Marik» nicht nennen, aber lu-

Zum Eisernen Mann: Heimatstadt der echten Drška Polivka

stig und billig und typisch für Ottakring oder das, was hier einmal los gewesen sein könnte. Die Einrichtung des Lokals ist ziemlich gemischt, aber vorwiegend alt. Zur Wahrung der Ordnung weisen zwei Schilder an der Wand darauf hin, daß «Ausspucken» und «Singen und Lärmen behördlich verboten» sind. Dafür sind das Achtel Wein, das Krügerl Bier oder das Viertel Wermut billiger, als die Gesundheit erlaubt, und auch die Speisen – vom Schmalzbrot bis zum Tagesmenü – werden außerordentlich günstig angeboten.

Die Spezialität des «Marik» ist die echte «Drška Polivka», die berühmte Prager Flecksuppe, die in Ottakring nur hier zu bekommen ist und dem Gast von der Wirtin unter Hinweisen auf die Einzigartigkeit der Zubereitung und der richtigen Gewürzmischung wärmstens empfohlen wird. Eine Suppe für besondere Feinschmecker und Freunde der böhmischen Küche.

Und wenn dann dazu auch noch aus der häßlichsten Jukebox der Welt böhmische Lieder und Marschmusik erklingen und die beiden älteren Damen am Nebentisch trotz des behördlichen Verbotes mitsingen und dabei auch noch ganz ordentlich in Stimmung geraten, bietet der «Marik» ein Beispiel dafür, was man in Ottakring heute noch immer antreffen kann, nämlich ein gutes, etwas schräges, aber lebendiges altes Gasthaus.

Stöbereck

Paletzgasse 26, Ecke Lienfeldergasse
Telefon 486 34 61
Mo bis Fr 8 bis 24 Uhr

Die Paletzgasse in Ottakring weist für Wiener Verhältnisse eine architektoni-

Stöbereck: Prinz Albert kocht auf

sche Besonderheit auf: Über weite Strecken sind den gründerzeitlichen Wohnhäusern kleine Gärten vorgelagert. In einem dieser Vorgärten ist der Gastgarten des «Stöbereck» untergebracht.

Im «Stöbereck» haben der «Jawa-Club Wien» und der Sparverein «Lindenbaum» ihren Sitz und viele Stammgäste aus der Umgebung ihren Tisch. Neue Gäste sind immer wieder von der ansehnlichen Sammlung alter Radios und Filmplakate oder einem besonders netten alten Akt begeistert. Aber selbstverständlich kommen nur wenige Gäste in ein Gasthaus, um alte Radios oder Filmplakate zu betrachten.

Ins Wirtshaus und zum «Stöbereck» geht man um des Essens und Trinkens willen. Zur zufriedenstellenden Ausübung dieser Vorhaben steht denn auch eine umfangreiche Karte bereit, die neben der typischen Wiener Beislküche auch immer saisonale Spezialitäten bereithält, zum Beispiel Spargelgerichte, Wildwochen oder Gansltage. Eine weitere Spezialität im «Stöbereck» sind die mächtigen Pfannengerichte, die in einer Kupferpfanne an den Tisch getragen werden. Großer Appetit ist notwendig, um damit fertig zu werden. Zu allen wichtigen Gasthausfeiertagen werden die entsprechenden Speisen gereicht, am Aschermittwoch Heringschmaus und zu Martini das gleichnamige Gansl. Dabei übertrifft sich der Wirt, von seinen Stammkunden deshalb vertrauensvoll «Prinz Albert» genannt, aber regelmäßig selbst und bietet zum Beispiel mit seinen Fischplatten einen denkwürdigen Abschluß der Faschingszeit, wie man ihn sich in Ottakring nicht erwartet hätte.

Gelbmann: beliebter Austragungsort für schwere Heimspiele

Gelbmann

Wilhelminenstraße 62
Telefon 486 15 99
Di bis Sa 10 bis 23 Uhr (Küche 11 bis 22 Uhr), So, Mo Ruhetag

Mann, bist du gelb Mann, Gelbmann. Ein kleines eingeschoßiges gelbes Haus, in dieser Gegend der Stadt immer vorsorglich als ehemaliges Fuhrwerker- oder Weinhauerhaus charakterisiert, mit gelben Lampen an der Außenfront und einer Ottakringer-gelben Bierwerbung als Signal und an der Wilhelminenstraße gelegen, beherbergt das «Gasthaus Gelbmann» ein gutbürgerliches und gutes, bei den Ottakringern – und nicht nur bei ihnen – sehr beliebtes etwas feineres Wirtshaus. Sicher kein Beisl, sondern schon eher ein Restaurant. Wie es sich aber für ein richtiges Gasthaus gehört, steht man auch hier gut und gerne an der Theke.

Im kleinen Innenhof bietet der «Gelbmann» einen angenehmen Gastgarten, in dem man sich in aller Ruhe den Hervorbringungen der Küche widmen kann.

Die Speisekarte bietet die klassische Wiener Küche mit Tafelspitz, Kalbsbutterschnitzel, gebackenem Kalbskopf, saisonbedingten Spezialitäten usw. Selten genug, daß der gebackene Kalbskopf überhaupt noch auf einer Speisekarte aufscheint, ist er doch oft eine Frage des Vertrauens in die Küche und ein Wagnis für den Magen.

Beim «Gelbmann» ist von Wagnis keine Spur, hier ist der gebackene Kalbskopf mit Vogerlsalat, und nicht nur er, eine Delikatesse.

Zum Bierfinken: via Bierpipeline direkt mit der Ottakringer Brauerei verbunden

Das Lokal ist der Qualität des Hauses entsprechend eingerichtet und bietet einen angenehmen Rahmen für kleinere Feiern, zum Beispiel die offizielle Ausführung der künftigen Schwiegereltern. Die aufmerksame Bedienung, die Küche und das gutgezapfte Bier sichern die ersten wichtigen Punkte in dem nicht immer einfachen Heimspiel. Mit einer entsprechenden Weinkarte wäre der Sieg auch schon in greifbarer Nähe. Vorherige Tischreservierung ist zu empfehlen.

Zum Bierfinken

Friedrich-Kaiser-Gasse 69

Telefon 486 52 86

Mo bis Sa 16 bis 24 Uhr, So 11 bis 24 Uhr

Der «Bierfink» in Ottakring ist ein besonderes Wirtshaus und sehr bekannt, weniger seiner ursprünglichen und schönen Einrichtung und Ausstattung wegen – was auch gelogen wäre –, sondern vielmehr aus einer Reihe anderer Gründe:

Zum einen scheint der «Bierfink» direkt auf der Bierquelle der Ottakringer Brauerei zu sitzen oder doch zumindest mit einer Pipeline in die nur einen Bierdeckelwurf entfernte Brauerei verbunden zu sein, zum anderen verfügt der «Bierfink» über den größten Biergarten Ottakrings, in dem man an ruhigen Abenden mitunter das leise Zischen der Bierabfüllanlagen in der Brauerei vis-à-vis wie ein allerliebstes Konzert hören kann.

Weitere Gründe für die Bekanntheit des «Bierfinken» sind die jeden Sonntag unter Teilnahme einer ansehnlichen Schar von Zuhörern und Mittrinkern veranstalteten Jazz-Frühschoppen mit Live-

Zum guten Tropfen: Einer muß der Nowak sein

Musik und die nicht nur sonntags erhältlichen Riesenbrote mit verschiedenen Aufstrichvariationen.

Zum guten Tropfen

Wilhelminenstraße 1
Telefon 486 86 48
Mo bis Fr 8 bis 24 Uhr,
Sa, So Ruhetag

Das «Gasthaus Nowak zum guten Tropfen» ist ein wenig aufregendes, aber sehr sauberes und guterhaltenes Ottakringer Lokal, das sich vor allem durch den dschungelartigen Bewuchs der Fensterkästen auszeichnet, die wohl als Sichtschutz nach außen und innen dienen sollen. Der rote Klinkerboden und die dunklen Holzmöbel tun das Ihre dazu, das Ecklokal ein wenig duster wirken zu lassen. Gleich neben der Eingangstür steht ein mittelalterlicher Wurlitzer und etwas weiter im Lokal ein Spielautomat mit angeschlossenem Geldwechsler.

Wie in einem Ottakringer Wirtshaus nicht anders zu erwarten, kann man auch hier Zeuge interessanter Gespräche werden. Zum Beispiel bei einer Unterhaltung über das Gartenhäuschen: «Den Garten macht bei uns die Oma, eingraben, ausgraben, umgraben. Bei mir gabat's nur Rasen. Kost' ja an Schibi Göd a, der Scheißdreg. Belagonien, Dahlien – der ganze Dreg, und was dazukummt, i hob jo a ka Zeit. Wiederschaun.» Der nächste Schritt wäre wahrscheinlich betonieren und grün streichen. Kommentar dazu: «Des is des Schene an der Bledheit, ma merkt's ned.»

Einer der Stammgäste schaut verwundert auf den neuen Gast, der sich mit dem nötigen Respekt dem Leberknödel nähert, der beim «Nowak» groß wie ein Lederfußball und auch ähnlich gemustert ist. Er wird wissen, warum.

Zum Wiener: Der Name verpflichtet

Im Gasthaus «Zum guten Tropfen» hängen anstelle von Tieren und anderen Trophäen einige Bierreklamen und Teile von Bierfässern an der Wand. Nur über der Schank sitzt ein ausgestopfter Fasan, der, so allein und exponiert, wie er da sitzt, wirkt, als wäre er ein ehemaliges Familienmitglied.

Zum Wiener

Albrechtskreithgasse 22
Telefon 486 41 71
täglich 8 bis 23 Uhr

Wenn es ein Wirt in Ottakring tatsächlich wagt, sich «Zum Wiener» zu nennen, dann muß er die damit verbundenen Auflagen aber schon mindestens hundertprozentig erfüllen. Da hat das Lokal also gefälligst einen Eckeingang zu besitzen, außerdem schmiedeeiserne Luster, eine Sparvereinskassa und eine Speisekarte, an der man schon so ein Viertelstündchen zu lesen hat. Und die Portionen müssen eine Herausforderung für den Esser sein!
Also sollten sie erstens ein Format besitzen, welches die Bestellung eines weiteren Ganges in Richtung Unmöglichkeit rückt und dies daher besonders interessant macht. Zweitens sollten die Speisen so stark mit Pfeffer und Paprika gewürzt sein, daß das Trinken von eineinhalb Liter Bier keine Frage des Wollens mehr ist, sondern vielmehr eine des Müssens. Und drittens sollte man nicht sehr viel ärmer nach Hause kommen können, als man gekommen ist.

Nicht gerade die leichteste Voraussetzung, die das «Zum Wiener» da zu erfüllen hat, es sei hier aber verraten, daß es das locker schafft und daß sich in der unmittelbaren Nachbarschaft noch dazu ein Fiakerstall befindet – als Wiener Draufgabe sozusagen.

Villa Aurora: begehrter Startplatz in den Honeymoon

Villa Aurora, Predigtstuhl

Wilhelminenstraße 237
Telefon 489 33 33
täglich 10 bis 24 Uhr
(Küche bis 23.30 Uhr)

«Villa Aurora» (Aurora, die römische Göttin der Morgenröte), Predigtstuhl, Altwiener Bergbauernhof, Wolkenkuckucksheim, Aussichtswundergarten, da kommt einiges zusammen an der Wilhelminenstraße 237. Einst erzherzogliche romantische Villa samt Bauernwirtschaft und Jugendstil-Swimmingpool, wurde die «Villa Aurora» erst 1995 wieder zu neuem Leben erweckt. Seither bietet sie in unterschiedlichsten Räumlichkeiten und im wunderbaren Garten Platz für Feste, Hochzeiten und Feiern aller Art. Aber auch für «Kleinstgruppen», ausgestattet mit Decke und einem Korb voll kulinarischer Schmankerln, hält das Aussichtsrestaurant einen romantischen Sonnenuntergang beim Gartenpicknick bereit. Wenn es mehr als nur ein romantisches Picknick werden soll, sekundiert dem jungen Paar die Hochzeitssuite, inzwischen ein beliebter und begehrter Startplatz in den Honeymoon. Von Luft und Liebe leben jedoch nur die wenigsten besonders lang. Diesem Umstand wird die «Villa Aurora» mit experimentellen Schnitzelspezialitäten wie dem «Kipferlschnitzerl», «Spring-ins-Maul-Schnitzel», der «Überraschungsrolle» oder der «scharfen Sache» gerecht. Wem das zu innovativ ist, der wählt ein Gericht aus dem vegetarischen Angebot oder ganz profan das Tagesmenü.

Szegediner Krautfleisch

Zutaten für 8 Portionen	*Für das Letscho:*
1 1/2 kg Schweinsschulter	*2 Paprika, 1 Zwiebel*
10 dag Hamburgerspeck	*1 Pfefferoni, 2 Zehen Knoblauch*
3/4 kg Zwiebeln	*2 Paradeiser*
3 TL edelsüßes Paprikapulver	*Öl, Salz, Pfeffer, Suppe*
1 kg Sauerkraut, 2 Paar Klobasse	*Kümmel, Knoblauch*
1/4 l Sauerrahm, 1/8 l Weißwein	*Paprikapulver, Lorbeerblatt*

Für das Letscho Paprika, Pfefferoni und Paradeiser waschen. Strünke aus den Paradeisern schneiden. Paradeiser ca. 10 Sekunden in kochendes Wasser legen, kalt abschrecken und die Haut abziehen. Von den Paprikaschoten und dem Pfefferoni Stiele wegschneiden und Kerne entfernen. Paradeiser, Paprika und Pfefferoni kleinwürfelig schneiden. Zwiebel schälen und fein hacken. Ein wenig Öl erhitzen, Zwiebel zugeben und anschwitzen. Paprika-, Pfefferoni- und Paradeiserstücke einrühren und auf kleiner Flamme weich dünsten. Wenn nötig, ein wenig Suppe zugießen. Mit Salz, Pfeffer und zerdrücktem Knoblauch abschmecken.

Für das Krautfleisch Schweinsschulter zuputzen und in Würfel mit ca. 3 cm Kantenlänge schneiden. Zwiebeln schälen und fein hacken. Vom Speck die Schwarte wegschneiden. Speck kleinwürfelig schneiden. Sauerkraut gut wässern und abtropfen lassen. Ein wenig Öl erhitzen und den Speck darin anschwitzen. Zwiebeln zugeben und goldbraun rösten. Paprikapulver zugeben, ein wenig anschwitzen, mit Weißwein ablöschen und mit ca. 3/4 l Wasser aufgießen.

Schweinsschulter und Letscho zur Zwiebelmischung geben. Sämtliche Zutaten gut vermischen und 1 1/2 Stunden dünsten. Sauerkraut sowie Kümmel und Lorbeerblatt zum Fleisch geben. Krautfleisch nochmals ca. 1/2 Stunde dünsten. Klobasse in kleine Stücke schneiden und gegen Ende der Garzeit unter das Krautfleisch mischen.

Damit das Krautfleisch den vollen Geschmack entfaltet, muß es noch zwei Mal aufgewärmt werden. Es empfiehlt sich, mindestens 8 Portionen zuzubereiten.

Vor dem Anrichten die Hälfte vom Sauerrahm unterrühren und das Szegediner abschmecken. Restlichen Sauerrahm löffelweise auf das angerichtete Krautfleisch setzen. Dazu serviert man am besten Salzerdäpfel.

Prof. Franz Antels Krautfleisch — *Entnommen aus «Gusto»*

17., Hernals

1. Schuster, *Geblergasse 60*
2. Strobl's Poysdorfer Weinhaus (Zur Schwarzen Katz), *Hernalser Hauptstr. 85*
3. Peichl, *Schultheßgasse 7*
4. Zum Herkner, *Dornbacher Straße 123*
5. Weinhaus Ernst Arlt, *Kainzgasse 17*
6. Zum Lercherl von Hernals (Muskovich), *Hernalser Hauptstraße 70*
7. Weinhaus Brandstetter, *Hernalser Hauptstraße 134*
8. Sophienalpe, *Sophienalpe 13*
9. Am Hanslteich, *Amundsenstraße, Salzburger Wiese*

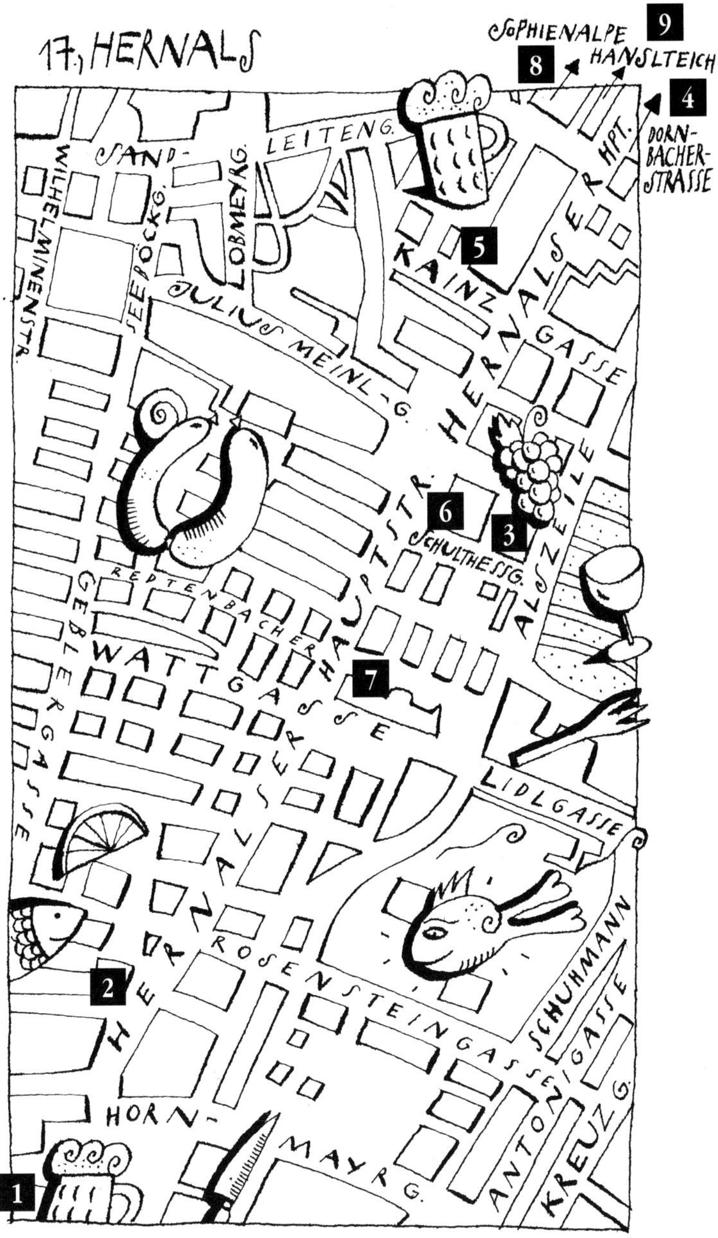
17., HERNALS
SOPHIENALPE
HANSLTEICH
DORNBACHERSTRASSE
SANDLEITENG.
WILHELMINENSTR.
SEEBÖCKG.
LOBMEYRG.
JULIUS MEINL-G.
KAINZ
HERNALSER HPT.
GASSE
HERNALSER HAUPTSTR.
ALSZEILE
SCHULTHESSG.
REDTENBACHER
GEBLERGASSE
WATTGASSE
LIDLGASSE
ROSENSTEINGASSE
SCHUHMANN
GASSE
HORNMAYRG.
ANTONIGASSE
KREUZG.
1
2
3
4
5
6
7
8
9

Schuster: Hernalser Wirtshaus für Stammgäste

Schuster

Geblergasse 60
Telefon 405 26 82
Mo bis Fr 8.10 bis 24 Uhr

Seit 1937 in Familienbesitz, ist das «Gasthaus Schuster» schon von außen als altes Lokal «vom Grund» zu erkennen.

Im Inneren bietet es einen Schankraum mit Stammtisch, einigen weiteren Tischen und einen zweiten Raum, den man als einen der schönsten und gemütlichsten Gasträume dieser Gegend bezeichnen muß. Hier paßt noch alles zusammen: die Einrichtung, die alte Wirtshausmöblierung, die Eckbänke, die gedeckten Tische, die Milchglaseinsätze in den Fenstern und auch das Menü.

Die Chefin kocht selbst und erkundigt sich auch mitunter bei ihren Gästen, ob der Schweinsbraten nicht zu mager oder die Portion auch ausreichend ist.

Das «Gasthaus Schuster» ist ein typisches altes Hernalser Wirtshaus, das hauptsächlich von seinen Stammgästen, von diesen aber ausgiebig besucht wird.

Zu Recht weint die Wirtin der alten Möblierung des Schankraumes nach, die sie durch eine neue, maximal funktionelle – aber möglicherweise nicht einmal das – ersetzt hat. Dafür aber bleibt der Speiseraum ganz sicher so, wie er ist.

Strobl's Poysdorfer Weinhaus

Zur Schwarzen Katz

Hernalser Hauptstraße 85
Telefon 486 33 16
Mo bis Fr 17 bis 24 Uhr,
Sa 11.30 bis 15 Uhr, So Ruhetag

Bereits seit 1865 wird das ca. 1840 errichtete typische Hernalser Vorstadthaus

Peichl: ein Lokal mit Geschichte und Tradition

Ecke Weißgasse und Hernalser Hauptstraße als Gasthaus geführt.

Einer der Besitzer war Michael Weiß, der letzte Dorfrichter in Hernals. Der Fuhrwerker Bratfisch, Leibfuhrwerker Kronprinz Rudolfs, mit dem er auch den letzten, legendären Ausflug nach Mayerling unternahm, war hier Stammgast. Heute erinnert ein kleines Modell des Bratfischschen Fuhrwerks in der «Schwarzen Katz» an den berühmten Chauffeur bzw. Wagenlenker und Nachbarn.

Die «Schwarze Katz», die früher ein reines Weinhaus war, ist heute ein gutbürgerliches, bekanntes Speiselokal, kein Beisl, aber ein Altwiener Gasthaus mit Tradition.

Seit 1931 führt die Familie Strobl das Lokal, und «seit 60 Jahren steht auch die jetzige Altchefin Theresia – Spezialität: warme Mehlspeisen – Strobl unermüdlich in der Küche» (Zitat Speisekarte), in der dann auch so wunderbare Dinge wie hausgemachte Lachssulz mit Sauce vinaigrette, kalte Gurkensuppe mit Dill, glacierte Kalbsleberfilets mit Brokkoli und Heurigen oder einfach Augsburger mit Röstkartoffeln und Bummerlsalat mit Speck zubereitet werden. Der Name «Poysdorfer Weinstube» verpflichtet, also werden dazu Eigenbauweine der Familie aus dem Weinviertel serviert.

Peichl

Schulthеßgasse 7
Telefon 485 77 00
Mo bis Fr 8 bis 22 Uhr

Das Gasthaus «Peichl» vis-à-vis dem Hernalser Friedhof ist ein großes altes Gasthaus, das zwar nicht vom namensgleichen Architekten, aber doch sehr aufwendig

Zum Herkner: kein Beisl, ein Restaurant

und stilvoll renoviert wurde. Die Struktur des Lokals ist erhalten geblieben, nur sind jetzt eben viel Holz, neue Möbel und eine neue große Schank an die Stelle der alten Einrichtung getreten.

Das «Peichl» ist ein gutes Beispiel dafür, daß ein Gasthaus durch seine Renovierung nichts vom Charakter des alten Wirtshauses verlieren muß. Freilich wirkt es zum Teil noch etwas zu neu und zu gutbürgerlich, wie das wohl heißt, aber das «Peichl» ist eben ein gutes altes Lokal mit Geschichte und Tradition und zudem noch ein sehr großes mit Gastgarten, Schankraum, Speisesaal und Extrazimmer.

Die Küche des «Peichl» bietet günstige große und kleine Speisen, Hausmannskost und immer wieder Tages- und Wochenspezialitäten.

Daß im «Peichl» mitunter auffallend viele Gäste dunkel gekleidet sind, hat weniger mit einer hier üblichen Bekleidungsvorschrift als vielmehr mit der friedhöflichen Nachbarschaft zu tun.

Zum Herkner

Dornbacher Straße 123
Telefon 485 43 86
Mo bis Fr 9 bis 22 Uhr
(Küche 12 bis 14 und 18 bis 21.30 Uhr)

Kein Beisl, sondern ein altes Gasthaus und ein ausgezeichnetes Speiserestaurant.

Die Einrichtung ist schlicht und klassisch: mit Stehschank, Ölboden, einfacher Wirtshausmöblierung und von bescheidener Eleganz.

Dieses Ambiente und vor allem die Wiener Küche des Herrn Herkner, die hier in Dornbach in einer Art und Weise gepflegt – oder besser: zelebriert – wird wie sonst kaum in der Stadt, sind auch der Grund dafür, daß es praktisch unmöglich ist,

Arlt: Altwiener Hausmannskost und Weinspezialitäten

ohne vorherige Reservierung (bis zu einer Woche) einen Tisch zu bekommen.

Entsprechend der Qualität und den Preisen liebt auch ein etwas gehobeneres Publikum den «Herkner». Hier «geben sich die Dornbacher Villenbesitzer mit der Hautevolee aus den anderen Bezirken ein Stelldichein» (W. Schima).

Trotzdem oder vielleicht gerade deshalb soll es aber auch schon vorgekommen sein, daß Leute versucht haben, sich mit viel List und Tücke an einen der seit Tagen, wenn nicht seit Wochen reservierten Tische zu schwindeln. Das geht so: Es wird ein geläufiger Name gewählt, in der Hoffnung, einer der vielen Müller oder Maier oder Huber habe just für diesen Abend einen Tisch reserviert. In Begleitung ist es empfehlenswert, sich auf Herr Huber und Frau Maier oder umgekehrt zu einigen, das erhöht die Chance um ein Vielfaches.

Und tatsächlich funktioniert es auch.

Es ist also durchaus ratsam, falls man wirklich zum Beispiel Huber heißt, einen Tisch unter Viplecil, Bohuslavik oder vielleicht Dörschovic zu bestellen. Denn andernfalls kommt zwischen Aperitif und Vorspeise unter Umständen ein zweiter Huber, und keiner weiß, welcher der echte ist oder ob vielleicht beide echt sind oder gar beide falsch.

Weinhaus Ernst Arlt

Kainzgasse 17
Telefon 486 02 93
Di bis Fr 9 bis 23 Uhr, Sa 9 bis 16 Uhr, So, Mo Ruhetag

Im «Weinhaus Arlt», einem großen, gepflegten Lokal, eher einem gutbürgerlichen Gasthaus als einem Beisl, läßt sich's gut essen und trinken. Auch die Preise liegen etwas über dem üblichen Gasthausniveau.

Zum Lercherl von Hernals: gutgezapftes Bier und Riesenportionen aus der Wiener Küche

Zu Altwiener Hausmannskost und Saisonspezialitäten werden ausgesuchte österreichische und internationale Weine serviert. Dem gehobenen Niveau des Lokals entspricht auch die Tisch- und Glaskultur. Trotzdem eignet sich die Schank noch bestens für ein Stehachtel und dazu, einen der Spezialweine im Achtelglas zu verkosten.

Auch die Einrichtung des «Arlt» ist sehr gediegen und gepflegt. Über der Schank zeigt ein Wandgemälde eine Szene aus dem Leben des Weinhauers. Der Wirt und Koch bespricht mit seinen Stammgästen, was sie in der nächsten Woche gerne essen würden. Dafür zahlen sie gut, und er kocht ihnen gut, so einfach ist das in der Wirtschaft. Und wie im richtigen Beislleben spielen auch hier die Gäste gerne Karten, mit viel Konzentration und Hingabe, als ging's ums nackte Überleben.

Zum Lercherl von Hernals

Muskovich

Hernalser Hauptstraße 70
Telefon 405 83 15
Di bis Sa, Feiertag 9 bis 1 Uhr, So, Mo Ruhetag

Zum «Gasthaus Muskovich» mit dem schönen Namen «Lercherl von Hernals» kommen die Hernalser, um gutgezapftes Bier zu trinken und Riesenportionen aus der Wiener Küche zu essen. Das Lokal reicht von der Hernalser Hauptstraße bis zur Jörgerstraße durch. Im hinteren Teil ist ein geräumiges Extrazimmer untergebracht und im kleinen Hof vor der Jörgerstraße ein Gastgarten. Beim Gang durch das Lokal bietet die Küche einen tiefen, vertrauenerweckenden Einblick in die Entstehungsstätte der Speisen.

Die recht neue und gefühlvoll adaptierte Einrichtung weist das «Lercherl» als

Weinhaus Brandstetter: Wirthaus mit Selbstbedienungsabteilung

klassisches Qualitätswirtshaus mit Tradition aus, nicht aber als das, was man eigentlich unter Beisl versteht.

Interessant ist der Vergleich mit dem nicht weit entfernten Namensvetter in Ottakring, der zwar auch ein Gasthaus ist, aber auf den ersten Blick ein ganz anderes Spektrum der Wiener Gastronomie abdeckt. Genauer betrachtet zeigt sich allerdings, daß die Unterschiede gar nicht so groß und die beiden «Muskoviche» sich gar nicht so fremd sind. Auf jeden Fall sind es zwei gutgehende Wiener Wirtshäuser.

Weinhaus Brandstetter

Hernalser Hauptstraße 134
Telefon 46 46 25
Mo bis Fr 5 bis 23 Uhr, Sa 7 bis 23 Uhr

Beim «Weinhaus Brandstetter» in Hernals kommt man unweigerlich ins Schwärmen, wenn es um die Frage nach einem alten, guten und typischen Wiener Wirtshaus geht, wobei der «Brandstetter», wie der Name schon sagt, eher ein Weinhaus als ein Beisl ist. Auch wenn die Nudelsuppe etwas kalt ist und die Nudeln in Wirklichkeit auf Suppennudellänge gekürzte Spaghetti sind und der sonst immer und überall präsente und beisltypische Leberknödel in Suppe nicht ständig zu haben ist, es gibt statt dessen «greste Knedl mit Ei» und, wie ein Schild von außen ankündigt, durchgehend von 11 bis 23 Uhr Wiener Küche und von früh bis spät Gulaschsuppe, Gulasch, Würstel mit Saft, Beuschel mit Knödel etc.

Dadurch ist der «Brandstetter» auch für den Laien schon von außen leicht als ein gutes und wichtiges Gasthaus auszumachen. Und erst im Wirtshaus selbst,

Sophienalpe: Ausgangs- und Endstation für Wochenendausflügler

da sieht man, wie ein Weinhaus auszusehen hat: klassische Einrichtung mit uralten holzvertäfelten Wänden im ganzen Lokal, alte Holzbänke und -tische, die typische Trennung zwischen Schankraum und Speiseraum – hier mit einem schmiedeeisernen Gitterchen –, eine lange Stehschank, Stehtische, natürlich zwei Spielautomaten, ein altes Radio über der Schank – wie es sich gehört mit Radio Wien in den Lautsprechern – usw. usf.

Das «Weinhaus Brandstetter» hat aber noch eine weitere Besonderheit, und zwar, daß es zumindest aus zwei Lokalen zu bestehen scheint: dem normalen Wirtshaus in der einen Hälfte des großen Raumes und der Selbstbedienungsabteilung um die Ecke, die den «Brandstetter» auch zur Stehweinhalle macht. Die Selbstbedienungsabteilung ist zwar etwas einfacher, aber um nichts weniger typisch ausgestattet, und da stehen oder sitzen dann die Herrschaften, die sich selbst bedienen, vor ihrem Glas Bier oder Wein – entweder in stiller Hingabe oder aber in bewegter Diskussion.

Der beste Platz im ganzen Lokal ist an der Biegung der Schank, im «Wendepunkt der Theke» mit Blickrichtung in die Abteilungen Stehweinhalle und Wirtshaus und der besten Aussicht auf und Übersicht über die Hernalser, die hier professionell trinken, sich unterhalten, essen, Karten spielen oder sich einfach noch ein Viertel an der Theke bestellen.

An einer strategisch ähnlich guten Stelle befindet sich ein kleiner kabinenartiger Vorbau, ehemals der Platz der Kassierin, heute nur ein größeres «Blumenkistl», ein seltenes Relikt.

Am Hanslteich, vulgo Johannes-See

Sophienalpe

Sophienalpe 13
Telefon 486 24 32
täglich 7 bis 24 Uhr (November bis März nur an Wochenenden geöffnet)

Das Hotel-Restaurant «Sophienalpe» könnte einem Wunschtraum eines Wirten und Hoteliers der frühen 70er entstammen. Das Haus ist zwar in den Jahren 1911/12 errichtet worden und sollte die damalige wandernde Menschheit wahrscheinlich noch vor der Unbill der Natur bewahren. Heute gestaltet es sich aber sowohl von seinem Interieur als auch von seiner Speisekarte her als Manifestation der Seventies-Ästhetik: Karniesenbeleuchtung, Holzbalkenattrappen, jede denkbare Zimmervegetation, Fliesenboden ...

Das Hotel-Restaurant «Sophienalpe» verfügt über einen großen Parkplatz, durch den die Wochenendfamilien dem Park-&-Hike-System huldigen können. Bei dem halbstündigen Marsch über die in jeder Jahreszeit wundervollen Wiesen holt man sich den notwendigen Appetit für den Shrimpscocktail «Florida», für den Grillteller, für die Hausplatte «Sophienalpe» mit Steak, Putenbrust und Grillkotelett – reichlich garniert –, für die Grillplatte «Balkan-Art» oder für irgendwelche andere Krönungen der Wiener Kochkunst, die hier auf ca. 12 Seiten feilgeboten werden.

Am Hanslteich

Amundsenstraße, Salzburger Wiese
Telefon 485 41 39
Do bis Di 11 bis 21 Uhr, Mi Ruhetag

Daß eine deutsche Touristin auf dem Weg zum «Hanslteich» dem Taxler als Ziel ihrer Fahrt den «Johannes-See» angab, ist be-

Uferterrasse mit Aussicht auf den Hanslteich

legt und ein nettes Bonmot als Einstieg «in den» Hanslteich. Wer allerdings schon einmal dort war, weiß, daß von «Johannes-See» keine Rede sein kann und der Name «Hanslteich» der einzig richtige ist für dieses Gewässer, das friedlich und ruhig im beinahe viereckigen Teich und im Schatten einiger Bäume vor sich hin dümpelt. Direkt am Hanslteich vorbei führt der Dornbach, auch er – der früher bei starken Regenfällen ein gefürchteter Bergbach war – ist heute nur mehr ein schmales Gerinne.

Das Gasthaus «Am Hanslteich» ist ein Ausflugslokal, dessen Beliebtheit vor allem im Frühling sprunghaft zunimmt. Von den ersten warmen Tagen bis weit in den Herbst hinein kommen junge, aber auch ältere Paare hierher, sitzen auf der Terrasse, schauen sich gegenseitig in die Augen, ins Bierglas und auf den Grillteller oder gemeinsam auf das spiegelglatte Wasser des Hanslteichs, das nur hin und wieder von einem Paar verliebter Stockenten durchpflügt wird. Nur selten, wenn der Wind falsch steht, werden sie gestört von der wie der Zug der Wildgänse über sie hinwegziehenden Abluft aus der Küche.

Das Gasthaus selbst ist ein nettes kleines Häuschen, das bei Schlechtwetter und auch im Winter für einige angenehme Stunden ein sicherer Zufluchtsort und ein Schutzhaus sein kann. Außer von Paaren wird der «Hanslteich» aber natürlich auch von «ganz normalen» Leuten besucht, die hier ein angenehmes Ausflugsziel finden oder nach einer Radtour durch den Wienerwald zum verdienten Bier greifen und die Hungerwogen mit Schnitzel oder Grillspezialitäten zu glätten versuchen.

Palatschinkenteig – Grundrezept

Zutaten für	*3 Eier*
ca. 10 Palatschinken	*1/2 Pkg. Vanillinzucker*
15 dag Mehl	*Prise Salz*
ca. 1/4 l Milch	*Schale von 1/2 Zitrone*
2 EL Öl	*Backfett*

Mehl mit etwas Milch und sämtlichen anderen Zutaten verrühren. Dann so viel Milch dazugeben, daß ein dünnflüssiger Teig entsteht. Falls Knollen entstanden sind, Teig durch ein Sieb streichen.
Palatschinkenpfanne erhitzen und gleichmäßig dünn befetten (evtl. mit einem Pinsel). Teig eingießen und die Pfanne dabei schwenken, sodaß der Teig auseinanderfließen kann und der Pfannenboden dünn bedeckt ist.
Palatschinken bei mäßiger Hitze beidseitig hellbraun backen.

Schokolade-Nuß-Palatschinken

Zutaten für 5 Personen	*Schokoladesauce:*
Nußfülle:	*12 dag Zucker*
1/8 l Milch	*14 dag Kochschokolade*
10 dag Zucker	*1/2 Pkg. Vanillinzucker*
25 dag geriebene	*1/8 l Schlagobers*
Walnüsse	*Staubzucker*
1 Stamperl Rum	*1/8 l Schlagobers zum Dekorieren*

Für die Fülle Milch und Zucker aufkochen lassen, die geriebenen Nüsse dazugeben. Die Masse kurz abrösten und den Rum einrühren.
Kochschokolade kleinhacken. 1/4 l Wasser mit Zucker und Vanillinzucker aufkochen. Kochschokolade zufügen und so lange rühren, bis sich die Schokolade aufgelöst hat. Dann 1/8 l Obers einrühren und die Sauce warmstellen.
1/8 l Schlagobers steif aufschlagen. Palatschinkenteig zubereiten. Palatschinken mit Nußfülle bestreichen und einrollen. Je 2 Palatschinken auf vorgewärmten Tellern anrichten und mit Staubzucker bestreuen. Mit Schokoladesauce übergießen und mit einem Eßlöffel geschlagenem Obers dekorieren und sofort servieren.

Rezept von Dietmar Fercher *Entnommen aus «Gusto»*

18., Währing

1. Martinschlössel, *Martinstraße 18*
2. Palatin, Kreuzgasse 35, *Ecke Hildebrandgasse*
3. Zum Gemütlichen Weinhauser (Gasthaus Fencl), *Gentzgasse 125*
4. Nells, *Alseggerstraße 26*
5. Radler (Zum sanften Heinrich), *Cottagegasse 6*
6. Klein, *Plenergasse 22*

18., WÄHRING
TÜRKENSCHANZ PARK
HASENAUERSTR.
STERNWARTESTR.
GYMNASIUMS.
STR.
GENTZGASSE
MARTINSTR.
SCHOPENHAUERSTR.
KREUZG.
HILDEBRANDG.
ANTONIG
MARTINSTR.
WÄHRINGER GÜRTEL
AKH
1
2
3
4
5
6

Martinschlössel: der Elch im Fuhrwerkerhaus

Martinschlössel

Martinstraße 18
Telefon 405 54 41
Mo bis Fr 11 bis 24 Uhr,
Sa, So, Feiertag nur für geschlossene Gesellschaften

In dem schönen alten Fuhrwerkerhaus in der Martinstraße ist ein überraschend großes Gasthaus untergebracht, mit einem alten, vornehm in dunklem Holz gehaltenen Gastraum, einem nicht ganz so ursprünglichen Extrazimmer und einem großen Saal im Hof, dem sogenannten Rittersaal.

Der Rittersaal, ein riesiger Raum, ebenfalls mit viel dunklem Holz und einer kleinen Bühne, aber wenig Rittern, wurde von einem Vorbesitzer im ehemaligen Pferdestall des Fuhrwerkerhauses eingerichtet. Hinter dem Rittersaal befindet sich ein als Jagdstube eingerichtetes Extrazimmer mit einer Menge Jagdtrophäen, einem ausgestopften Elch und einem Abbild von dessen vermutlich letztem Opfer, einem Altherrn einer studentischen Verbindung (nicht ausgestopft), an der Wand. Damit aber nicht genug, hat das «Martinschlössel» auch noch einen sehr schönen Naturgarten und eine umfangreiche Karte mit Wiener und internationalen Speisen zu sehr günstigen Preisen, zum Beispiel Eiernockerln, Kesselfleisch, Fiakergulasch, gerösteter Leber, Erdäpfelknödel mit deftiger Fülle und Sauerkraut, verschiedenen Schnitzeln, Filetsteak und einem Tagesmenü.

Palatin

Kreuzgasse 35, Ecke Hildebrandgasse
Telefon 813 72 76
Mo bis Sa 6 bis 24 Uhr, So Ruhetag

Das «Palatin» ist ein altes Ecklokal, das vor Jahren mit viel Aufwand und Liebe reno-

Palatin: gepflegtes Arbeiterlokal

viert wurde und sich noch heute in diesem Zustand zeigt. Es wirkt sehr gepflegt und sauber, beinahe schon zu bieder für diese Arbeiterwohngegend.

Das Lokal ist mit viel dunklem Holz an hell getünchten Wänden ausstaffiert, dazu klassische Raumteilung – ein kleiner Schank- und ein Speiseraum –, gedeckte Tische und Neonlicht.

Die nicht sehr umfangreiche Karte bietet Gulasch, geröstete Knödel, Hirn mit Ei, Berner Würstel, verschiedene Schnitzel, Cordon bleu etc. auf sauberen Tellern und zu günstigen Preisen.

Das «Palatin» ist ein ruhiges Gasthaus, in dem aber trotzdem nicht das richtige Beislgefühl aufkommen will, und auch der Wirt, in eine weiße Schürze gehüllt, hat sich der etwas kühlen Ausstrahlung seines Lokals perfekt angepaßt. Außerdem scheint er auf Kriegsfuß mit der MEZ zu stehen, denn wenn die Sperrstunde auch mit 24 Uhr angegeben ist, heißt das noch lange nicht, daß der Wirt um 23.05 Uhr tatsächlich noch bereit ist, einem Dürstenden ein Bier auszuschenken, und erst recht nicht, wenn's deren drei sind – Dürstende, nicht Biere.

Zum Gemütlichen Weinhauser

Gasthaus Fencl

Gentzgasse 125
Telefon 479 12 05
Fr bis Di 9 bis 24 Uhr, Mi, Do Ruhetag

Gegenüber der Weinhauser Kirche und vis-à-vis dem «Bürgerhof» gelegen, ist das «Gasthaus Fencl» tatsächlich, was es verspricht: ein gemütliches Wirtshaus.

Die ursprüngliche Einrichtung läßt sich nur mehr erahnen. Überall wurde ausgiebigst resopalisiert: Wände, Tische, Schank – sogar vor dem WC hat der

Zum Gemütlichen Weinhauser: zeitlose Unaufdringlichkeit, gepaart mit schierer Funktionalität

Wunsch, glatte, leicht abwischbare Oberflächen zu schaffen, nicht haltgemacht. Die Einrichtung des «Fencl» ist von zeitloser Unaufdringlichkeit und grenzt an schiere Funktionalität.

Trotz allem aber ist das «Fencl» mit seinen hohen Gasträumen ein richtiges Gasthaus geblieben, dem seine Einrichtung nicht viel anhaben kann.

Die große Schank an der Stirnseite des Gastraums bietet genügend Platz, um sich mit mehreren Leuten beim Stehachtel unterhalten zu können, und hat auch die richtige Höhe: Hier kann man ohne weiteres eine Zeitlang stehen, ohne Haltungsschäden zu riskieren.

Die Chefin kocht, und der Wirt serviert in der weißen Mantelschürze: Brathuhn, Hühnerspieß, Putenschnitzel, Zigeunerspieß, überbackene Melanzani, Karfiol mit Butter und Bröseln, gebackene Zucchini und vieles mehr zu außerordentlich günstigen Preisen.

Nells

Alseggerstraße 26
Telefon 479 13 77
täglich 16 bis 2 Uhr

«Nells» ist der sehr geglückte Versuch, ein altes Gasthaus in ein junges, gutes Wirtshaus umzugestalten. Im «Nells» wurde mit viel Gefühl die alte Struktur erhalten, renoviert und an den wenigen entscheidenden Punkten erneuert. Hier wirkt nichts aufgesetzt «cool» oder nur trendig. Kleine Steh- und Sitzplätze im Eingangsbereich warten mit dem schlichten Charme einer Stehweinhalle auf und bieten dem Gast die wunderbare Möglichkeit, «allein und doch unter Menschen» zu sein. Andererseits fordern die mächtigen Wirtshausti-

Nells: Traditionelles zeitgemäß auf- und zubereitet

sche im Inneren des Lokals, die ohne weiteres Platz für zehn und mehr Personen bieten, geradezu zur Unterhaltung und Kommunikation auf. Wer sich hier an einen Tisch setzt, wird bald in ein Gespräch verwickelt sein. Die großzügige Atmosphäre machte das Lokal, das in wärmeren Sommern auch einen Gastgarten an der Alseggerstraße sein eigen nennt, schnell zu einem beliebten Treffpunkt junger Leute. Die Umwandlung in ein neues In-Beisl hat natürlich auch vor der Küche nicht haltgemacht: Ebenso wie in der Frage der Gestaltung wird auch in der Frage der Küchenorientierung das Traditionelle übernommen und zeitgemäß auf- und zubereitet. Die regelmäßig wechselnde Speisekarte bietet die typische Wiener Beislküche, modern interpretiert mit einigen ambitionierten Ausflügen in internationale Regionen. Wer nicht ißt, trinkt eines der offenen Biere und unterhält sich gut.

Radler: Wo der sanfte Heinrich kegelt

Radler

Zum sanften Heinrich

Cottagegasse 6
Telefon 470 59 43
Di bis Fr 10 bis 15 und 17.30 bis 22 Uhr, Sa 11 bis 15 Uhr

«Radler», das klingt wie das beliebte Bier-und-Limonade-Mischgetränk oder eine Heimstatt der Wiener Drahteselgemeinde. Stimmt in diesem Fall beides nicht. Radler ist nämlich der Name der Chefin des gleichnamigen, wunderbaren alten Gasthauses in der Wiener Cottage. Vor Jahren, als das «Gasthaus Radler» noch vom Vater der heutigen Wirtin Hertha Theresia Radler betrieben wurde, hieß es «Gasthaus zum sanften Heinrich», und dieser schöne, beinahe poetische und wie es scheint selten treffende Name blieb bis heute als Synonym für das «Gasthaus Radler» erhalten. Das «Gasthaus Radler» war schon als besonders feines Wirtshaus bekannt, als im Kolibri-Kino gerade «I ... wie Ikarus», im Admiral «Jenseits von Eden», im Starkino «Der eiskalte Engel» und im Residenzkino «Gefischte Gefühle» gespielt wurde und Paul Yvon im Magazin der Tageszeitung «Die Presse» unter der Rubrik «Vergnügen» Beislkritiken schrieb. Schon damals galt das Interesse der besonderen Atmosphäre, dem großen Garten, dem angenehmen Gasthaus und vor allem der Chefin und ihrer Küche. So wie damals werden auch heute noch die Speisekarten kurz vor ihrem Einsatz handgeschrieben. Da kann es schon vorkommen, daß eine Karte die legendäre Donnerstagsspeise «Spinat mit Spiegelei und Kartoffeln» enthält und eine andere nicht. Der herrlich cremige und fein gewürzte Spinat sollte auf jeden Fall versucht werden oder die Butternockerlsuppe, die Schweinsmedaillons, das Rehfilet mit Nudeln, die Rindsroulade mit Reis oder das Zungerl mit Erbsenpüree und Kartoffeln und als Dessert eine absolute Rarität: Scheiterhaufen. Als ob das noch nicht genug des Beislglücks wäre, befindet sich in einem kleinen Anbau des Gasthofs

Klein: Nachbarschaftszentrum mit klugem Dackel und Schnitzelklopfgeräuschen

auch noch eine alte Holzkegelbahn, wo Kegelmädchen oder Kegelbursch die Kegel aufstellen und wie im Schlaraffenland Bier und Schnitzel hinserviert werden. Wer sich im «Gasthaus Radler» niederläßt, der bleibt, und wer hier gegessen hat, kommt wieder, in eines der schönsten und besten Wirtshäuser im achtzehnten Bezirk.

Klein

Plenergasse 22
Telefon 470 50 52
täglich 8 bis 22 Uhr

Für sich gesehen, ist das «Gasthaus Klein» im achtzehnten Bezirk nicht wirklich ein besonderes Beisl. Betrachtet man es aber als Vertreter einer ganzen Spezies von Wirtshäusern, steht es stellvertretend für jenen alten Typ von Gasthaus, der, unabhängig von anderslautenden Trends, nach wie vor vom Aussterben bedroht ist und langsam von der gastronomischen Bildfläche Wiens verschwinden wird.

Beisln wie das «Gasthaus Klein» waren noch vor 20 bis 30 Jahren in fast jedem Häuserblock außerhalb des Gürtels zu finden, dort, wo heute ein Chinalokal, ein Espresso oder nur mehr ein Lager ist. Sie waren regelrechte Nachbarschaftszentren, wo sich Tag für Tag fast ausschließlich Stammgäste trafen. So ist es auch noch heute im «Gasthaus Klein»: «Hearst, geh weg mit dem Zeig, do san fremde Leit do, die glaub'n, du wüst woas verkaufen.» Der kleine, kluge Dackel, der sich benimmt, als wäre er der wahre Herr des Hauses, gehört hier genauso dazu wie das Kartenspiel, die Manner Schnitten, der Gast, der sofort und ungefragt seine traurige Krankengeschichte erzählt, das vertraute Schnitzelklopfgeräusch, Radio Wien und die ein wenig mißtrauische Haltung gegenüber neuen Gästen. Ein Beisl, wie gesagt, das stellvertretend für viele andere steht, und eines der wenigen Wirtshäuser, wo ein Achterl Wein noch unter zehn Schilling zu haben ist.

Gutes Rindfleisch kochen

Um zartes, weiches Rindfleisch auf den Tisch bringen zu können, braucht man vor allem einen Fleischhauer, der sein Handwerk versteht. Wenn man Ihnen frisches, kaum abgehangenes Fleisch von der Kuh verkauft hat, nützen alle Kochkünste wenig.
Leider ist die Qualität des Fleisches im rohen Zustand nur von ausgesprochenen Fachleuten zu erkennen, der Einkauf ist also gerade hier eine Vertrauensfrage. Sagen Sie Ihrem Fleischhauer unmißverständlich, daß Sie nur gut abgelegenes Fleisch haben wollen, und probieren Sie einen anderen, wenn das Fleisch trotzdem hart geworden ist.
Das Fleisch wird in kochendes, jedoch vorerst noch ungesalzenes Wasser eingelegt (wenn man es in Salzwasser einlegt, nimmt es eine leicht rote Farbe an). Dazu kommt Suppengemüse, wie Karotten, Lauch, Sellerie, Petersilienwurzeln, Zwiebeln sowie Pfefferkörner und Lorbeerblatt. Abhängig von der Größe des Fleischstückes muß es etwas weniger oder mehr als drei Stunden lang leicht kochen (nicht zu stark, weil die Suppe dann trüb werden würde). Kurz vor Ende der Kochzeit wird gesalzen.
Wer sein Rindfleisch besonders aromatisch haben möchte und dafür keine Kosten scheut, sollte schon am Vortag aus Suppenfleisch eine Rindsbouillon zubereiten und in dieser Suppe den teuren Tafel- oder Kruspelspitz kochen.
Das fertige Rindfleisch muß in der Suppe auskühlen, damit es nicht trocken wird.

Rezept von Werner Pusswald
ehem. Küchenchef im Restaurant «Zur Majestät»

Entnommen aus «Gusto»

Beilagen zum gesottenen Rindfleisch

Schnittlauchsauce

2 Semmeln	*1 Bund Schnittlauch*
Milch	*Zitronensaft*
2 Eidotter, 1 Ei	*Essig*
1/4 l Speiseöl	*evtl. Schlagobers*

Ei hart kochen, Semmeln entrinden, in Milch aufweichen, danach gut ausdrücken und passieren. Dotter und Semmelmasse in einer Schüssel langsam mit dem Öl anrühren (wie Mayonnaise). Mit Salz, Pfeffer, Zitronensaft, Essig würzen. Schnittlauch und gekochtes Ei hacken, unter die Masse ziehen. Um die Sauce flaumiger zu machen, evtl. geschlagenes Obers zugeben.

Apfelkren

2–3 Stück Äpfel	*Saft einer Zitrone*
(Golden Delicious o.ä.)	*Salz*
Kren (Menge nach Geschmack)	

Äpfel schälen, reiben und mit Zitronensaft und geriebenem Kren abmischen.

Gurkensauce

1 Salatgurke	*1 EL Butter*
1/4 l Rindssuppe	*Salz, Pfeffer*

Gurken schälen, halbieren und Kerne entfernen. Gurke in Scheiben schneiden.
In einer Pfanne Butter heiß werden lassen, die Gurke leicht glacieren, salzen, pfeffern und mit Rindssuppe aufgießen. Einkochen lassen. Obers beigeben und ca. 10 Minuten lang leicht kochen, bis die Sauce eine leicht dickliche Konsistenz erreicht hat. Im Mixer aufmixen bzw. mit dem Pürierstab durchpassieren.

Rezept von Werner Pusswald
ehem. Küchenchef im Restaurant «Zur Majestät»

Entnommen aus «Gusto»

19., Döbling

1. Gschladt, *Billrothstraße 41*
2. Alt Nußdorf (Renner), *Nußdorfer Platz 4*
3. Alt Sievering (Slupetzky), *Sieveringer Straße 63*
4. Bajones, *Billrothstraße 79*
5. Grinzinger Hof (Führhapter), *Grinzinger Allee 86*

19., DÖBLING
UNTER DÖBLING
ARM BRUSTER GASSE
GRINZINGER ALLEE
SIEVERINGER STR.
SILBERGASSE
BILLROTHSTRASSE
KROTTENBACH
OBER DÖBLING
PETER JORDAN STR.
DÖBLINGER HAUPTSTR.
NUSSDORFER PLATZ
DÖBLINGER GÜRTEL
1
2
3
4
5

Gschladt: Hausmannskost und Vollwertküche

Gschladt

Billrothstraße 41
Telefon 368 32 46
Mo bis Fr 9 bis 24 Uhr, Sa, So Ruhetag

Wanderer, wenn du im neunzehnten Bezirk in der Hitze des Nachmittags endlich ein Lokal entdeckt hast, das aussieht wie ein Beisl und auch so riecht, wo das Klingeln der Mikrowelle dir die Ankunft der Bestellung signalisiert und der Teller brennheiß ist und auch der Leberknödel an der ungeschützt aus der Rindsbrühe ragenden Stelle leichte Brandverletzungen aufweist, Wanderer, dann gib acht, denn brennheiß ist noch gar nichts im Vergleich zu der Temperatur, die ein Leberknödel in seinem Innersten zu speichern vermag. Wer aber darauf gefaßt ist, findet im «Gschladt» eines der wenigen «normalen» Beisln im neunzehnten Bezirk.

Das «Gschladt» besteht aus einem kleinen, recht ursprünglichen Schankraum, einem mit seinen Tischen und Bänken an einen Heurigen erinnernden Mittelzimmer und einem neuen Extrastüberl.

Außer der üblichen Hausmannskost und den Spezialitätenwochen gibt es beim «Gschladt» täglich auch Gerichte aus der Vollwertküche und dazu frisch gepreßte Obst- und Gemüsesäfte.

Alt Nußdorf

Renner

Nußdorfer Platz 4
Telefon 37 12 77
Di bis Sa 9 bis 22 Uhr, So, Mo Ruhetag

Am Beginn des sagenumwobenen Märchenlandes, wo Wein, Schmalzbrot, Fröhlichkeit und Heurigenlieder ihre Heimstatt haben, steht ein altes Gasthaus.

Der Gasthof «Alt Nußdorf» hat einen Schankraum, ein Kaminstüberl, einen großen Garten mit alten Bäumen, in einer

Alt Nußdorf: Riesenportionen im sagenumwobenen Märchenland

Art Salettl einen großen Saal und eine gediegene rustikale Einrichtung. Er ist ein beliebtes Speiselokal und bekannt für seine großen Portionen.

Die eigene Fleischhauerei ist ein Teil des Geheimnisses der Küche. Hier wird noch echte Rindfleischkultur gepflegt: Altwiener Tellerfleisch, Ochsenschlepp, Rieddeckel, Brustkern, dicke Schulter, weißes Scherzel und wie die Wiener Rinderteile alle heißen.

Die Größe der Portionen beruht unter Umständen auf jenem bei manchen Naturvölkern noch heute üblichen Brauch, nach dem derjenige Häuptling wird, der am meisten essen kann. Den anderen bleibt so die Gewißheit, nie Hungern zu müssen. Eine durchaus sinnvolle Einrichtung und, wenn sich Quantität mit Qualität paart, optimale Ausgangslage.

Was hier in Pfannen, Töpfen und auf Tellern aufgetragen wird, stellt tatsächlich eine gewisse Herausforderung für den Gast dar. Selbst die Weißwürste schwimmen zu dritt in einem gußeisernen Töpflein an den Tisch.

Ein Dialog wie der folgende ist daher auch keine Seltenheit beim «Renner». Bedienung: «Hat es Ihnen nicht geschmeckt?» Gast: «Doch, ausgezeichnet, aber ich wollte nur ein kleines Gulasch.» «Das war ein kleines Gulasch, gnä' Frau.» «Wie sehen dann erst die großen Portionen aus?» Und die Bedienung grinst nur schelmisch.

Alt Sievering

Slupetzky

Sieveringer Straße 63
Telefon 32 58 88 (320 58 88)
Do bis Mo 9 bis 23 Uhr (Küche bis 22 Uhr), Di, Mi Ruhetag

In dem kleinen alten Haus mit dem Schanigarten an der Sieveringer Straße ist ein

Alt Sievering: Beislabzeichen auf der Speisekarte

überraschend großes altes Wirtshaus untergebracht.

Neben dem Schankraum bietet das «Alt Sievering» einen wunderschönen ursprünglichen alten Gastraum, im Hof einem Gastgarten, ein Salettl («rauchfreie Zone») im Wintergarten und ein Extrastüberl. Im «Alt Sievering» legt man besonderen Wert auf alte Beislkultur, das zeigt sich nicht nur an den angebotenen Speisen, sondern auch im «Beislabzeichen», das auf der Speisekarte und sogar an der Fassade prangt.

Auch bei der Umgestaltung bzw. Einrichtung des Schankraumes wurde besonders darauf geachtet, einige klassische – zwar nicht unbedingt gasthaus-, aber sicher beisltypische – Elemente unterzubringen: Alle möglichen und unmöglichen Verzierungen, Zinnteller, Plastikblumen, Pokale und Bierkrüge schmücken den Schankraum, sogar die alte Täfelung

Das Alt Sievering erfreut sich größter Beliebtheit

wurde, wie in vielen anderen Lokalen auch, mit Resopal verkleidet.

Den Wirtsleuten gefällt es, die Gäste fühlen sich wohl, und das Gasthaus «Alt Sievering» erfreut sich größter Beliebtheit.

Bajones

Billrothstraße 79
Telefon 32 56 12 (320 56 12)
Mo bis Fr 9 bis 23 Uhr, Sa 9 bis 14.30 Uhr, So Ruhetag

Eine besondere Art der Annäherung an die «Schöpfer des Wiener Walzers, Josef Lanner und Johann Strauß Vater» bietet ein Besuch im «Gasthaus Bajones», liegt das Gasthaus doch genau vis-à-vis dem Strauß-Lanner-Park an der Billrothstraße, an dessen Stelle sich bis 1928 der Döblinger Friedhof befand. Zwar wurden die Gebeine der hier Bestatteten auf dem Zentralfriedhof wieder beigesetzt, für die Herren Lanner und Strauß wurde aber je ein Gedenkstein errichtet, der heute tagein, tagaus in die Richtung des «Gasthauses Bajones» blickt. So kann man sich also frohen Mutes in den kleinen Schanigarten vor dem «Bajones» setzen, hin und wieder sein Glas auf die Walzerkönige erheben und ehrfurchtsvoll über die Straße in den Park grüßen, was im übrigen auch vom Inneren des Lokales aus möglich ist.

Das «Bajones» ist das Stammhaus der Döblinger Faschingsgilde und der Sitz eines recht aktiven Sparvereins, zudem weist ein wappenartiges Schild an der Wand, einen mit Bier gefüllten Stiefel darstellend, das «Bajones» als Niederlassung des «Clubs der Hopfen-und-Malz-Genießer, Abteilung Österreich» aus. An der Wand kündet ein Plakat vom «Sensationsfrühschoppen mit der Weltpartie und den Stehaufmanderln», wahrscheinlich eine Gemeinschaftsveranstaltung der Fa-

Bajones: Club der Hopfen-und-Malz-Genießer, Abteilung Österreich

schingsgilde mit den Hopfen-und-Malz-Freunden.

Der Wirt kocht im «Bajones» selbst, was ihn aber in keiner Weise daran hindert, am Geschehen im Schankraum teilzunehmen. Dadurch, daß die Küche immer ins Lokal geöffnet ist – vermutlich, um der Entfremdung und Deprivation durch Arbeit vorzubeugen –, vermischen sich nicht nur Koch und Chef und Kellnerin und Gast, sondern vor allem auch die Gerüche aus der Küche mit jenen der Gasträume. Diese Eigenart – die Küche in den Gastraum zu entlüften – ist in Wiener Gasthäusern weit verbreitet. Sie steigert zwar das Vertrauen in die Küche, schmälert aber mitunter ein wenig die Freude des Aufenthalts. Andererseits kann es als ein gutes Zeichen gewertet werden, wenn ein Koch seinen Gästen so tiefe Einblicke in sein Reich gewährt. Im Falle des «Bajones» ist das Vertrauen in die Küche gerechtfertigt.

Grinzinger Hof

Führhapter

Grinzinger Allee 86
Telefon 32 63 13
Mo bis Sa 11 bis 23 Uhr,
So 9 bis 17 Uhr

Grinzing, hier ist die Wirtshauswelt noch in Ordnung. Nachts leuchtet das gelbe, Gemütlichkeit versprechende Licht der Straßenlaternen anders und unwirklicher als an anderen Orten in der Stadt. Da will der Mensch auch gut essen und trinken, im sagenhaften Heurigenland. Weltbekannt für seine Weinlokale, ist Grinzing auch Heimstatt einiger weniger Gasthäuser. Eines davon ist der «Grinzinger Hof», ein schönes altes Eckhaus, an dem die Reisebusse voller Deutschen, Italiener, Franzosen, Engländer und Japaner vorbeikriechen auf der Suche nach dem echten Wienertum, dem fröhlichen, das ihnen versprochen wurde in vielfar-

Grinzinger Hof: Hier ist die Wirtshauswelt noch in Ordnung

bigen Prospekten. Obwohl auf der Werbetafel vor dem Lokal «Biergarten, Heuriger Hotel Grinzinger Hof» zu lesen ist und, als wäre es ein Ablenkungsversuch, eine große alte Weinpresse im großen Gastgarten steht, ist der «Grinzinger Hof» mehr Gast- und Wirtshaus als ein Heuriger, und das ist gut so. Der kastanienbestandene Gastgarten ist ohnedies so großzügig angelegt, daß die Weinpresse nicht von den schwarzen Schiefertafeln, die von den Tagesspezialitäten künden, abzulenken vermag. Spezialitäten gibt es einige im «Grinzinger Hof» zum Beispiel das Grinzinger Hausgeheimnis: verschiedene Fleischsorten, saftig gebraten und gebacken mit reichlicher Garnierung, eine Rindfleischplatte mit gekochtem magerem Gustostückerl, dazu Apfelkren, Schnittlauchsauce und Rösti, oder Wiener Schnitzel vom Schwein, in der Pfanne gebacken, Rostbraten, geröstete Nierndln oder ein Rahmbeuschel, ausgelöstes Backhuhn, gebratenes Zanderfilet mit Kräuterbutter und Petersilienkartoffeln, Schollenfilet, gebraten, mit Sauce tatare, den inzwischen ubiquitären Mozzarella mit Tomaten und Olivenöl, gebackenes Gemüse, Steinpilze mit Knödel. Als interessante Spezialität werden auch Grinzinger (!) Kässpätzle mit grünem Salat angeboten, was ein guter Beweis für die Flexibilität und Innovationsfreude des «Grinzinger Hofs» ist. Wohl wissend, daß es verdammt hart ist, Kässpätzle außerhalb Vorarlbergs so zu machen, wie sie dort erfunden wurden, und vor allem, wie sie dort seit Menschengedenken zu schmecken und auszusehen haben, hat man im «Grinzinger Hof» ganz einfach die Grinzinger Kässpätzle erfunden, und die schmecken so, wie es die Grinzinger wollen. Und damit basta.

20., Brigittenau

1. Waltschek, *Wallensteinstraße 6*
2. Mraz und Sohn, *Wallensteinstraße 59*
3. Wagner, *Hannovergasse 6*
4. Kopp, *Donaueschingenstraße 28, Ecke Engerthstraße*
5. Weinhaus Pfeiler (Zhanel), *Engerthstraße 92*

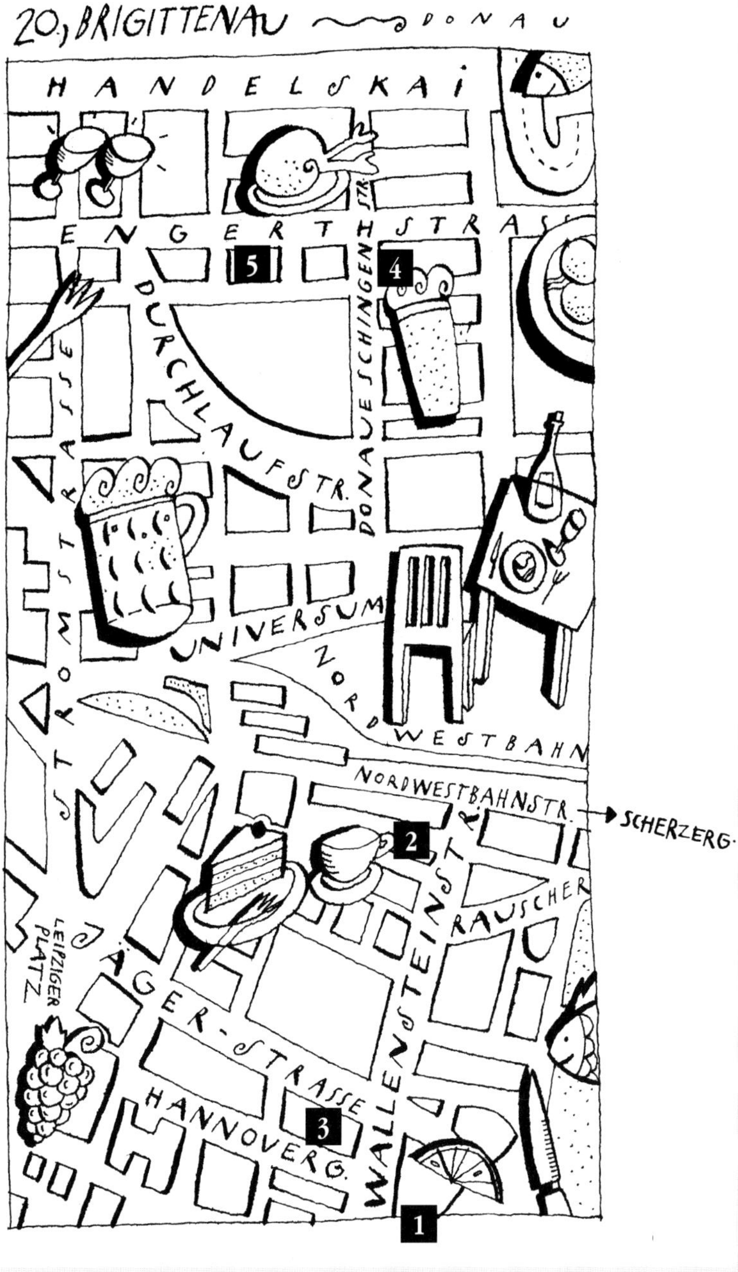

20., BRIGITTENAU
DONAU
HANDELSKAI
ENGERTHSTRASSE
DONAUESCHINGENSTR.
DURCHLAUFSTR.
STROMSTRASSE
UNIVERSUM
NORDWESTBAHN
NORDWESTBAHNSTR.
SCHERZERG.
RAUSCHER
WALLENSTEINSTR.
JÄGER-STRASSE
LEIPZIGER PLATZ
HANNOVERG.
1
2
3
4
5

Waltschek

Wallensteinstraße 6
Telefon 330 31 55
Mi bis So 10.30 bis 22 Uhr,
Mo, Di Ruhetag

Ecke Wallenstein- und Treustraße gelegen, ist das Weinhaus «Waltschek» ein Brückenkopf im 20. Bezirk.

Schon seit mehr als 90 Jahren befindet sich hier ein Gasthaus, und wie es sich für ein altes Weinhaus gehört, ist das «Waltschek» auch mit einer richtigen Weinhaustapete ausgestattet: zartgrüne Weinlaub-, Weintrauben- und Weinglasmuster auf schwach nikotingelb gefärbtem Hintergrund.

Von der Decke hängen große, schwere, alte Holz-Wirtshausluster, und an den Wänden über der alten Täfelung zeigen Wandbilder Szenen von der Weinlese, vom Pressen der Trauben und ausgelassenen Trinkgelagen. Das Ganze ist überschrieben mit einer Bitte an Noah, den Gott des Weinbaus: «Noah Gott vom Weinbau du / sitzt in deinem Faß / versüße uns das Leben / mit unverfälschtem Naß.» Zumindest im «Waltschek» kommt er dieser Bitte gerne nach.

Etwas konnte aber auch der Weinbaugott nicht verhindern: Durch zwei meterhohe fichtene Nut-und-Feder-Wände wurde das L-förmige Lokal kurzerhand um einige Meter verkürzt. Der Zweck, der diese Mittel heiligte, muß wohl ein sehr gewichtiger gewesen sein.

Die Küche des «Waltschek» bietet normale und typische Hausmannskost. Es gibt aber Leute, die behaupten: Wer beim «Waltschek» war und keine der hausgemachten Mehlspeisen gekostet hat, war gar nicht wirklich beim «Waltschek». Also: Im Weinhaus «Waltschek» nicht nur trinken, nicht nur das Menü oder was auch immer essen, sondern auch und vor allem ein Stück vom Zwetschkenfleck, ein Stück Kirschenkuchen oder einen Apfelstrudel bestellen! Denn wer will schon wo gewesen sein, um hinterher zu erfahren, daß er gar nicht wirklich dort gewesen ist.

Mraz und Sohn

Wallensteinstraße 59
Telefon 330 45 94
Mo bis Fr 11 bis 15 und
17.30 bis 24 Uhr

«Mraz und Sohn», ist das nun ein Gasthaus der Spitzenklasse, ein extrafeines Beisl oder ein Feinschmeckerrestaurant? Die Frage «Was hat der Mraz, was wir nicht haben?» drängt sich dabei fast automatisch auf. Er hat zum Beispiel eine hervorragende Wiener und internationale Küche, feine Desserts, eine beeindruckende Weinkarte, einen umfangreichen Käsewagen, eine gute Auswahl an Schnäpsen und Bränden, eine außergewöhnlich liebevolle Zubereitung und Präsentation der Speisen, ein freundliches und sachkundiges Team und herrliche Spezialitätenwochen, regionale, zum Beispiel italienische Wochen oder saisonale, zum Beispiel Wild- oder Trüffelwochen. Ein Geheimnis von «Mraz und Sohn» sind ganz sicher das kompetente Service und die Betreuung der Gäste. Wie in einem klassischen Gasthaus üblich, ist das «Mraz und Sohn» ein Familienbetrieb, wo Vater und Mutter, Chef und Chefin, Sohn und Schwiegertochter, Juniorchef und Juniorchefin sich zum Wohle und zur Gaumenfreude der Gäste aufs allerbeste zu verstehen scheinen und sich mit ihrer Aufgabe auch selbst

Mraz und Sohn: Gasthaus der Spitzenklasse oder Feinschmeckerrestaurant?

sehr wohl fühlen. Ein Teller mit Polpeti auf Püree, einem Scheibchen Räucherlachs und einem Schüsselchen lauwarme Tafelspitzsulz wird zum Einstieg als Willkommensgruß aus der Küche serviert, und wer sich bei der Dessertkarte nicht entscheiden kann, dem schickt die Küche ganz einfach einen süßen Abschiedsgruß, zum Beispiel den Vierjahreszeitenteller mit heißer Schokolade (Winter), Erdbeeren auf Schlag (Frühling), geeistem Marillensorbet (Sommer) und einem Stückchen feinstem Apfelstrudel (Herbst). Bleibt die Frage: «Was haben wir, was der Mraz nicht hat?» Ganz sicher hat der Mraz keine typische Beislatmosphäre oder ein klassisches Gasthausklima. Und wenn schon, dafür ist er eine außerordentliche Bereicherung der Wirtshaustopographie in einer ansonsten kulinarisch nicht gerade berühmten Umgebung.

Wagner

Hannovergasse 6
Telefon 330 34 96
täglich 8 bis 23 Uhr

Das Gasthaus «Wagner» ist ein typisches Wirtshaus «vom Grund» mit einem kleinen Schanigarten auf dem Gehsteig, der klassischen Trennung zwischen Schank- und Speiseraum und einer zum Teil noch sehr ursprünglichen Einrichtung.

Einzig der Schankraum ist etwas irritierend, da sich an der Stelle, an der geübte Beislgeher aufgrund einschlägiger Erfahrung die Schank- und Kühleinheit vermutet hätten, nur zwei Stehtische befinden; dahinter hängen Hirschgeweihe, ein ausgestopftes Wiesel und irgendein Fell an der Wand, in der Ecke steht ein Spielautomat, und die Schank ist dort, wo sie hingehört, aber nicht vermutet wird. Interessant, daß eine derartige Täuschung in einem so kleinen Lokal überhaupt möglich ist.

Wagner: strenges Regiment im Beisl ums Eck

Das «Wagner» steht die meiste Zeit unter dem Kommando zweier Frauen – Wirtin und Köchin –, die auf den ersten Blick ein strenges Regiment führen. Es empfiehlt sich, zumindest bei den ersten Besuchen die genauen Speisezeiten in Erfahrung zu bringen und auch einzuhalten; gelegentliche Ausnahmen sind dann aber möglich. Mit der Zeit geht auch der Eindruck der Strenge verloren, und das «Wagner» wird zum angenehmen Beisl ums Eck. Nur eines bleibt nachhaltig und schmerzlich im Gedächtnis haften: die transparenten Nylon-Schontischtücher über den Baumwolldecken, und das mitten im Sommer.

Kopp

Donaueschingenstraße 28,
Ecke Engerthstraße
Telefon 332 80 82
täglich 6 bis 2 Uhr

Der Besuch eines Wirtshauses ist angeblich eine vortreffliche Möglichkeit, eine neue Stadt kennenzulernen. Was für eine Stadt gilt, gilt wahrscheinlich auch mutatis mutandis für einen zwar nicht neuen, aber doch ziemlich unbekannten Bezirk. Vor allem das Viertel zwischen Handelskai und Dresdner Straße mit seinen großen Gemeindebauten aus der Zwischenkriegszeit ist eine Gegend, die, so man nicht dort wohnt, am ehesten mit dem Lorenz-Böhler-Unfallkrankenhaus oder der Brigittenauer Brücke – dem Mahnmal für den planlosen Stadtplaner – assoziiert wird. Eine vortreffliche Möglichkeit, dieses Grätzel besser kennenzulernen, bieten an der Engerthstraße gleich zwei für den zwanzigsten Bezirk ganz typische Lokale. Eines davon ist das Gasthaus «Kopp».

Dieses ist ein großes, gut besuchtes Gasthaus, das wohl kaum seiner Einrichtung – höchstens der beiden Spielautomaten –, sondern eher seiner bekannt guten und günstigen Küche wegen aufgesucht wird.

Wer eines der großen Wiener Schnitzel, einen Zwiebelrostbraten, gebackenen Le-

Kopp: bestbesuchtes Brigittenauer Wirtshaus

berkäse oder ein anderes typisches Beislgericht als Abendessen beim «Kopp» eingeplant hat, darf sich nicht wundern, wenn er hier keinen Platz bekommt, denn offensichtlich kommt der halbe Bezirk in ebendieser Absicht hierher.

Ist auch im Schanigarten an der Engerthstraße kein Platz mehr frei, besteht noch immer kein Grund zur Verzweiflung, denn der «Kopp» hat von 6 bis 2 Uhr und somit fast durchgehend geöffnet. Früher oder später bekommt hier also jeder – vielleicht nicht, was er verdient, aber sicher, was er will.

Weinhaus Pfeiler

Zhanel

Engerthstraße 92
Telefon 332 82 00
Mo bis Sa 8 bis 24 Uhr, So 8 bis 16 Uhr

Wie das Gasthaus «Kopp» ist das «Weinhaus Pfeiler» ein großes, gut besuchtes altes Eckwirtshaus an der Engerthstraße. Im Gegensatz zum «Kopp» ist das «Pfeiler» aber noch weit ursprünglicher erhalten geblieben.

Vor allem der vom großen Gasthaus dezent abgetrennte Eßbereich ist ein originales altes Gastzimmer mit rotbrauner Holztäfelung, Wirtshaussesseln und -tischen und alten Landschaftsbildern an der Wand.

Der Schankraum des L-förmigen Lokals hingegen hat einigen Epochen die Möglichkeit geboten, ihre verräterischen Spuren zu hinterlassen. Am eindrücklichsten ist das zweifellos den 60ern gelungen, die die Modernisierung der Schank und ihre Ausstattung mit bunten Neonschriftzügen – «Grill, Likör, Bier, Wein» – mit zu verantworten haben.

Der Schankraum gewährt – sehr vertrauenserweckend – tiefe Einblicke in die Küche, die so fast zu einem Teil des Gastraumes wird.

Trotzdem kommen manche Gäste nicht zum Essen hierher, sondern um dem Namen Weinhaus gerecht zu werden.

21., Floridsdorf

1. Birner's Strandgasthaus, *An der Oberen Alten Donau 47*
2. Kleeblatt (Gasthaus Zeitlberger), *Gerichtsgasse 7,*
3. Auerhahn, *Peter-Kaiser-Gasse 20*
4. Wannemacher, *Langenzersdorfer Straße 32*
5. Baumann, *Leopoldauer Platz 93*
6. Starkbaum, *Brünner Straße 177, Ecke Wannemachergasse*
7. Wein- und Bierhaus Loos, *Deublergasse 13, Ecke Voltagasse*

21., FLORIDSDORF
PETER KAISERG.
4
LANGENZERSDORFERSTRASSE
3
7
JEDLESEER
PRAGER STR.
6
PRAGER STRASSE
B 227
2
GERICHTSGASSE
WANNEMACHERGASSE
STRASSE
STRASSE
BRÜNNER
WEISSELGASSE
LEOPOLD-AUERPL
5
AM SPITZ
FLORIDSDORFER HPTSTR.
AN DER OBEREN ALTEN DONAU
STRANDBÄDER
1

Birner's Strandgasthaus: Wo «Engel» Fischbeuschelsuppe und Fogosch zubereiten

Birner's Strandgasthaus

An der Oberen Alten Donau 47
Telefon 38 53 36
Do bis Di 9 bis 22 Uhr (Sommer), 9 bis 19 Uhr (Winter), Mi Ruhetag

Es gibt nur zwei Möglichkeiten, die Alte Donau zu überqueren: Die eine ist die Wagramer Straße und die andere der Birnersteig. Wer den Birnersteig gewählt hat, steht am Ende der Fußgängerbrücke wieder vor zwei Möglichkeiten, nämlich weiterzugehen oder das Strandgasthaus «Birner» zu besuchen. Die Entscheidung für den «Birner» ist die bessere und meist auch die richtige.

Wer sich dem «Birner» über den Birnersteig nähert, gelangt zuerst in einen der schönsten Gastgärten Wiens.

Der Garten steigt in drei Niveaus vom Ufer der Alten Donau bis zur Straße hin an, und erst wer die Straße überquert, gelangt in das «Gasthaus Birner».

Im Sommer ist auf jeden Fall der Aufenthalt im Garten, unter wildem Wein und alten Bäumen und in der angenehm kühlen Nähe zum Wasser, zu empfehlen.

Das Wirtshaus selbst ist ein großes Gasthaus mit einem länglichen Schankraum, einem großen Speisesaal und zwei weiteren Räumen. Mitunter gestattet einem die Wirtin auch einen Blick in die Küche, in der sie und ihre «Engel» natürlich Fisch – zum Beispiel die berühmte Fischbeuschelsuppe, Fogosch, Zander, Karpfen, serbisch und gebacken, und Forelle blau –, aber auch Schweinsbraten, Schweinsbrüstel, Kaiserfleisch, Bauernschmaus, ungarisches Gulasch oder die hausgemachte Torte zubereiten.

Kleeblatt

Gasthaus Zeitlberger

Gerichtsgasse 7, Telefon 278 51 39
Mi bis So 8.30 bis 22 Uhr

«Naturbelassene Weine und Biere, vorzügliche Wiener Küche» steht in alten, großen

Kleeblatt: Floridsdorfer Nebenschauplatz

Metallettern auf der Fassade des «Gasthauses zum Kleeblatt» geschrieben. Das glaubt man am besten ganz einfach, denn die Damen, die in Mantelschürzen bedienen und die Küche in Schwung halten, sehen so aus, als wüßten sie ihr Gulasch zu kochen. Frische Luft gibt es draußen vor dem Lokal zur Genüge und gratis, im Lokal gibt es deshalb als Alternative dichte Zigarettenrauchschwaden. Weil das Kleeblatt aber eigentlich ein Glücksbringer ist, warten hier einige Gäste offensichtlich schon recht lange, bis die Sache mit dem Glück endlich losgeht. In der Zwischenzeit sitzen sie schweigend am Tisch vor ihren Gläsern, beschränkt auf minimale Kommunikation – «Griaß di Herbert, gehst scho?» «Jo!» –, klammern sich, im Tiefschlaf sitzend, an der Tischkante fest, wie der Zwillingsbruder von Günter Grass, oder unterhalten sich wild drauflos über die Vorteile des Nikotinkonsums. Irgendwann wird das Glück doch auch in Floridsdorf vorbeischauen, und zum Warten ist das «Kleeblatt» ein recht guter Platz, einfach und schmucklos. Wer braucht schon schmucke Gastzimmer. Jeder der Gäste weiß, wozu er hergekommen ist. Dafür wird man hier auch so sehr in Ruhe gelassen wie sonst kaum wo. Wenn aber Samstag abends an diesem Floridsdorfer Nebenschauplatz auch noch die lokale Trachten- und Volkstanzgruppe mit ihrem Training beginnt und hin und wieder das Klatschen der Schuhplattler in den Gastraum dringt, dann, ja dann möchte man gerne seine Freunde hierher führen, wenn die das nur verstehen würden.

Auerhahn

Peter-Kaiser-Gasse 20

Telefon 271 73 21

Mo bis Fr 6 bis 22 Uhr, Sa, So 8 bis 22 Uhr

An dem kleinen Platz, den die Peter-Kaiser- und die Anton-Störck-Gasse bilden, liegt das Gasthaus «Auerhahn», natürlich

Auerhahn: Treffpunkt für Anrainer und Stammgäste

mit dem obligaten kleinen Schanigarten davor.

Rustikale und pseudorustikale Einrichtungselemente versuchen den Namen des Lokals zu rechtfertigen. Tatsächlich hat diese Einrichtung mindestens soviel in einem Gasthaus verloren wie ein Auerhahn in der Stadt. Aber wir sind ja hier nicht irgendwo, sondern in Jedlesee.

Am alten Wirtshaus wurde so lange herumgebaut, bis es den ästhetischen Vorstellungen der Wirtsleute genügte und selbstverständlich denen der Gäste – und die fühlten sich hier offensichtlich sehr wohl. Die Fotos an den Wänden, die einen lustigen Verein bei allen möglichen Festivitäten zeigen, deuten jedenfalls darauf hin.

Der «Auerhahn» ist ein Treff für seine Anrainer, die hier essen, Karten spielen oder auch im Extrazimmer fernsehen. Das als kleine Speise angebotene Schnitzel erweist sich als Doppelportion, muß zwar noch ein wenig in seine Panier hineinwachsen, braucht aber den Vergleich mit anderen Schnitzeln weder in der Qualität noch in der Größe zu scheuen.

Die etwas herbe Art der Gastlichkeit bei Betreten des Lokals darf der Fremde nicht persönlich nehmen, so sind sie eben, die Floridsdorfer.

Wannemacher

Langenzersdorfer Straße 32

Telefon 292 12 59

Di bis Sa 17 bis 24 Uhr, So, Mo Ruhetag

Die Weinschank «Wannemacher» wäre zwar als Heurigenlokal besser eingestuft denn als Gasthaus, aber in ihrer Form kann sie als typisch für den 21. Bezirk, vor allem für Strebersdorf gelten. Jedenfalls ist es eine gute Adresse für bodenständige Küche und guten Wein. In dem kleinen Haus steckt ein recht geräumiges Lokal

Wannemacher: halb Wirthaus, halb Heuriger

mit einer einfachen «heurigenmäßigen» Einrichtung und einem großen Gastgarten im Hof.

Besonders zu empfehlen ist der «Wannemacher», wenn man allein unterwegs ist und vielleicht auch noch ein wenig geknickt dreinschaut. Dann wird man hier bestens umsorgt und mit der Tagesspezialität, zum Beispiel einer ausgezeichneten Knoblauchsuppe, und einem Viertel Grünem Veltliner wieder aufgerichtet.

Baumann

Leopoldauer Platz 93
Telefon 258 26 71
Di bis Sa 9 bis 24 Uhr, So 9 bis 14 Uhr, Mo, Feiertag Ruhetag

Das «Gasthaus Baumann» mit eigener Fleischerei ist das alte Dorfgasthaus von Leopoldau und beherrscht in seiner prominenten Lage den ganzen kleinen Ort, der, um einen länglichen Anger gebaut, praktisch direkt auf die Front des Gasthauses und in weiterer Folge auch auf die mächtige Schank des «Baumann» ausgerichtet zu sein scheint.

Dort, an der Schank, stehen dann auch immer einige diskutierende und sich bei einem Bier unterhaltende Leopoldauer und schauen auf den vor ihnen ausgebreiteten Ort.

Vor einigen Jahren wurde der große Gasthof, der von zwei Brüdern geführt wird, von Grund auf modernisiert und neu eingerichtet, der ursprüngliche Charakter des großen Dorfgasthauses blieb jedoch erhalten. Die gefühlvolle Renovierung wurde mit der Jörg-Mauthe-Medaille für die Erhaltung des Stadtbilds ausgezeichnet.

Wie es für den Gemeindegasthof früher üblich war, ist auch der «Baumann» mit einem großen Saal für alle möglichen Veranstaltungen ausgestattet. Bis vor einigen Jahren noch übten sich hier die Mitglieder des «1. Leopoldauer Schwerathle-

Starkbaum: Treffpunkt mit ortsüblichem Schmäh

tik-Clubs» im Gewichtheben – und hinterher im Krügelstemmen. In den Gasträumen zeugen noch diverse Ehrenurkunden an den Wänden vom verdienstvollen Wirken des Schriftführers und der aufopfernden, liebevollen und traditionsstiftenden Tätigkeit einzelner Mitglieder. Der große, ebenfalls renovierte Saal mit einer kleinen Bühne ist heute ein beliebter Austragungsort für Familienfeiern, Hochzeiten und andere größere Veranstaltungen.

Starkbaum

Brünner Straße 177,
Ecke Wannemachergasse
Telefon 292 35 71
Di bis Sa 9 bis 23 Uhr, So, Feiertag
9 bis 14 Uhr, Mo Ruhetag

Natürlich gibt es auch in Floridsdorf gute, typische und schöne Lokale. Das «Starkbaum» direkt an der Brünner Straße zum Beispiel, schon recht weit außerhalb der sonst üblicherweise befahrenen Wege gelegen, ein ganz nettes Gasthaus, wichtiger Treffpunkt und Kommunikationsort der Umgebung: Kommt ein Gast zur Tür herein und ruft: «Waast, wer gschturm is?»

Das «Starkbaum» hat zwei Gasträume, ein großes Extrazimmer im Hof, einen schönen Gastgarten und einen Stammtisch mit dem ortsüblichen Schmäh: «Woarst fischn, oder hoast de Wirm bodt?» Die Chefin kocht Wiener Wirtshausküche, und auch sonst werden die zahlreichen Gäste von den Wirtsleuten gut betreut. Zur Schonung der anderen Gäste sind die inzwischen schon fast überall üblichen Spielautomaten und ein daneben fast altertümlich wirkender Tischfußballtisch in einem Extrakämmerchen untergebracht.

Die Theke ragt richtiggehend in den kleinen Schankraum und ist im Idealfall von drei Seiten zu «bestehen». An der Wand kündet ein Plakat vom bevorstehenden Schicksalsspiel FC Stammersdorf gegen Höflein. Und einer der Kartenspie-

Loos: ein typisches Gasthaus «vom Grund»

ler («Reibst ma an Hundertar bis murgn?») – als Einsätze werden Kronenkorken auf dem Tisch hin- und hergeschoben – ruft immer wieder «Weißenbach an der Triesting, Weißenbach an der Triesting», als wäre dies die Zauberformel für Glück im Spiel.

Wein- und Bierhaus Loos

Deublergasse 13, Ecke Voltagasse
Telefon 38 62 73
Di bis Mo 8.30 bis 23 Uhr, Mi Ruhetag

Das Gasthaus «Zum Loos» ist ein unprätentiöses, einfaches, großes und gut funktionierendes Gasthaus «vom Grund», das nichts Außerordentliches zu bieten hat, schlichte, aber «echte» Einrichtung, einfache, aber gute Atmosphäre. Gerade deshalb ist es umso typischer für eine ganze Reihe von Wirtshäusern, die hauptsächlich von und für die unmittelbare Umgebung leben und erst wirklich wahrgenommen werden, wenn es sie einmal nicht mehr gibt. In Lokale wie das «Zum Loos» kommen nur selten und dann wahrscheinlich versehentlich Touristen oder Wiener aus der «Stadt», und das ist auch ganz in Ordnung so. Hier unterhalten sich die Stammtischrunden über den «kältesten Tagesdurchschnitt für den heutigen Tag seit 50 Jahren», aktuelle Fußballergebnisse oder das neue Moped eines Stammtischlers. Durch freundliches Zwinkern und beschwingtes Schmähführen versucht der eine oder andere Gast die junge Bedienung bei Laune zu halten, während im Extrastüberl die wahren Freunde des zweiten großen Wiener Fußballclubs beisammensitzen. Die Küche bietet, was eine Beislküche zu bieten hat, und ist jederzeit bereit für ein kleines Gulasch oder das berühmte Wiener Schnitzerl vom Schwein. Solange es Wien gibt, wird es wohl auch Lokale wie das «Loos» geben, denn wenn ein Gasthaus wie das «Loos» einmal zusperrt, dann hat kurz zuvor wahrscheinlich schon ganz Wien zugesperrt.

Szegediner Gulyas

Zutaten für 4 Portionen	*1/2 kg Sauerkraut*
ca. 70 dag ausgelöste	*Salz, Pfeffer*
*Schweinsstelze**	*Kümmel*
2 EL Schmalz	*1 Zehe Knoblauch*
2 Zwiebeln	*1/2 Becher Sauerrahm*
2 gestr. EL Paprika (edelsüß)	*etwas Mehl*

** Das beste Fleisch für Szegediner Gulyas ist von der hinteren Stelze. Es bleibt auch nach längerem Kochen saftig, wohingegen zum Beispiel Schweinsschulter unweigerlich trocken wird.*

Die Stelze am besten vom Fleischhauer auslösen lassen. Fleisch in Würfel schneiden. Zwiebeln feinblättrig schneiden.
In einem Topf Schmalz erhitzen. Zwiebeln goldgelb anrösten, Paprika dazugeben, kurz durchrühren und mit einem Schuß Wasser ablöschen. Fleisch beigeben, mit Salz, Pfeffer, Kümmel und zerdrücktem Knoblauch würzen. So viel Wasser zugeben, daß das Fleisch gerade eben bedeckt ist. Zugedeckt ca. 40 Minuten köcheln lassen.
Sollte das Sauerkraut zu scharf sein, in ein Sieb legen, kurz mit Wasser durchspülen und ausdrücken.
Nach ca. 40 Minuten ist das Fleisch halbweich. Das ist der richtige Augenblick, um das Kraut beizugeben. Ab nun hin und wieder umrühren, weil das Kraut leicht anbrennt.
Sobald das Fleisch weich ist, Rahm mit Mehl glattrühren und in das Gulyas einrühren. Kurz verkochen lassen und mit Salz und Pfeffer abschmecken.
Als Beilage passen zum Szegediner Gulyas Salz- oder Dampferdäpfel.

Rezept von Karl Malafa
Küchenchef Restaurant «Zur Majestät»

Entnommen aus «Gusto»

Bauerngulyas

Zutaten für 4 Portionen	*2 EL Paprika (edelsüß)*
1 kg Schweinsstelze	*2 Zehen Knoblauch*
(ausgelöst, ohne Schwarte)	*1 TL Kümmel*
30 dag mehlige Erdäpfel	*Majoran*
1 Paar Debreziner	*Salz, Pfeffer*
1 Paar Frankfurter	*ca. 1 1/2 Paprika*
1 große Zwiebel	*10 dag Räucherspeck*

Fleisch würfelig schneiden, salzen und pfeffern. Zwiebel schälen, halbieren und fein schneiden. Knoblauch zerdrücken, Kümmel dazugeben und Kümmel klein schneiden (durch das Vermischen mit dem Knoblauch kann man den Kümmel zerkleinern, ohne daß er in alle Richtungen davonspringt).
Zwiebel in Schmalz goldgelb anrösten. Knoblauch, Kümmel, Majoran und Paprika einrühren, kurz aufkochen lassen, Fleisch dazugeben und so viel Wasser zugießen, daß es gerade bedeckt ist. Auf kleiner Flamme zugedeckt ca. 45 Minuten köcheln lassen.
Inzwischen Erdäpfel schälen und in Würfel schneiden (je nach Größe sechsteln und achteln). Nach einer 3/4 Stunde sollte das Fleisch schon fast weich sein. Sobald es nur noch ca. 10 Minuten braucht, Erdäpfel beigeben und mitkochen. Ca. 5 Minuten vor Ende der Garzeit Würstel kleinschneiden und ebenfalls zum Gulyas geben.
Vor dem Servieren Speck und Paprika in Streifen schneiden und anrösten. Als Einlage ins Gulyas geben.

Rezept von Karl Malafa
Küchenchef Restaurant «Zur Majestät»

Entnommen aus «Gusto»

22., Donaustadt

1. Wöber, *Schüttauplatz 17*
2. Neubrasilien (Baumann), *An der Unteren Alten Donau 61*
3. Kainz, *Stadlauer Straße 26*
4. Selitsch, *Gemeindeaugasse, Ecke Konstanziagasse*
5. Lindenhof Breitenlee, *Breitenleer Straße 256*
6. Goldener Hirsch, *Hirschstettner Straße 83*

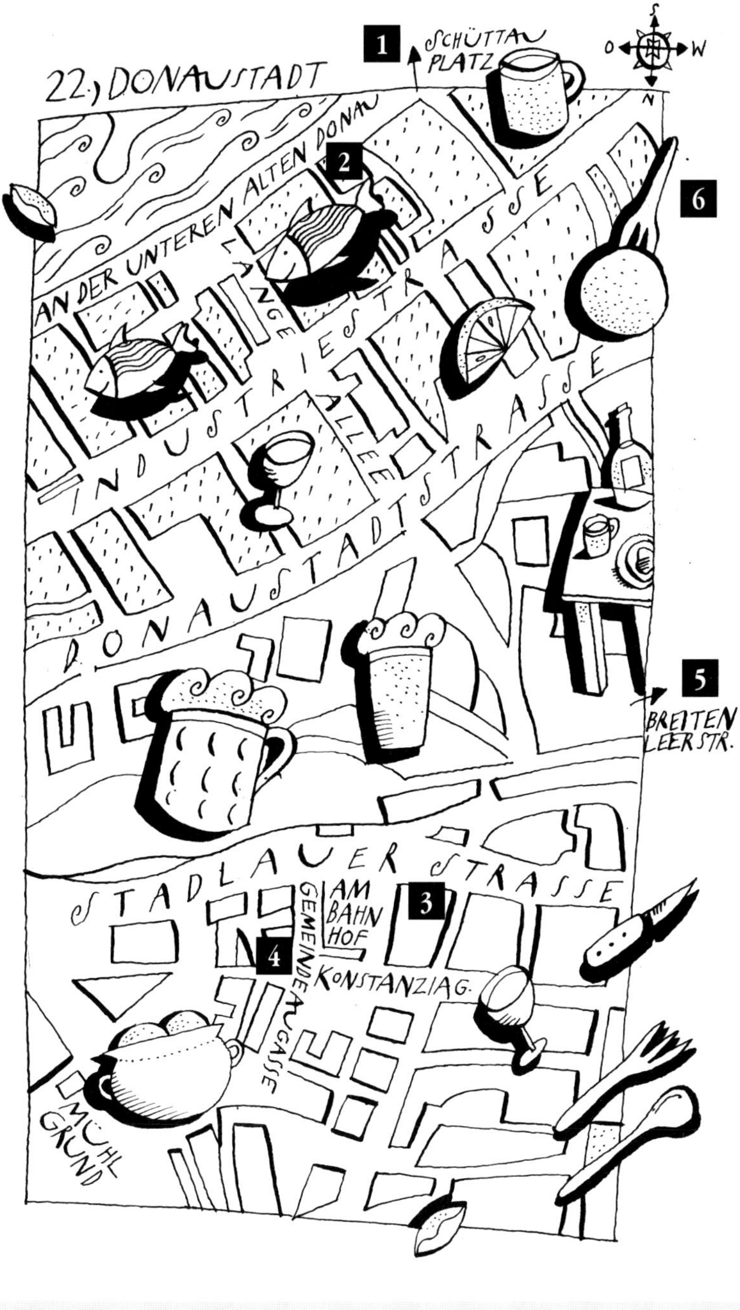
22., DONAUSTADT
1
SCHÜTTAU PLATZ
2
AN DER UNTEREN ALTEN DONAU
LANGE ALLEE
INDUSTRIESTRASSE
6
DONAUSTADTSTRASSE
5
BREITENLEERSTR.
STADLAUER STRASSE
AM BAHNHOF
3
GEMEINDEAUGASSE
4
KONSTANZIAG.
MÜHLGRUND
O
W
S
N

Wöber: für Gäste mit Langmut

Wöber

Schüttauplatz 17
Telefon 23 85 34
Fr bis Di 8.30 bis 22 Uhr,
Mi, Do Ruhetag

Der «Wöber» in Kaisermühlen ist ein sehr beliebtes Lokal, in dem die Kaisermühlner aber schon mitunter vor Ungeduld mit den Zähnen knirschen, bis endlich der serbische Karpfen, das Seefilet, der Zander, das Grillkotelett, das Puten-Cordon-bleu oder was auch immer auf dem Tisch steht. Denn eilig sollte man es beim «Wöber» nicht haben, hier braucht alles seine Zeit. Da kann es schon vorkommen, daß das Paar am Nebentisch die Zeit des Wartens mit Beziehungsarbeit überbrückt und appetitlos vor dem Karpfen resigniert, wenn es endlich soweit ist.

Wenn's kein Karpfen sein soll, gibt es jeden Samstag Spareribs, und jeder erste Montag im Monat ist Schnitzeltag.

Neubrasilien

Baumann

An der Unteren Alten Donau 61
Telefon 203 12 92
Mai bis Oktober Di bis Fr 10 bis 22 Uhr,
Sa, So 9 bis 22 Uhr, Mo Ruhetag,
Oktober bis April nur Sa, So geöffnet

Wie die Öffnungszeiten schon zeigen, ist das Gasthaus «Baumann» ein Lokal, das vor allem in der wärmeren Jahreszeit besucht wird, wenn man die Schrebergärten bewohnt und die Alte Donau freizeitlich nutzt.

Passenderweise also wirkt der Schankraum wie ein zu groß geratenes Schrebergartenhäuschen. Im anschließenden Gastraum wird das «Baumann» aber zu einem ganz normalen, relativ neuen Wirtshaus.

Bilder aus den Zeiten Florian Berndls, des Gründers des Bades am Gänsehäufel, zeugen vom Beginn der Lust- und Nutzgartenbewegung und weisen auf die lange Geschichte des «Neubrasilien» hin.

Neubrasilien: Ort für angenehmen Zeitvertreib

Das Gasthaus «Baumann» hat zwei Gastgärten, wobei der eine, direkt an der Alten Donau gelegene für einen Sommertag absolut zu empfehlen ist. Hier läßt sich's bei Hausmannskost und Gspritzten angenehm die Zeit vertreiben.

Kainz

Stadlauer Straße 26
Telefon 282 31 58
Fr bis Di 8 bis 24 Uhr, Mi, Do Ruhetag

Das «Gasthaus Kainz» ist ein Riesenlokal, das seine wahren Dimensionen erst nach einigen Besuchen preisgibt. Hier trifft sich im Schankraum, in einem der Gasträume, im Extrazimmer oder im Gastgarten halb Stadlau zum Stammtisch, zu Familienfeiern, um die letzten Vorbereitungen zu einem Ausflug an die Copa Kagrana zu treffen, oder einfach, um zu essen oder ins Wirtshaus zu gehen. Die Ober rasen mit unglaublicher Geschwindigkeit und Zielgenauigkeit durch den Stadlauer Kosmos und verlieren weder die Kontrolle noch ihre Contenance.

Die Einrichtung des «Gasthauses Kainz» variiert von einem Raum zum anderen, das erleichtert die Orientierung. Der Schankraum zum Beispiel ist mit einfachen, aber nicht unbequemen großen Tischen und Bänken ausgestattet. Allerhand Schmiedeeisernes bestimmt hier den optischen Eindruck. Der Verdacht liegt nahe, daß ein Kunstschmied einen nicht unbeträchtlichen Teil seiner Zeche im Naturalientausch beglichen hat.

Das «Kainz» ist immer wieder für Überraschungen gut – wenn etwa ein Teilnehmer einer etwas aus dem üblichen Rahmen gerutschten Familienfeier wie weiland Johannes Heesters zu singen anhebt oder wenn der Dauerabonnent auf erste Plätze im Axel-Corti-Ähnlichkeitswettbewerb erscheint.

Kainz: ein Hauptort der Stadlauer

Selitsch

Gemeindeaugasse,
Ecke Konstanziagasse
Telefon 282 32 73
Di bis Sa 8 bis 24 Uhr, So 9 bis 15 Uhr,
Mo Ruhetag

Die Stadlauer gehen offensichtlich sehr gerne und gerne gemeinsam ins Wirtshaus. Anders ist es nicht zu erklären, daß hier nur wenige hundert Meter voneinander entfernt zwei Riesenlokale überleben und sogar gut leben können.

Wie das «Gasthaus Kainz» in der Stadlauer Straße ist auch der «Selitsch» ein Riesengasthaus mit Schankraum, Speisesaal, Extrazimmer, Bauernstüberl, einem Gastgarten im Hof und einem großen Veranstaltungssaal in der «Heurigentenne».

Alle Räume des «Selitsch» wurden aufwendig und sehr gefühlvoll renoviert und neu eingerichtet, ohne daß darunter der Charakter des Gasthauses gelitten hätte.

Der «Selitsch» hat eine bekannt gute Küche mit Altwiener, italienischen und Wildspezialitäten und der Hausspezialität «Hauerpfandl»: einem in gußeiserner Pfanne servierten geschnetzelten Schweinslungenbraten. Aber auch Spanferkel und Spareribs stehen auf der Karte.

Im großen Saal des «Selitsch» finden an Wochenenden häufig Volksmusikveranstaltungen statt. Zum Beispiel mit den «Surmtaler Dirndln» oder der Nummer eins aus der Steiermark, dem «Stoakogler Trio». Rechtzeitige Platzreservierungen sind notwendig. Manchmal, wenn sich am frühen Vormittag die Pensionisten in kurzen Hosen ein kühles Bier in den erhitzten Kopf leeren und mitunter ihr Innerstes nach außen kehren, steht der leibhaftige Hausmeister des Herrn Deix an der Schank und politisiert. Sonst ist der «Selitsch» ein angenehmes und empfehlenswertes Stadlauer Lokal.

Lindenhof Breitenlee: am Übergang vom Urbanen ins Rurale

Lindenhof Breitenlee

Breitenleer Straße 256
Telefon 22 81 80
Mo bis Fr 9 bis 24 Uhr, So 9 bis 20 Uhr, Sa Ruhetag

An wenigen Orten wird der Übergang vom Urbanen ins Rurale so deutlich wie hier, wo schon längst das Marchfeld begonnen hat und außer den Straßennamen mit den vorangestellten Bezirksbezeichnungen nichts mehr auf Stadt hinweist. Der «Lindenhof» ist viel eher ein Landgasthof als ein Großstadtgasthaus.

Mit mehreren Gasträumen, einem großen Saal und einem Hof, in dem einmal jährlich ein Kirtag stattfindet, hat er gemeinländlichen Charakter. Und auch die Gespräche der Gäste kreisen um Themen wie die neue Hofeinfahrt, das reparaturbedürftige Stadeldach oder die ultimative Traktorkabine. Wie auf dem Land ist auch der Stammtisch gut besetzt und laut, im großen Saal feiert die «CB Funkerrunde Floridsdorf» eine große Geburtstagsparty, und einige verirrte Touristen wundern sich verschreckt.

Der «Lindenhof» ist gut besucht, und die meisten der Gäste sind hier, um zu essen, was hier auch durchaus empfehlenswert ist, nicht nur Hausmannskost, sondern auch Jumbo-Shrimps, Lachs- oder Haisteak, Rumpsteak mexicain, Pizza und natürlich Toast Hawaii. Jeden Donnerstag gibt's Grillabend mit Live-Musik, zum Beispiel dem Steirerfranzi, und sonntags gibt's den musikalischen Frühschoppen.

Goldener Hirsch

Hirschstettner Straße 83
Telefon 282 83 27
Mo bis Sa 9–24 Uhr (Küche 11–22 Uhr)

Der Hirsch ist eines der am weitesten verbreiteten Tiere in der heimischen Gastronomie. Vor allem im ländlichen Raum gibt es beinahe in jedem Ort zumindest einen

Goldener Hirsch: ein Fixstern in Hirschstetten

«Hirschen», sei er nun weiß, braun oder gülden. Wer sich schon immer fragte, wo diese Namengebung wohl herrührt, findet eine mögliche Erklärung dafür in Wien-Donaustadt. Dort nämlich, in Hirschstetten, steht ein großes und wichtiges Gasthaus, der «Goldene Hirsch», und nicht wenige der Stammgäste schwören darauf, daß ihr «Goldener Hirsch» die Mutter aller gastronomischen Hirsche sei. Eine aufgrund biologischer Gegebenheiten eher unwahrscheinliche Annahme, andererseits: Woher sonst, wenn nicht aus Hirschstetten, sollten die zahllosen Hirsche stammen? Hier hat er auf jeden Fall die allergrößte Berechtigung und leiht seinen Namen einem sehr guten Gasthaus. Großzügig angelegt, mit viel Platz für alle Gelegenheiten und Anlässe und einem schönen Garten unter Kastanienbäumen, ist das Gasthaus der Familie Siegl ein Fixstern in Hirschstetten, dem großen weißen Fleck auf der Landkarte vieler Wiener und Wienbenutzer. Wer diesen Teil Wiens erforschen will oder zufällig hierher gerät, findet im «Goldenen Hirsch» eine sichere Anlaufstelle, eine gute Versorgungsstation und ein typisches Wiener Gasthaus. Die Karte bietet ein reiches Angebot an Speisen wie Esterházybraten, Eierschwammerlgerichte zur Saison, diverse Schnitzel und Fischgerichte, das Hirschstettner Grillbretterl, eine kleine vegetarische Abteilung und in der warmen Saison verschiedene Salate, alles große und ausgiebige Portionen. Für besonders Hungrige gibt es auch die «Platte für zwei, die gerne dasselbe essen», eine sehr innovative und zweckmäßige Idee. Damit hat endlich das nervende Herumgestochere im Teller des anderen ein Ende, das selbst bei Frischverliebten zu Mißverständnissen und ersten Trübungen führen kann. «Darf ich das eh haben?» – Und schon ist das Gustostückerl weg. Achtung: Der üppige Rindfleischsalat mit Zwiebeln und Gurkerl kann so sauer sein, wie es noch keine saure Wurst auf dem ganzen Erdenrund war. Das sollte vielleicht als scharfe Reaktion der Hirschstettner Küche auf den generellen Vorwurf der viel zu süßen Wiener Vinaigretten («gesüßtes Wasser!») verstanden werden.

Gebackene Apfelscheiben

Zutaten für 4 Portionen	*Für den Backteig:*
4 Äpfel, 2 Zitronen	*ca. 18 dag Mehl*
2 EL Rum	*3/16 l Weißwein*
10 dag Staubzucker	*etwas Öl*
Fett zum Backen	*oder flüssige Butter*
	3 Eier
Staubzucker, Zimt, Salz	*5 dag Kristallzucker*

Äpfel schälen, Kerngehäuse ausstechen und Äpfel in 1 1/2 cm dicke Scheiben schneiden. Apfelscheiben in Zitronensaft, Rum und Staubzucker marinieren.
Inzwischen den Wein-Backteig zubereiten: Mehl mit Eidottern, Weißwein, etwas Öl oder flüssiger Butter und Salz verrühren. Eiklar mit Kristallzucker zu Schnee schlagen und behutsam unter den Teig heben. Fett erhitzen, Apfelspalten durch den Weinteig ziehen und schwimmend ausbacken. Vor dem Servieren mit Zimt aund Staubzucker bestreuen. Als Beilage passen Preiselbeeren besonders gut.

Entnommen aus «Gusto»

23., Liesing

1. Geyer (Zum Mittelpunkt der Welt), *Erlaaer Straße 80*
2. Prost's Schwammerlwirt, *Speisinger Straße 224*
3. Karl-Wirt, *Ketzergasse 155, Ecke Brunner Straße*
4. Liesinger Hof, *Fröhlichgasse 40*
5. Gasthaus Aschauer, *Kalksburg, Kirchenplatz 5*

23., LIESING
2
SPEISINGER STRASSE
BREITENFURTER
ERLAAER STRASSE
1
ERLAAER STRASSE
BRUNNER STRASSE
4 5
KALKSBURG KIRCHENPLATZ
PERFEKTASTRASSE
3
KETZERGASSE

Geyer: «Jede Gegend hat die Lokale, die sie verdient»

Geyer
Zum Mittelpunkt der Welt

Erlaaer Straße 80
Telefon 869 90 85
Mi bis So 10.30 bis 22 Uhr,
Mo, Di Ruhetag

Das «Gasthaus Geyer» wurde um die Jahrhundertwende errichtet, als Alterlaa noch am Ende der Welt lag, und bildete mit Tanzsaal, Kegelbahn und großem Gastgarten für Eingeborene und Ausflügler sehr bald den Mittelpunkt der kleinen Alterlaaer Welt.

Heute ist es umgeben von Gemeindebauten, Siedlungshäusern, Einfamilienhäusern und Gärtnereien und immer noch einer der Mittelpunkte dieser Gegend, allerdings ohne Kegelbahn und Tanzsaal.

Nähme man nun an – entsprechend dem Motto: «Jede Gegend hat die Lokale, die sie verdient» –, der Charme des «Geyer» entspräche dem der Umgebung, so läge man jedoch mindestens auf den zweiten Blick völlig falsch.

Der «Mittelpunkt der Welt» ist ein großes Gasthaus mit Schankraum, einem großen Speisesaal und einem schönen alten Naturgarten im Schatten mächtiger Kastanienbäume. Die Einrichtung des «Geyer», überwiegend in dunklem Holz gehalten, mit kontrastierenden weißen Tischplatten und einer ziegelverkleideten Schank, entbehrt natürlich auch nicht ein Jagdtrophäenschau an der Wand.

Der «Mittelpunkt der Welt» hält aber auch einige Überraschungen bereit. So werden neben den wirtshausüblichen und oft auch notwendigen Magenschnäpsen auch feinere Spirituosen wie Whisky und Cognac ausgeschenkt. Der Wirt er-

Schwammerlwirt: Prost, Mahlzeit!

scheint in vollständiger «Chefkochmontur» an der Schank und verspricht eine gepflegte traditionelle Wiener Küche mit wechselnden Tages- und Saisonspezialitäten.

Prost's Schwammerlwirt

Speisinger Straße 224
Telefon 889 34 32
Do bis Mo 9 bis 23 Uhr,
Di, Mi Ruhetag

Der Name «Schwammerlwirt» stammt aus der Zeit, als Mauer noch als Luftkurort für noble Sommergäste galt. «Damals trafen sich die feinen Gäste mit den Ausflüglern und Schwammerlsuchern, um diesen ihre Schwammerl abzukaufen, beim Wirt, und die Gäste gaben dem Lokal den Namen Schwammerlwirt.» Soweit die Speisekarte.

Prost ist der Name des Wirtes Heinrich Prost, der tatsächlich so heißt.

Das Gasthaus selbst ist ein angenehmes altes Lokal mit Schankraum, Extrazimmer, Weinstüberl und einem Saal in einem eigenen Gebäude im Gastgarten.

Die Küche bietet neben typischer Wiener Hausmannskost und Altwiener Spezialitäten natürlich in der Saison auch Pilzgerichte.

Während der mehrsprachige Wirt, wie Fotos in den Gasträumen belegen, weitgereist ist, stellt für einige seiner Gäste schon ein Ausflug zum Karlsplatz einen erlebnisreichen Trip dar. Sie: «Beinahe wär i in a Razzia einekumma.» Er: «Na und, host ja nix ausgfressen.» Sie: «Na, aber trotzdem, des is ja unangenehm.» Er: «Geh her auf mit dem Bledsinn.»

Karl-Wirt: letzte Bastion der Wiener Gastlichkeit

Karl-Wirt

Ketzergasse 155, Ecke Brunner Straße
Telefon 869 03 01
Mo bis Sa 8 bis 22 Uhr

Kurz vor dem Heurigen- und Weinort Perchtoldsdorf ist der Gasthof «Karl-Wirt» ein wertvoller Brückenkopf und die letzte Bastion der Wiener Gastlichkeit und Beislkultur. Direkt an der Grenze zu Niederösterreich übernimmt ein kleines Bächlein, der Petersbach, die Aufgabe des Grenzflusses, der hier den großen Parkplatz des «Karl-Wirts» vom Land Niederösterreich trennen soll. Seiner wichtigen Funktion entsprechend, ist beim «Karl-Wirt» alles etwas größer ausgefallen als in anderen Gasthäusern. An den ausgedehnten Parkplatz schließt ein großer Gastgarten an, beschattet von stattlichen Kastanienbäumen, das Wirtshaus selbst bietet in geräumigen Gastzimmern großzügig Platz. Bei soviel Größe kann es schon mal passieren, daß der erweiterte und umgebaute neue Speisesaal, der allerdings der Grenze am nächsten liegt, ein wenig an eine niederösterreichische Mehrzweckhalle erinnert. Vorrangiges Gestaltungsmerkmal: gut gemeint, d.h.,

Liesinger Hof: ein Ort überschäumender Heiterkeit und endloser Fidelität

grüne Holzmöbel und grüne Tischdecken signalisieren Natur, Rollschalung und scheunenmäßig eingezogene Balken der Dachkonstruktion weisen einen ruralen Habitus auf. Die naturgemäß große Gästeschar bringt zum «Karl-Wirt» auch den entsprechenden Appetit mit und erhält dafür eine umfangreiche Karte, selbstverständlich mit großen Portionen in bester Gasthausqualität. Hier kann man als Normalverbraucher getrost ein kleines Gulasch bestellen, es ist erstens ausreichend und zweitens köstlich. Wer auf Größeres aus ist, bestellt sich die Tagesspezialitäten vom Rind oder Schwein, den Bauernschmaus, das Perchtoldsdorfer Heurigengröstel, Leber oder Hirn mit Ei oder etwas aus dem vegetarischen Angebot der Speisekarte. Spezialisten bietet der «Karl-Wirt» seine Hausspezialitäten: Holzhackersteak, Peffersteak, Mexikanersteak und Cowboysteak.

Liesinger Hof

Fröhlichgasse 40
Telefon 869 46 76
Mo bis Fr 8 bis 22 Uhr, Sa 9 bis 22 Uhr,
Feiertag 9 bis 15 Uhr, So Ruhetag

An der Fröhlichgasse fließt vor dem «Liesinger Hof» die Liesing vorbei, die nicht nur dem Gasthaus, sondern vor langer Zeit auch einem bekannten Bier ihren Namen geliehen hat. Die Liesing gibt es noch, wenn auch als kleinen Bach, das gleichnamige Bier nicht mehr, das rinnt inzwischen schon in einer anderen Brauerei im großen Bierstrom mit. Dafür gibt es wieder den «Liesinger Hof», der natürlich auch Bier ausschenkt. Wer annimmt, daß ein Gasthaus mit der Adresse Fröhlichgasse ein Ort überschäumender Heiterkeit und endloser Fidelität sei, der muß es auf einen Besuch ankommen lassen. Fröhlich ist zumindest die umfangreiche Speisekarte, die dem Gast mit selbstgemalten

Aschauer: wichtige Kalksburger Institution

Cartoons und ebensolchen Gedichten aus dem Leben der Köche, Gäste und Gasthäuser die Auswahl zu erleichtern versucht. Zum Beispiel: «Die Spatzen auf der Leitung sitzen, dabei vor lauter Hitze schwitzen, was würden die drum geben, könnten sie jetzt nur einen heben» – ein Zwischentitel der Getränkekarte – oder eine in Reimen abgefaßte Warnung vor allzu heftiger Kritik am Koch: «... tut Euch schmecken, sonst könnt Ihr meinen Ärger wecken». Daneben bietet die Karte aber auch wirklich Kulinarisches wie Riesenblunzen mit Kraut und Rösti, Knoblauchschnitzel, Surschnitzel, faschierte Laibchen, eingebrannte Kartoffeln mit Wurst, Zwiebelrostbraten mit Bratkartoffeln, Letschokotelette mit Bratkartoffeln oder Steak mit Spiegelei, englisches Gemüse und Pommes frites. Für Kurzweil und Unterhaltung der Gäste wird auch außerhalb der Speisekarte einiges geboten, zum Beispiel ein Wurlitzer, ein Spielautomat namens Corvette und regelmäßige Countryabende, etwa mit den Rat-Boys; um Reservierung wird gebeten. In wirklich heißen Sommern bietet der «Liesinger Hof» seinen Gästen als Rückzugsmöglichkeit einen der schattigsten Gärten der Stadt, übers Jahr sitzen sie gut in dem sehr typischen Gasthaus im großen Speisesaal oder im Schankraum, wo der alte Holzboden auf geheimnisvolle Art und Weise spiegelt wie ein schwarzer See.

Gasthaus Aschauer

Kalksburg, Kirchenplatz 5
Telefon 888 41 63
täglich 9 bis 23 Uhr
(Küche 11.30 bis 21.30 Uhr)

Der Name «Kalksburg» ruft im Zusammenhang mit Beisln und Gasthäusern wohl ziemlich eindeutige Assoziationen

Schankraum im Aschauer, ein Ort besonderer Gastlichkeit

und unter Umständen auch den Entschluß hervor, die Gasthausbesuche etwas einzuschränken. (Anmerkung für Nichtwiener: In Kalksburg liegt das Anton-Proksch-Institut für Suchtkranke.) Dieser löbliche Entschluß sollte allerdings nicht gefaßt werden, ohne zuvor im Gasthaus «Aschauer» gewesen zu sein. In unmittelbarer Nachbarschaft des bekannten Instituts befindet sich nämlich im «Aschauer» einer der angenehmsten Gasträume der Stadt. Das «Aschauer» nennt sich zwar Café-Restaurant, aber der Schankraum des Lokals ist ein wunderbarer alter Gastraum, der sich – Café hin, Restaurant her – nur in einem Gasthaus befinden kann.

Mit der exquisiten Schank aus den 50er Jahren, wie sie besser in den niederen Raum nicht passen könnte, den alten, einfachen Wirtshaussesseln und -tischen und dem andauernden Geläute der Kirche auf dem kleinen Hügel am Kirchenplatz fehlen in dem Idyll nur noch die alten, weißhaarigen, schnauzbärtigen, Virginiarauchenden und kartenspielenden Herren beim Frühschoppen oder am Stammtisch. Auch der anschließende Speiseraum des «Aschauer» ist ein alter Gastraum, der aber mit knalligen Blumenmustern auf Sesseln und Bankpolsterungen und anderen Kleinigkeiten schon ein wenig café- oder restaurantmäßig verändert wurde. Im Hof des Wirtshauses findet man einen angenehmen Gastgarten mit Terrasse.

Die traditionelle Küche des «Aschauer» bietet Kalbsvogerl, Kalbsbeuschel, Bauernschmaus, Zwiebelrostbraten, Hirn mit Ei und ähnliches sowie Spezialitätenwochen.

Und wer sich überhaupt nicht mehr vom «Aschauer» trennen will, hat die Möglichkeit, die Nacht in einem der Fremdenzimmer zu verbringen.

Zwetschkenknödel

Zutaten für 20 Knödel	*20 mittelgroße Zwetschken*
	Würfelzucker
Für den Erdäpfelteig:	
3/4 kg mehlige Erdäpfel	*Für die Butterbrösel:*
5 dag Butter	*10 dag Butter, 12 dag Brösel*
22 dag glattes Mehl	*Vanillezucker*
5 dag Grieß	
2 Eidotter	*Staubzucker, Zimt, Salz*

Zwetschken waschen, Kerne mit dem Stiel eines dünnen Kochlöffels aus den Zwetschken drücken. Falls die Zwetschken säuerlich sind, mit einem Stück Würfelzucker füllen.
Für den Teig Erdäpfel gut waschen, kochen, schälen und durch die Erdäpfelpresse auf eine mit Mehl bestreute Arbeitsfläche drücken. (Wenn man die Erdäpfel zuerst auskühlen läßt, tut man sich bei der Zubereitung des Teiges leichter. Routinierte Hausfrauen/männer drücken die Erdäpfel noch heiß durch die Presse und sparen Zeit.) In der Mitte der Masse eine Vertiefung drücken, Mehl, Eidotter, zerlassene Butter, Grieß und Salz in die Mulde geben. Alles zu einem glatten Teig verarbeiten. Der Teig sollte kompakt sein, jedoch nicht kleben. Je nach Erdäpfelsorte muß mehr oder weniger Mehl zugegeben werden. Sollte der Teig zu fest geraten, kann man die Konsistenz durch die Zugabe von geschmolzener Butter korrigieren. Teig ca. 10 Minuten rasten lassen.
Teig auf einer bemehlten Arbeitsfläche ca. 1 cm dick ausrollen, je nach Größe der Zwetschken mit einem runden Ausstecher (10 cm Durchmesser paßt für mittelgroße Früchte) Scheiben ausstechen. Zwetschken mit dem Teig umhüllen. Knödel in leicht gesalzenem Wasser 10–15 Minuten mehr ziehen als kochen lassen.
Für die Butterbrösel Butter in einer Pfanne erhitzen. Semmelbrösel mit Zimt, Vanillezucker und Staubzucker in der Butter rösten.
Abgetropfte Zwetschkenknödel in Butterbröseln wälzen. Knödel anrichten und mit Staubzucker bestreut servieren.

Entnommen aus «Gusto»

Register

Fotonachweis

Berndt Anwander
Seite 51, 64, 66, 70, 80, 86, 127, 183, 188

Rainer Dempf
Seite 49, 50, 52, 53, 62, 63, 123, 124, 125, 126, 129, 166, 172, 173, 175, 192, 195, 196, 206, 207, 208, 213, 219, 228, 229, 238, 239, 244, 245, 252, 253, 255

Christian Fischer
Seite 28, 29, 30, 31, 32, 33, 34, 35, 36, 38, 39, 40, 41, 42,43, 44, 48, 54, 55, 56, 60, 67, 71, 72, 73, 74, 75, 78, 79, 81, 82, 83, 84, 85, 88, 89, 92, 93, 94, 95, 96, 97, 100, 101, 102, 103, 104, 105, 106, 107, 108, 109, 110, 111, 112, 116, 117, 118, 119, 122, 128, 130, 131, 134, 135, 136, 137, 139, 140, 141, 144, 145, 146, 147, 148, 149, 150, 151, 152, 156, 157, 158, 159, 160, 164, 167, 169, 174, 176, 177, 178, 179, 182, 184, 185, 186, 187, 189, 193, 197, 198, 199, 200, 201, 202, 209, 210, 211, 212, 214, 220, 221, 222, 223, 230, 231, 232, 233, 237, 242, 243, 246, 247, 256, 260, 261, 262, 263, 264, 265

E. Laa
Seite 254

Thomas Reinagl
Seite 218

Toni Schneeweiß
Seite 168

Die Beislbeschreibungen stammen von Berndt Anwander außer:

„Blunzenstricker“, „Zu den 3 Buchteln“, „Bei Max“, „Pontoni“ und „Stiegenbeisl“ von Robert Buchschwenter

„Ohrfandl“, „Weidinger“, „Ubl“, „Sperl“, „Wegenstein“, „Prinz Ferdinand“, „Lindwurm“, „Zum goldenen Hirschen“, „Prilisauer“, „Zum Wiener“ und „Sophienalpe“ von Florian Holzer

„Zur Eisernen Zeit“, „Zum Reznicek“, „Zur Stadt Krems“, „Wickerl“ und „Rudis Beisl“ von Peter Menasse

„Am Hirschg'stemm“ und „Schlusche“ von Toni Schneeweiß

„Spetition“ von Franz Schuh

„Oswald & Kalb“ , „Göttweiger Stiftskeller“, „Drei Hacken“, „Griechenbeisl“, „Dombeisl“ und „Gösser Bierklinik“ von Armin Thurnher